绿色技术创新的减碳效应、机制和对策研究

王晓蓬　杨永亮　等著

浙江工商大学出版社 | 杭州
ZHEJIANG GONGSHANG UNIVERSITY PRESS

图书在版编目(CIP)数据

　　绿色技术创新的减碳效应、机制和对策研究／王晓
蓬等著. —杭州：浙江工商大学出版社，2022.12
　　ISBN 978-7-5178-5342-8

　　Ⅰ. ①绿… Ⅱ. ①王… Ⅲ. ①企业经济－绿色经济－
低碳经济－研究－中国 Ⅳ. ①F279.23

　　中国版本图书馆 CIP 数据核字(2022)第 248395 号

绿色技术创新的减碳效应、机制和对策研究
LÜSE JISHU CHUANGXIN DE JIANTAN XIAOYING、JIZHI HE DUICE YANJIU

王晓蓬　杨永亮　等著

责任编辑	谭娟娟
责任校对	沈黎鹏
封面设计	云水文化
责任印制	包建辉
出版发行	浙江工商大学出版社
	(杭州市教工路 198 号　邮政编码 310012)
	(E-mail:zjgsupress@163.com)
	(网址:http://www.zjgsupress.com)
	电话:0571 - 88904980,88831806(传真)
排　　版	杭州朝曦图文设计有限公司
印　　刷	浙江全能工艺美术印刷有限公司
开　　本	710mm×1000mm　1/16
印　　张	15.5
字　　数	269 千
版 印 次	2022 年 12 月第 1 版　2022 年 12 月第 1 次印刷
书　　号	ISBN 978-7-5178-5342-8
定　　价	55.00 元

"绿色技术创新的减碳效应、机制和对策研究"
课题组

顾　问：沈满洪　王金南　郭苏建　林伯强

主持人：王晓蓬

成　员：（排名不分先后）

杨永亮	刘东升	郭飞鹏	王来力	李　一
杨柠泽	廖中举	马永喜	孙　虹	魏　楚
陈宇峰	苏新建	耿　涌	朱庆华	覃琼霞
魏文栋	战明华	朱旭光	李玉文	祁秀静
金　睿	胡　强	柳林中	李鑫平	于丹丹
章　鑫				

本书受以下项目资助：

- 国家社科基金重大项目"完善推进绿色创新的市场型环境政策体系研究"(20ZDA088)

- 教育部哲学社会科学研究重大专项项目"习近平生态文明思想在中国大地的生动实践研究"(2022JZDZ009)

- 浙江省自然科学基金项目"环境信息披露对绿色偏向型技术进步的影响机制及优化策略研究"(LQ22G030014)

- 教育部人文社科重点研究基地、浙江省新型重点专业智库——浙江工商大学现代商贸研究中心学术著作出版资金项目(2022年度)

- 浙江省科技厅重点项目"双碳目标下浙江省绿色低碳技术发展路径研究"(2022C25030)

总　序

在"双碳"目标下，低碳经济发展已成为我国经济高质量发展的主要方向。推动工业、建筑、能源、农业等传统行业低碳转型是落实低碳发展理念和实现"双碳"目标的关键措施。与此同时，绿色技术作为促进经济可持续发展的新动力，为我国乃至全球的低碳经济发展提供了重要支撑。我国已经明确了到 2060 年实现碳中和的目标，这需要各个领域实现减排。在实现"双碳"目标的现实背景下，绿色技术创新影响工业、建筑、能源与农业等传统行业低碳转型的作用机制如何？具体的影响效应如何？浙江工商大学王晓蓬研究员等所著的《绿色技术创新的减碳效应、机制和对策研究》一书，以绿色技术为切入点，深入地探讨了减碳效应、机制及应对策略，不仅为环境保护和碳减排问题的解决提供了新的思路与实践经验，也对我国绿色技术创新的发展起到了推动作用。

本书为政府决策者、研究人员、企业家、环保从业者及广大读者提供了一份全面且系统的绿色技术创新研究成果，为各界人士了解和探讨绿色技术创新在减少碳排放方面的效应、机制和对策提供了一份有力的参考。同时，本书也为相关领域的教育和研究提供了重要的参考资料，具有较高的学术价值和实用性。从国内外同类研究成果来看，本书具有以下特色与创新：

首先，从多个传统行业视角介绍了我国碳排放的相关政策及现状，使读者深刻认识到减少碳排放的紧迫性。从颠覆式创新理论，创新扩散理论，创新生态系统理论，技术扩散的溢出效应、替代效应、能源回弹效应理论，协同治理理论，信息不对称理论等多个角度，刻画了绿色技术创新的减碳机制。上述理论分析不仅有利于多学科的交叉融合，而且促进了绿色技术创新在"双碳"领域的应用，为传统行业低碳转型、低碳经济发展、绿色经济发展提供了新思路与新方法。

其次，采用实证分析与案例研究等方法研究绿色技术创新的减碳效应。具体而言：利用 2005—2020 年 30 个省份的面板数据，运用 IPCC 方法测算建筑行业碳排放量，并采用双重固定效应模型和双门槛模型研究绿色技术创新对碳排放的影响；利用 2011—2020 年 30 个省份的工业行业的面板数据测算碳排放量，并采用因素分解法探讨工业行业碳排放的影响因素,分析中国工业行业绿色低碳技术的创新路径;利用 2000—2019 年 30 个省份的能源行业的面板数据,运用 IPCC 方法测算能源行业碳排放量,并采用固定效应模型研究绿色技术创新对碳排放的影响;利用 2019—2021 年 280 个城市的面板数据,运用单位 GDP 碳排放量法测算农业行业碳排放量,并采用固定效应模型研究要素质量降低对碳排放的影响;利用 2011—2019 年 275 个城市的面板数据,采用系统 GMM 方法研究在绿色技术创新中介作用下环境信息公开对碳排放的影响;利用 2003—2017 年 285 个城市的面板数据,采用双重差分法研究在绿色技术创新中介作用下公众环境关注对碳排放的影响。基于上述实证分析,研究发现:绿色技术创新的发展能够显著促进中国工业、建筑、能源及农业行业的碳减排。本书拓展和丰富了绿色技术创新与碳减排的理论框架,实证研究了绿色技术创新对中国传统行业的碳减排的影响及作用机制,不仅对作者提出的机制假设、理论模型的实际效应进行验证,而且为"双碳"目标下传统行业的低碳转型提供了宝贵的实践参考。

最后,本书在精确评估绿色技术创新的减排效应与机制的基础上,进一步提出有针对性的减排对策建议,其主要涉及提升绿色技术创新水平,加快传统制造业绿色化改造,推动工业、建筑、能源、农业行业的绿色低碳技术创新,推动可降解替代产业发展,等等。

综上所述,本书系统、全面地研究了绿色技术创新的减碳效应、机制与对策,深入阐述了绿色技术创新的减碳作用机制,构建了绿色技术创新的碳减排的理论模型与方法,实证分析了绿色技术创新对工业、建筑、能源与农业行业等的碳排放的影响,并在此基础上提出碳减排的对策建议。本书的作者凭借多年积累的环保领域的专业知识和经验,以科学的态度、严谨的思路、深入的研究,将绿色技术创新与碳减排问题紧密地结合起来,其研究成果不仅对我国相关部门、行业、企业在绿色技术创新与碳减排方面具有重要的政策启示,也为推进我国可持续发展做出了贡献。

沈满洪

浙江农林大学党委书记、

中国生态经济学学会副理事长

目　录

第一章　绪论

第一节　研究背景

  当今世界正在面临新一轮的科技和产业革命,国际产业分工正在重塑,绿色发展理念蓬勃兴起。中国逐渐步入改革发展的"深水区",进入了转变发展方式,提高发展质量,优化发展结构的攻坚阶段。推动高质量的绿色发展,成了中国顺应发展潮流和探索发展道路的战略导向和必经之路。早在 2018 年 3 月,建设"美丽中国"和"生态文明"就已经被历史性地写入《中华人民共和国宪法》。这体现了国家对于生态和绿色发展的重视态度。2020 年 9 月,中国向世界郑重承诺:"在 2030 年前实现碳达峰,在 2060 年前实现碳中和。"短短数月内,"双碳"目标被列入了 2021 年的工作重点,首次写入了政府工作报告,为我国绿色转型和发展"往哪走"指明了方向。2021 年 10 月,我国首次提出构建"双碳"目标的"N+1"政策体系,国务院印发了《2030 年前碳达峰行动方案》,解决了"怎么走"的发展问题。在习近平新时代中国特色社会主义建设的关键时期,党的二十大报告中分别提到了 13 次"绿色"和 57 次"创新",明确指出并强调需要加快发展方式绿色转型,发展绿色低碳产业。因此,推动节能减排和低碳发展是应对气候变化问题的有效措施,是绿色发展的必经之路,是践行生态文明建设的关键抓手,而绿色技术创新是落实"双碳"目标的有效手段,是绿色发展的必然选择,是实现"美丽中国"的关键所在。

  目前,三次产业的碳减排尚存难点和痛点。在农业领域,首先,牛羊等牲畜的肠道发酵、化肥施用、水稻种植及农业生产过程中的能源使用是中国农业碳排放的主要来源。尽管中国农业碳排放强度不足美国的 1/2、欧盟的 1/3(2018 年数据),但随着农业现代化和机械化水平的不断提高,农业现代化发展以及土地集约化可能使农业生产、加工、储存和消费等环节产生的能源消耗碳排放大幅增加,加大了减排压力。因此这对于农业领域的绿色加工、生产等技术提出了很高的要求。其次，以小农户为主体的分散化经营仍然是我国农业生产经营的主要形式。推动农业低碳化的基础是规模化生产，但它能否在降低成本的同时实现产量和质量的增长仍需长期观察。从长期来看，农业领域的绿色技术创新能够提质降本，是推动农业领域节能减排的"金钥匙"。

在工业领域，为实现"双碳"目标，碳减排困难可以概括为两个方面：能源消费结构难以改变和部分关键低碳技术水平较低。其一，我国工业生产中广泛采用煤炭作为能源进行生产，为实现碳减排目标需要完成的工业去煤化的任务十分艰巨。单位标准煤炭燃烧所产生的二氧化碳排放远远高于其他化石能源，这导致我国工业部门的碳排放量巨大。由于我国的自然资源禀赋向来"富煤、缺油、少气"，煤炭作为我国基础能源的地位难以撼动。其二，我国的低碳技术水平总体上较低，在绿色、节能和智能等方面仍与世界先进水平存在差距。例如，实现从传统的高炉转炉"碳基冶金"工艺向"氢能冶金"转变，是实现低碳近零排放的终极技术，但是目前我国还不能制造部分相关设备，短时期内突破关键低碳技术面临一定挑战。

第三产业逐渐成为碳排放增量的主要"贡献者"。从碳排放增长率来看，第三产业增速明显。2011—2018 年，第一产业碳排放增幅为 14.41%；第二产业增幅为 12.58%；第三产业增幅为 50.43%，其中居民生活增加约 52.68%，交通运输、仓储和邮政业增加约 46.89%。2011—2018 年，第三产业碳排放增量约占总增量的 57%，是碳排放增量的主要"贡献者"。绿色技术的实施和推广能够加速推进节能减排，例如国Ⅳ排放标准下的排气再循环系统等技术的应用，能控制和减少汽车排放污染物的量到规定数值以下。

政策引导能够为"双碳"目标的实现制定清晰的实现路径。《"十四五"工业绿色发展规划》提出单位国内生产总值二氧化碳排放降低 18% 的目标，落实 2030 年前应对气候变化国家自主贡献目标，努力争取 2060 年前实现碳中和。可见，"碳达峰、碳中和"成为中国式现代化建设的核心议题。具体如表 1-1 所示。

表 1-1 "双碳"的政策引导

部门	时间	政策
中共中央办公厅、国务院办公厅	2020 年 3 月	《关于构建现代环境治理体系的指导意见》
生态环境部	2021 年 1 月	《关于统筹和加强应对气候变化与生态环境保护相关工作的指导意见》

续　表

部门	时间	政策
全国人大,全国政协	2021 年 3 月	《中华人民共和国国民经济和社会发展第十四个五年规划和 2035 年远景目标纲要》
国务院	2021 年 2 月	《关于加快建立健全绿色低碳循环发展经济体系的指导意见》
国务院	2021 年 10 月	《2030 年前碳达峰行动方案》
国家发展改革委、国家能源局	2022 年 2 月	《关于完善能源绿色低碳转型体制机制和政策措施的意见》
财政部	2022 年 5 月	《财政支持做好碳达峰碳中和工作的意见》
住房和城乡建设部、国家发展改革委	2022 年 6 月	《城乡建设领域碳达峰实施方案》
工业和信息化、国家发展改革委、生态环境部	2022 年 8 月	《工业领域碳达峰实施方案》
科技部等九部门	2022 年 8 月	《科技支撑碳达峰碳中和实施方案(2022—2030 年)》

第二节　研究意义

党的二十大报告进一步明确要推进美丽中国建设,坚持山水林田湖草沙一体化保护和系统治理,统筹产业结构调整、污染治理、生态保护、气候变化应对,协同推进降碳、减污、扩绿,推进生态优先、节约集约、绿色低碳发展。低碳转型发展无疑是实现这一伟大目标的必由之路。与此同时,技术进步则被认为是经济长期稳定增长的核心动力和促进经济增长方式转变的根本途径;而绿色技术进步是破解能源环境约束下的经济增长困局、实现节能减排与经济增长的"双赢"目标的重要手段。基于国内外关于绿色技术创新减排效应的研究,本书主要从四个角度进行研究与拓展。

一、从中国重点行业视角出发,对现阶段中国绿色技术创新的减排效果进行总体评估

绿色技术创新是促使企业转型升级、发展区域经济绿色的基本动力。从中国重点行业的视角出发,剖析中国绿色技术创新对于碳排放的影响,可以使研究视角

更加全面和系统。相对于以往的研究,本书的研究视角是从传统的影响绿色技术创新的因素到绿色技术创新的实际效果的全新视角。传统研究并没有对中国绿色技术创新的效果进行评估,研究方向还处于如何增强中国的绿色技术创新。而且,传统研究对于绿色技术创新可以带来的经济收益或者减排效果并没有统一明确的论述,甚至考虑到初始研发成本高,绿色技术创新在实践中可能不会被广泛采用的原因,认为中国市场上的绿色技术创新可能会对减排成效存在负面影响。本书则从更加系统的角度,即从农业、工业、能源行业、建筑行业等碳排放量大、关注技术创新的重要行业的角度出发,分析不同行业的实际减排情况,探究中国绿色技术创新的实际减排效果,进而为中国节能减排制度体系的进一步完善提供了经验证据。这样的做法不仅可以填补目前学术界对于绿色技术创新减排效果的研究缺陷,同时也将提升我国产业经济结构调整和绿色转型升级的理论水平,丰富现实应用。多维度综合分析的方法使本研究结论具有较高的准确性,也提高了整体研究的科学性和系统性。

二、从中观、微观特点视角出发,对现阶段中国绿色技术创新的减排效果进行异质讨论

绿色创新的效果可能受到多种因素的影响,从而在不同的中观、微观特点视角下具有不同的效果。本书拓展了研究的深度,不仅考虑到行业具有独特的减排机制,绿色技术创新达到的效果可能不同,还进一步认识到微观特点可能是影响绿色技术创新减排效果的重要因素。本书所使用的理论表明,对绿色技术创新的减排效果的研究不仅要从单一行业、单一制度出发,更要基于全局视野的系统论视角,考虑区域特点、产业发展周期、人口集聚、资源集聚、发展类型等多重微观因素,形成对绿色技术创新的多维综合研究。因此,本书从区域特点、创新要素、发展类型、集聚特征等因素出发,详细分析了绿色技术创新发挥效果的异质性平台。这一做法不仅为理论研究提供了新的视角,更是为政府制定因地制宜的绿色发展规划提供了方向。

三、从发展政民协作视角出发,对现阶段中国绿色技术创新的减排效果进行政策分析

绿色技术创新减排效果的实现并不一定是出于自身的效果,还有可能是政策的延伸或者中间环节。本书没有将绿色技术创新的减排效果来源局限在企业自身的技术发展,而是从其所受社会压力的角度出发,进一步从制度角度拓展和探索公

众参与对于绿色技术创新减排效果的提升。对于受到政府环境信息公开和公众环境关注压力的企业来说,绿色技术创新可能是政策减排的重要中间环节而非直接作用环节。因此,本书不仅考虑了中观、微观特点的深度影响,还在政策的引导下,分别探究了居民参与同政府管制和组织参与存在的良好互动性,为进一步推广公众参与提供了证据,同时考虑制度引领对于绿色技术创新减排效果的影响,对理论框架进行拓展。这一拓展基于政府环境信息公开制度和公众环境关注制度,运用双重差分的模型、工具变量法等计量分析方法,构建了政府公开、公众关注和绿色技术创新三者与节能减排之间的经验桥梁,并最终汇合形成了本书的拓展理论框架体系。

四、从促进技术创新视角出发,对现阶段中国绿色技术创新的减排效果进行路径升级

绿色技术创新的实际减排效果不能局限在理论框架中,应该建立理论与实践间的桥梁,建设总领性纲要的同时,对行业异质性提出具有针对性的政策建议。本书在不同行业节能减排效果和中观、微观减排差异的基础上,从政策引领、路径改造、协同创新的角度出发,设计了促进绿色技术创新发展的总体思路和方向,并为不同行业如何进行绿色技术创新提供了规划安排。从上层规划到下层布局,本书为中国绿色技术创新的发展提供了细分的创新路线,为提高全国节能减排的技术含量和推广绿色减排新机制提供了方向指引,推动构建以企业为主体,产学研协作、上下游协同的低碳零碳负碳技术创新体系。这有利于促进绿色低碳技术向高质量发展创新,形成经济增长和碳减排技术进步的"双赢"局面。

第三节 研究目标和内容

第一,研究在当前中国经济发展的阶段和"双碳"目标下绿色技术创新的碳减排效果,并分别从行业异质性、直接和间接效果等方面进行系统评估。

第二,通过深入探讨绿色技术创新实现减排的路径,针对当前中国的经济发展新阶段以及全球变暖背景下的减排努力,提出科学合理且可操作性强的政策建议。

根据以上目标设定,本书的研究内容主要由 4 个部分构成:

（1）从理论层面系统梳理绿色技术创新影响碳排放的可能机理，先从颠覆性创新、创新扩散理论、创新生态系统和技术溢出效应等角度研究绿色技术创新潜在的社会经济效应，随后从替代效应理论和能源回弹效应理论两个角度研究绿色技术创新作用碳减排的机理，并从协同治理理论和信息不对称理论两个角度探讨潜在的间接作用机理，以及分析政策设计过程中需要关注的点。

（2）基于前述理论视角的分析，从实证检验的视角分行业检验绿色技术创新的实际碳减排效应，并寻找其潜在作用机制。同时，分别从建筑行业、工业、能源和农业等行业展开研究，分析行业共性和异质性问题。

（3）在科学评估直接减排效应的基础上，进一步探讨绿色技术创新可能发挥的间接减排效果，分别从环境信息公开和公众环境关注两个视角进行分析。

（4）在精确评估绿色技术创新的减排作用与机制的基础上，进一步提出针对性的减排对策建议。分别从提升绿色技术创新水平，加快传统制造业绿色化改造，推动工业、能源、农业、建筑等行业绿色低碳技术创新，环境信息公开促进碳减排，以及推动可降解替代产业发展等角度提出政策建议。

第四节　研究方法与技术路线图

一、研究方法

（一）排放因子法

排放因子法是 1988 年世界气象组织和联合国环境规划署联合建立的联合国政府间气候变化专门委员会（Intergovernmental Panel on Climate Change，IPCC）所提出的核算碳排放的官方方法。作为国内外温室气体清单编制和减排履约的依据，IPCC 的排放因子法是目前应用最为广泛的碳排放量核算方法。它根据能源的消耗量及碳的排放系数对二氧化碳排放量进行估算，可以总体体现谁在排放二氧化碳的问题。IPCC 的排放因子法的公式为：

$$GHG = AD \times EF \tag{1-1}$$

式中，GHG 表示温室气体排放量，AD 表示活动数据，EF 表示排放因子。其中，活动数据主要是来自国家的相关统计数据和监测数据，或者调查资料和排放源普查等，排放因子则既可以采用《IPCC 2006 年国家温室气体清单指南》（后简称"《指南》"）中的缺省值，也可以选择权威机构的实际测量结果。具体而言，常常以焦炭（万吨）、原油（万吨）、汽油（万吨）、煤油（万吨）、柴油（万吨）、燃料油（万吨）、天然气（亿立方米）这 7 种主要能源的消耗量进行测算。其中，天然气的亿立方米可以换算为万吨，之后就可以通过以下模型进行计算：

$$CO_2 = \sum i \sum nEC_{i,n} \times NVCs_{i,n} \times EF_{i,n} \tag{1-2}$$

式中，CO_2 表示各地区二氧化碳的排放量，i 为第 i 个城市，n 为第 n 种能源，EC 表示各能源的消费量，$NVCs$ 表示净发热值，EF 表示有效二氧化碳排放因子。

（二）分解分析法

分解分析法在确定各影响因素对研究对象的影响大小的研究中得到较多的应用。结构分解分析（Structural Decomposition Analysis，SDA）法和指数分解分析（Index Decomposition Analysis，IDA）法是两种常用的因素分解分析方法。SDA 法基于投入产出表，可以清晰地分析各影响因素对研究对象的影响情况，但是该方法使用复杂，且受到投入产出表编制年度的限制。IDA 法则基于产业部门的相关数据，适用于分解含有较少因素的、包含时间序列数据的模型，其操作简单，且可以得到预期结果，因而得到广泛应用。IDA 法又分为基于 Laspeyres 因素的分解分析法和基于 Divisia 因素的分解分析法，在此基础上，又发展出了基于对数平均 Divisia 因素的分解分析（Logarithmic Mean Divisia Index，LMDI）法，该方法可以将研究对象按照影响因素进行完全分解，消除了残差，并在加法分解和乘法分解之间建立了联系。

（三）双重差分法

双重差分（Differences-In-Differences，DID）法是一种用来分析因果效应的方法，通常包括冲击事件、处理组、控制组和时期这 4 个要素，其经典构造可以表示为如下形式：

$$Y_{it} = \alpha + \delta D_i + \lambda T_t + \beta(D_i \times T_t) + \varepsilon_{it} \tag{1-3}$$

式中，Y_{it} 为结果变量，D_i 为政策分组虚拟变量，T_t 为政策时间虚拟变量，$D_i \times T_t$ 为两者交互项，α、δ、λ 和 β 为各项前的系数，ε_{it} 为随机误差项。双重差分法通常涉及两组样本与两个时期：一组样本在第一个时期未接受处理，在第二个时期受到处理或干预;另一组样本则在两个时期都未接受处理。将样本 i 在时期 t 接受处理定义为 $D_{it}=1$,未接受处理定义为 $D_{it}=0$。一般将处理组接受处理前的时期记为 $t=0$,接受处理后的时期记为 $t=1$。其中,对处理组个体有 $D_{i1}=1$,对控制组个体有 $D_{i1}=0$,对所有个体 i 有 $D_{i0}=0$。

在实际应用中,双重差分法经常与面板数据联系起来使用,此时多采用双向固定效应模型,因此双重差分法有时会表述为如下形式:

$$Y_{it} = \alpha + \delta D_i + \lambda T_t + \beta(D_i \times T_t) + \mu_i + \gamma_t + \varepsilon_{it} \tag{1-4}$$

式中,μ_i、γ_t 分别为个体固定效应和时间固定效应。通过在回归时加入个体虚拟变量和时间虚拟变量便可控制个体固定效应和时间固定效应,而此时如果再放入处理组虚拟变量,则会带来严格多重共线性问题。μ_i、γ_t 体现了对个体层面和每期时间的控制,比原本模型中的政策分组虚拟变量 D_i(控制组别层面)和政策时间虚拟变量 T_t(控制处理期前后的效应)更为精细,包含了更多的信息。

双重差分法发展至今已经拓宽至许多形式,应用最广泛的是交错双重差分法(Staggered DID)。标准双重差分法模型和双向固定效应双重差分法模型涉及的政策实施时点或冲击发生时点为同一时期。然而,现实生活中诸多政策实施时未必发生在某一时点,而是先有试点再逐步推广,在渐进的过程中推而行之,如增值税转型、土地确权、新农保实施、高铁修建等。交错双重差分法为处理这类情形提供了方法。当个体接受政策冲击的时间不同时,政策分组虚拟变量 D_i 变为 D_{it},此时 D_{it} 即可用来表示个体 i 在时间 t 处是否受到政策冲击,而无须再生成交互项。不过在实际应用中,交错双重差分法可能会遇到难以找到控制组、部分样本始终为处理组、异质性处理效应等问题。

(四)倾向评分匹配与双重差分法的结合

倾向评分匹配(Propensity Score Matching,PSM)是一种统计学方法,用于处理观察研究的数据。在观察研究中,由于种种原因,数据偏差和混杂变量较多,采用倾向评分匹配的方法正是为了降低这些偏差和混杂变量的影响,以便对实验组和对照组进行更合理的比较。因为倾向评分是连续的,处理组与控制组的倾向得分不可能精确地相等,所以需要采取相应方法来对匹配进行规范。常用的匹配方法有 3 种,即最近相邻匹配法、域阈和半径匹配法及核匹配法。

最近相邻匹配(Nearest-Neighbor-Matching)法,是选择控制组中与处理组个体倾向得分差异最小的个体,作为自己的比较对象。该方法的优点是处理组的信息得以充分使用;缺陷是由于不舍弃任何一个处理组个体,很可能导致有些配对组中两者的特性相差很远,可比性不强,难以完全消除自选择作用。

域阈和半径匹配(Caliper and Radius Matching)法和最近相邻匹配法的估计形式一致,但它在相邻关系中加入了一个公差水平,对匹配程度的要求更高,即对参与项目和未参与项目个体两者特性差异的可容忍度进行界定,超过这个范围就认为两者不具有可比性。域阈(Caliper)匹配法的思想是:每一个参与者只有一个控制者,考虑到$|P_i-P_j|\leqslant\varepsilon$,如果是公差范围内的最近邻居,则$W_{N0}=1$,否则为0,其中$W_{N0}$是权重。因此,估计只限定于这些可以找到有效参与的参与样本。半径(Radius)匹配法的思想是:每一个参与者有多个控制者,$|P_i-P_j|\leqslant Y$,Y是对比的半径。这里$W_{N0}=1/N_i$,N_i是参与个体i的匹配数量。在半径匹配法里,所有在半径内的控制者样本都会被使用到。它的目的是通过减少控制者之间的噪声(避免控制组之间特性差异太大)来改善效率。这两种方法虽然是对最近相邻匹配法的改良,但仍然存在缺陷,即公差水平难以抉择:如果公差水平过低,具有可比较性的配对组越少,真正使用的样本就越少;如果公差水平过高,配对组就会增多,配对组的特性差异就会扩大,这使自选择的处理力度下降。

核匹配(Kernel Matching)法使用所有未参与的个体作为某个参与个体的反事实Y_0。每一个参与者有多个比较对象,权重随着距离($|P_i-P_j|$)的减小而增大。相对于其他匹配法而言,核匹配法减少了估计方差,但却增加了估计偏误。

倾向评分匹配与双重差分法的结合称为倾向评分匹配—双重差分(Propensity Score Matching Difference in Differences,PSM-DID)法。现实中的政策本质上是一种非随机化实验(或称准自然实验),因此政策效应评估所使用的双重差分法难免存在自选择偏差,而使用倾向评分匹配法可以为每一个处理组样本匹配到特定的控制组样本,使准自然实验近似随机。

(五)双重差分稳健估计量

在标准的双重差分法中,处理组在同一个时间点受到干预,然而现实中有相当多的政策并非一次性全面实施,而是先在某些地区试点后再分批逐步推广,处理时点并不一致。然而交错双重差分法可能存在一些比较严重的问题:当政策效应随着时间改变时,交错双重差分法估计的结果并不是一个定义良好的平均处理效应,而是多个标准双重差分法估计的平均处理效应的加权平均,并且权重可能是负的。这意味着即使干预本身对所有时点的处理组都是正效应,但交错双重差分法的估计系数仍然可能为负。也就是说,在异质性处理效应的前提下,交错双重差分法的单一系数估计结果不再可信。本书用前沿双重差分稳健估计量对研究结论进行了验证。

(六)工具变量

为了进一步降低潜在的内生性,我们采用了工具变量(Instrumental Variable)法。工具变量法就是引入一个外生变量 Z,且 Z 必须满足以下两个条件:与随机误差扰动项不相关,但与核心解释变量(内生变量)相关。或者说,Z 仅仅通过影响核心解释变量来影响 Y。总结为:外生变量与扰动项无关,与内生变量相关,能够替代或者表达原内生变量的信息。

(七)广义矩估计

广义矩估计(Generalized Method of Moments,GMM)法是一种构造估计量的方法,类似于极大似然(Maximum Likelihood Estimation,MLE)法。MLE 法通过假设随机变量服从特定的分布,进而将待估参数嵌入似然函数,通过极大化联合概率密度函数得到参数的估计值。GMM 法则是以随机变量遵循特定矩为假设,而不是对整个分布做假设,这些假设被称为矩条件。这使 GMM 法比 MLE 法更稳健。

(八)空间计量模型

空间计量模型(Spatial Econometric Model)是一种用于分析空间数据的统计模型。它是对经典计量经济学模型的扩展,考虑了空间因素的影响。空间计量模型可以用于探索空间数据的空间相关性,即观测值之间的空间依赖性和空间自相关性。

在空间计量模型中,观测值之间的空间相关性是通过建立空间加权矩阵来捕捉的。空间加权矩阵描述了每个观测值与其他观测值之间的空间距离和相互作用程度。常见的空间计量模型包括空间自回归模型(Spatial Autoregressive Model)、空间误差模型(Spatial Error Model)、空间 Durbin 模型(Spatial Durbin Model)等等。

(九)门槛效应模型

门槛效应模型(Threshold Effect Model)是一种非线性回归模型,用于描述自变量与因变量之间存在阈值效应的情况。在门槛效应模型中,自变量与因变量之间的关系被假设为在某个阈值处突变,并在此值之前和之后分别具有不同的线性关系。其基本形式是:

$$Y = \beta_1 X + \beta_2 X + I(X > c) + \varepsilon \tag{1-5}$$

式中:Y 表示因变量;X 表示自变量;$I(\cdot)$ 是一个指示函数,当括号内的条件成立时,它的值为 1,否则为 0;c 表示门槛值;β_1 和 β_2 分别表示门槛值以下和以上的回归系数;ε 是误差项。

(十)中介效应模型

中介效应模型(Mediation Effect Model)是一种常用的统计模型,用于研究一个自变量对因变量的影响是否通过某个中介变量进行传递。该模型旨在揭示自变量、中介变量和因变量之间的关系,从而了解自变量如何通过中介变量来影响因变量。

中介效应模型基于路径分析(Path Analysis)理论,假设自变量通过中介变量对因变量产生影响,其中中介变量在自变量和因变量之间起着媒介或传递作用。中介效应模型通常包括 3 个变量:自变量(X)、中介变量(M)和因变量(Y)。其公式表达为:

$$Y = c' X + e_1 M = aX + e_2 Y = bM + cX + e_3 \tag{1-6}$$

式中:a 和 b 分别表示自变量和中介变量之间的关系及中介变量和因变量之间的关系;c 和 c' 表示自变量和因变量之间的关系;e_1、e_2 和 e_3 分别为误差项。在这个模型中,中介变量的影响可以分解为两个部分:直接效应(c')和间接效应($a \times b$)。

二、技术路线图

图 1-1 是本书的技术路线图。

理论基础

颠覆性创新

创新扩散理论

创新生态系统

技术扩散的溢出效应

替代效应

能源回弹效应

协同治理理论

信息不对称理论

实证检验

直接效应

建筑业

工业

能源业

农业

间接效应

环境信息公开

公众环境关注

政策启示

政策建议

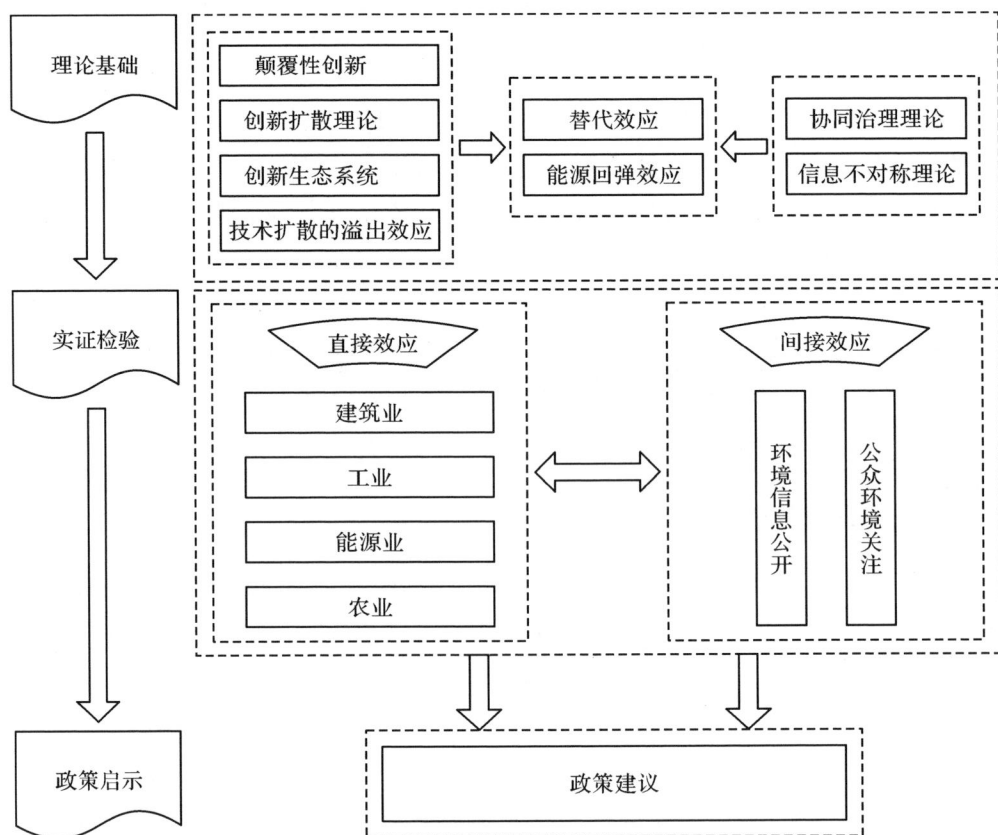

图 1-1　本书的技术路线图

第二章　理论基础

第一节　颠覆式创新

一、颠覆式创新理论的概念

(一)熊彼特(Schumpeter)的"创造性破坏"(creative disruption)

1912 年，美国著名经济学家熊彼特最早提出了"创造性破坏"的概念，他把创新视为不断从内部革新经济结构，即持续打破旧的结构，持续创建出新的结构，并认为创新是指企业家以获取潜在利润为目的从而对生产要素做出新的组合，也就是一种利用更为高效的技术与劳动取代低效的技术与劳动的过程。"创造性破坏"描述了已有结构与结构外新开发的结构之间的一种替代关系。

"创造性破坏"并不是负面破坏，而是产生在经济运行系统之中，引起经济系统均衡出现质变的过程。经济运行系统无法实现从旧平衡点逐渐累加到新平衡点，这样其就会使经济结构内部产生彻底的转变，打乱旧结构并持续地打造出新架构。企业间通过不断创造新产品和服务的激烈竞争可能会使属于生产群体的补偿让渡给消费群体。而熊彼特的"创造性破坏"则强调创新过程的核心在于从垄断状态下开发出具有竞争优势的新产品而获得收益，垄断利润的赚取促使企业不断追求垄断力量，进而使这种"创造性破坏"成为新经济的核心动力。

(二)克里斯坦森(Christensen)的"颠覆式创新"(disruptive innovation)

哈佛大学教授克里斯坦森(1997)在《创新者的窘境》一书中为了破解当技术变革与市场变化时，硬盘和钢铁制造等行业主导企业市场地位断崖式下落而被新进入者击败的困境,最早提出了"颠覆性技术"的概念。

克里斯坦森(2003)在《创新者的解答》一书中在颠覆性创新技术理论基础之上又进一步提出了"颠覆式创新"概念。他认为"颠覆式创新"是相对于"延续式创新"而存在的,"延续式创新"是指企业面向主流市场的消费者关注的产品核心性能进行的增量式改进或创新。然而,"颠覆式创新"是指面向非主流市场的消费者,提供满足其需求的低技术度的产品与服务,并不断对其进行升级改进以削弱主流产品的竞争力,使企业能够逐步进入主流市场并占据优势地位,最终实现对主流市场的覆盖。

二、颠覆式创新理论的分类

(一)依据颠覆所服务的市场划分

根据业务对象类别,"颠覆式创新"分为"中低端市场颠覆式创新""高端市场颠覆式创新""新市场颠覆式创新"3类。

克里斯坦森(2003)认为,"颠覆式创新"分别面向低端市场与新市场。在低端市场颠覆式创新中,主要面向被在位公司忽略的低端客户群,并对其提供劣于主流技术但使用便捷、价格低廉的服务或产品,随后通过对产品和服务的升级迭代逐渐实现对主流市场的覆盖;在新市场颠覆式创新中,主要是面向对价格不敏感的客户群,对其提供与现有市场完全不同的性能与价值的新颖产品或服务,通过逐步引领新的消费潮流将非消费者和潜在消费者变为客户,逐步打破原有价值网络,从而实现颠覆。

Danneels(2004)指出,"颠覆式创新"的范围并不仅限制在克里斯坦森提出的低端市场和新市场中,还应当包含某些高技术创新被归类的高端市场颠覆式创新。高端市场颠覆式创新主要面向具有很强的支付能力但不满足现有产品或服务,对新产品或服务有强烈需求的消费者,依托技术突破对其提供具有当前市场所重视的技术性能的创新的高端产品或服务,通过市场需求整体水平的逐渐提升及高端市场颠覆性产品价格逐渐下降两个维度的共同持续作用实现对主流市场与原有价值网络的颠覆式创新。

(二)依据竞争方式不同划分

Thomond及Lettice(2003)提出"颠覆式创新"可按照竞争方式分为技术类、商业类、产品类3类。"颠覆式创新"根据不同的竞争方式,将会有不一样的绩效及影响作用。

Markides(2010)指出,"颠覆式创新"的3种竞争方式都会产生不同的影响。其中,技术类颠覆式创新的影响最大,它能够彻底改变主流市场,给当前的企业带来前所未有的挑战,使它们无法采取有效的应对措施。但商业类和产品类这两类给在位企业带来的影响却很不相同,在位企业面临后两者类型的时候可以采取融资收购等方式来应对。由于颠覆性的商业模式和产品的创新不可能彻底改变现有的企业,后来者的颠覆性创新只有当达到一定的深度和广度时,才能够与现有企业长久共存。

三、颠覆式创新理论的特征

颠覆式创新是一个漫长的进程,企业需要不断探索、尝试和实践,不断调整和完善自身的技术和商业模式,才能够在非主流市场中取得优势,最终占据一定的市场份额,从而实现真正的颠覆式创新。克里斯坦森为颠覆式创新提供了重要指导,并对其进行了深入探讨,总结出一系列具有挑战性的特征。

(一)技术创新

克里斯坦森通过对磁盘驱动器行业的多年追踪研究发现,即使一些领军公司努力提升其产品的可靠性,也难以应对来自全球范围内的竞争压力。与传统的技术提升方向相比,颠覆式技术创新的目标客户群体是被主流企业忽略的低端或新市场消费者。主流企业一般根据主流消费者看重的产品或服务属性,从维度上进行技术改进,较少对颠覆式技术进行投资和研发,甚至由于企业的组织刚性和技术研发部门的惯性思维阻断了颠覆式技术的创新。颠覆性技术创新旨在推动新技术的发展,要求企业提供更具竞争力的性能组合,以满足消费者对高品质产品或服务的需求,并且通过持续的改进来实现新技术的普及和优化。

Adner(2002)指出,颠覆式技术引入了与传统技术不同的性能组合,虽然它们的关键属性可能不够出色,但它们可以彻底改变传统技术的格局,使科学家们的研究成果得到极大的拓宽,使科学家的思维模式也得到极大的转变,最终实现技术的革命。Danneels(2004)认为,客户需求是影响竞争基础的关键因素,引入颠覆式创新技术,以满足客户的需求,将会改变市场格局。冯灵等(2015)深入探讨了中国高铁的创新之路后发现,新技术破坏力的显现,是一个不断拓展市场和提升技术的过程。

（二）产品性能

克里斯坦森的研究表明，当前的企业正努力通过持续的创新来改善其产品或服务的性能，这使它们的产品或服务质量达到了消费者的要求，并且比起低质量的产品，它们的售价更加实惠，因此可以获得更多的市场份额。虽然这个市场无法让那些渴望获得高利润的优秀公司获得更多的竞争优势，但它也给那些拥有有限的资金和技术落伍的公司带来了一个可以迅猛增长的空间。因为，当这些技术落伍的公司通过改进其产品或服务的质量和功效，以满足消费者的要求，它们就可以抢占更多的消费者，并最终取得更大的成功。佳能的小型复印机一开始无法满足当时的大众消费者，他们的要求是快速、高效地打印，而这种特点也让它成了一个受欢迎的选择。然而，由于它的低成本、易于操作的特点，它很快就成了一个受到施乐、惠普等知名厂商忽视的角落，这也导致了整个复印机行业的竞争力下降。Pech（2016）深入探讨了颠覆性的创新产品，发现它们的共同点在于具有较高的性能，如实惠的售价、易于掌握的功能、易于维护的服务等，从而能够有效地满足不同的消费者需求。林春培等（2012）指出颠覆性的创新产品不仅具有受到非主流消费者青睐的高性价比、简单易用的特点，而且还可以通过不断改进的性能来吸引主流消费者，从而实现真正的颠覆。

（三）商业模式

克里斯坦森（2003）将革命性的创新思想应用于商业模式，他指出，即使没有出现全新的产品或服务，也能够以重塑客户体验的形式，重塑市场的格局，并最终获得在主流市场的优势。沃尔玛"天天平价"的商业模式极大地提升了其销量，它以精简的供应链、优化的服务体验，以及更加便捷的营销渠道，大大降低了产品的价格，从而赢得了被其他大型连锁企业所忽视的乡村消费群体，并且彻底颠覆了传统的零售企业的竞争结构，重新构建起一个全新的行业秩序。克里斯坦森（2015）指出革新者往往采用全新的、完全不一样的商业模式。例如：在医学领域，他们推广了更加方便快捷的就医服务；而在手机领域，他们则推广了 iPhone 应用程序。Habtay（2012）在进行 4 家公司的比较研究时发现，公司的定位、关键技术、商业模式以及资源配置的不同会导致公司的变革程度不同。

（四）目标市场

克里斯坦森（2005）将颠覆式创新目标市场划分为拥有传统的价值网络的低端

市场和正在重塑传统的价值网络、形成全新价值体系的新市场。其中,新市场颠覆是一种以创新的方式来改变市场格局的行为,它可以帮助资源匮乏、实力薄弱的后发企业获得发展机会,以低端产品为基础,以价格低廉、便捷的特点取得竞争优势,在稳定市场之后,逐步向主流市场转变,最终对现有市场造成侵蚀和颠覆。这种颠覆的方式可以通过推出新的产品和功能,吸引非消费群体或潜在消费者,从而形成一个全新的价值网络体系,使主流消费者从旧的价值网络中解放出来,从而获得更多的竞争优势以实施彻底的改革,颠覆传统的市场格局。

第二节　创新扩散理论

一、创新扩散理论的概念发展

(一)塔尔德的模仿的逻辑规律与非逻辑规律

法国著名社会学家塔尔德(Tarde)在模仿理论中针对新的思想或产品的扩散提出了模仿的逻辑规律与非逻辑规律。塔尔德(1903)认为,模仿的逻辑规律是指当人们发现采用某个新的想法或产品会使自己获得收益时会产生模仿行为,人们会基于理性判断,对模仿的成本与收益进行评价,当收益大于成本时,人们会采取模仿行为,当收益小于成本时或模仿不能带来明显好处时,人们就不会采取模仿行为。在实际生活中,所谓的明显好处并不仅仅通过获得实际的收益来衡量,通过模仿而获得的声誉和权力的大小等,也是吸引人们采取模仿行为的重要衡量因素。同时,现实社会也经常会发生人们去模仿名人的生活习惯、语言、穿着甚至使用物品的习惯等现象,这种模仿行为被塔尔德称为模仿的非逻辑规律。

(二)Katz的以相容性为基础的扩散模式

Katz(1973)指出,"任何关于创新扩散的研究都应基于相容性这一特质的概念"。Katz认为,相容性是指"X和Y会被判定为具有相似或相适的属性",当新事物的特点与个体所在的文化背景和媒介环境等社会属性相容时,新事物就很有可能在短时间内获得大规模的扩散。这种扩散模式的核心在于强调了相容性对创新扩散的有效促进作用,并进一步表明了社会结构与文化价值对创新扩散的显著影响。

(三)罗杰斯的创新扩散理论

随着20世纪60年代的到来,跨越各个领域的传播研究取得了重大突破,传统的扩散理论也被推广到拉丁美洲、亚洲以及非洲等以经济增长为重点的地区。罗杰斯(Rogers)的《创新的扩散》是一部重要的学术著作,它收集了大量农业创新扩散的案例,深入探讨了传统的扩散学说所忽略的一些重要议题,这为传统的传播学提供了重要的补充,也为当代的传播学提供了一种全新的视角,构建了创新扩散的理论体系。罗杰斯(1962)认为,所谓的创新,可以通过个人和组织的行动来获得,也可以通过实施来获得。而扩散则意味着,通过特定的途径,这种创新可以通过不同的群体,如组织和个人来迅速地传播开来。该书通过全面而深入的探讨,揭示出创新的发展机制,以及其如何通过不同的方式进行传播。书中提供的数据可以帮助我们更好地理解如何将新的想法融合到现实世界之中。

(四)Bass模型

Bass(1969)在耐用消费品的新产品增长模式的研究中,运用微分方程描述了创新扩散过程,并将其用于新产品市场采纳的预测中。Bass模型认为,在没有外部因素影响的情况下,市场的发展趋势是稳定的,而且"采纳"和"不采纳"的传播也是持续的。因此,Bass模型可以成功应用于预测新的商业机遇,以满足消费者的需求。尽管Bass模型的理论表现良好,但其应用范围有限,仅限于针对那些经过长期发展的新兴产品,更多问世时间相对较短的新产品由于其尚未被消费者充分认识,所以无法准确地对模型中的相关系数做出可靠的估计。

(五)基于网络传播的扩散模式

当今社会,互联网技术高速发展,人际关系也已拓展为从传统的面对面沟通到在虚拟社交平台上的沟通交流。Borg(2012)基于社会网络结构的视角研究人际关系对创新扩散的影响,主要包含了4个方向:社会融合与意见领袖、结构模型、临界值模型及动态模型。网络新媒体繁荣发展,使基于新的社交媒体的人际网络颠覆了传统创新扩散理论中的部分观点。随着自媒体应用范围越来越广,传统创新扩散理论中意见领袖的影响力被减弱,而普通人的社会影响力通过自媒体等网络传播渠道被放大。Delre et al.（2010）的研究指出，高社会影响力群体在扩散初期会对消费者的决策产生较大影响，故而会增加创新快速大规模扩散的难度。

二、创新扩散理论的要素

创新的传播是通过如下几个关键因素实现的：创新者、信息的来源、媒介的选择、信息的流动性、信息的传播速度、信息的广度、信息的可靠性、信息的可持续性以及社会环境的制约。在这个过程里，对于扩散至关重要的因素可以被归纳为创新、传播渠道、时间和社会系统。

（一）创新

创新是一种独特的思维模式，具体包括内在的信息、具备的说明能力、被广泛接受3个方面。这种思维模式的传播能够快速，因为具备5个关键因素，即相对优势、兼容性、复杂性、实验性和可视化。"相对优越"通常被定义为某项技术比其他技术更先进或更高效。这些技术不仅能够提高生产效率，而且能够改善人们的生活质量。"兼容"则表示这项技术能够适应当前的流行趋势，并且能够满足不同的使用者的需要。通过保持一致，我们可以降低不确定性，并增加潜在消费者对于创造力的认同。复杂性指的是一项技术的难易程度，它决定了它的适应范围。对于那些适应范围广泛的技术，它们往往更加简单，更加容易被人们所理解。实验性意味着，当某些因素存在时，我们有机会进行尝试。可视化则意味着，我们有机会去发现和评估潜力情况。

（二）传播渠道

传播渠道指的是个人如何把某种想法和观点传递到其他个体。这种传递可能涉及许多不同的领域，并且可能涉及许多新的想法和观点。它的本质就是个人如何把想法和观点转化为可供其他个体理解和接受的东西。随着科技的发展，大众传媒已经变得越来越先进，它不仅可以让潜在的受众获取信息，而且还可以以更高的频率、更大的范围、更多的形式传达信息，从而推动社会的发展。特别是在当今互联网时代，大众传媒已经发挥出它的巨大威力，可以迅速、准确地传递信息，从而推动社会的进步。特别是在这些网络上的个体拥有类似的社会、财富和文化背景的情况下，通过建立良好的人际关系网络，个人可以更容易地认可和采纳某种新的解决方案。

(三)时间

在扩散过程中,时间因素可能会影响到个体的决策,从而影响到系统的效率。具体来说,个体可能会在一定的时间内了解到一项创新,并决定是否采纳它,而系统的效率则取决于个体或单位在一定时间内采纳的创新的数量,通过对一条时间轴上采用创新的个体数量的分析,可以得出一条 S 形曲线。在初期,那些拥有较强创新精神的个体,即拥有创新思维的人,正在积极探索新的想法;拥有创新思维的个人和团队往往会比其他成员更快地采取新的行动,这也就意味着,一项创新的传播速度取决于拥有创新思维的个人和团队的数量。

(四)社会系统

社会系统是一个复杂的网络,它由一组相互关联的个体组成,它们共同面对着一个挑战,并且追求着一个共同的目标,因此它对于探索创新扩散的机制具有重要的意义。在一个复杂的社会系统中,各个组织的行为模式存在着明显的差异,从而形成了一种独特的社会结构,这种结构使个体的行为更加有序、稳定,也有助于推动或抑制创新的发展。社会准则在创新过程中发挥着至关重要的作用,它不仅仅是一种约定俗成的行为模式,更是一种规范,它指引着个体如何做出正确的选择,从而避免出现抵制新思想的情况,从而促进创新的传播。在一个复杂的社会环境中,创新决策的多样性可以极大地影响观念的传播,无论是个人还是整个社会都可以接受或反对一项创新。最终,影响观念传播的一个重要因素是其结果,即个人或社会接受一项创新后所带来的变化。

第三节　创新生态系统

一、创新生态系统的内涵

创新生态系统(Innovation Ecosystem,IE)的概念最早可追溯至 Moore(1993)提出的"商业生态系统",即由系统内部成员在同组织的互动协作中构成的联合团体,而企业通过协同合作可以获取比较优势。袁智德等(2000)基于生态学的观点研究技术创新的发展问题，并指出在创新生态中，人及其拥有的知识和技能是产业生态的活水源泉。而随着美国硅谷地区高科技产业的高速发展，这一成功的发展模式得到了广泛关注。通过总结硅谷经验，2003 年美国总统科技顾问委员会（The President's Council of Advisors on Science and Technology，PCAST）进行了一项探索国家的创新领导力及创新生态面临的挑战的研究，并在研究报告中正式提出"创新生态系统"概念。在之后，美国竞争力委员会的研究报告 *Innovation America：Thriving in a World of Challenge and Change* 中也使用了"创新生态"的概念。在此基础上，Adner（2002）进一步提出了企业创新生态系统，认为创新生态系统需要系统内部的主体协同发力，将公司内部各创新资源有效联结与整合，快速提供面向客户的解决方案。Zahra et al.（2011）认为，创新生态系统是一个由内部企业基于长期信任关系构成的网络，而这种关系网的深度则会影响系统的创新成果。当前，由于理论视角的差异，学界对创新生态系统并没有一个明确的定义，张贵等（2016）则基于生态学理论，认为创新生态系统是各要素在一定的时空范围内复合组成的动态、开放的类似自然生态的系统，强调创新物种、创新种群、创新网络和创新环境等要素之间的协同作用；基于价值供应链视角，陈劲等（2017）提出，创新生态系统是由生产方和用户参与者围绕核心企业或平台构成的网络，并通过此网络进行资源整合，实现技术创新与价值创造；刘静等（2020）提出，创新生态系统是以企业为核心的创新个体之间及创新个体与环境之间为实现价值共创而形成的协同创新的动态网络系统。

二、创新生态系统的特征

（一）生态性

生态系统（Ecosystem）是指一定空间内共同栖居的所有生物与其周围环境之间由于进行物质循环和能量流动而形成的统一整体。从创新生态系统的要素组成来看，张贵等（2016）认为创新生态系统是由创新物种、创新种群、创新网络和创新环境形成的动态开放的类似自然的生态系统。如生态系统一般在创新生态系统中，除了各创新主体之间的相互适应与影响之外，系统与外部环境之间也会发生相互作用。

（二）系统性

在创新生态系统中，各创新主体的诸要素之间及创新主体与环境关系之间通过相互影响、相互协调与相互作用，建立紧密的连接关系，形成有机整体。在创新环境的作用下,各创新主体之间进行系统合作与互动,既可以充分发挥各主体自身的效用,又通过协同合作充分发挥系统的功效,推动实现系统的价值创造。

(三)动态性

系统内各创新主体之间的关系及所处环境并不固定,主体间的交互作用处于动态演变的过程中,会随着社会经济发展、政策调整、资源分配等变化而变化。对于创新生态系统的边界,由于系统内参与者的多元性,尚未达成一个统一的定义,从最初的以地理空间和时间等客观要素作为系统边界,到逐渐转移至主观边界,通过更广泛的生态共同体的一致性呈现出来。从内部因素来看,系统的开放性也会使系统边界更为模糊,创新主体的变化发展会使系统边界进行动态调整;从外部因素来看,当外界环境及政策发生变化后,创新系统内部要素也会进行适应性调整以维持系统的稳定发展。

(四)开放性

创新生态系统的开放性是指其具有开放的边界,因此系统与外部环境之间可以实现信息与资源的自由交换,推动内外部资源整合,促进创新活动开展与创新成果的转化,其是创新生态系统实现可持续稳定发展的重要条件之一。只有处于开放的条件下,企业创新生态系统的耗散结构才能与外界进行自发的资料交换,获取外界的信息及资源。而且开放性水平会影响资料交换的水平,开放程度越高,越有利于信息的自由流动,越能更好保障耗散结构的有序化运行。

三、创新生态系统的作用

(一)提高资源配置效率

绿色技术创新需要大量的资源、人力投入,具有高风险、周期长等特点(王伟等,2019;Wicki et al.,2019),仅凭单个企业无法完成绿色技术创新的全过程。因此,企业之间,企业与政府、大学、科研机构及用户之间的交互合作就变得尤为重要。Grabstrand et al.(2020)指出,创新系统内部可以有一个具有协作和竞争关系的参与者系统,强调各主体之间的合作与竞争。在系统内部,创新主体的资源得以有效聚集并通过相互联系实现创新资源的流动与共享,而创新主体之间可以通过合作与竞争获取更多自身缺乏的创新资源及能力,推动创新成果的产出(Adber et al.,2021)。资源编排理论指出,企业可以通过有效的管理、组织及构建资源以发挥资源的全部价值(Asiael et al.,2022;Sirmon et al.,2011)。因此创新主体之间可通过相互合作,实现关键信息、能力及资源的共享,有效提高资源的利用效率,最大化发挥资源价值。

(二)推动产业结构升级

创新生态系统内部的创新主体间通过合作与竞争,能够促进关键资源及信息的共享与流通,提高资源利用效率。一方面,在系统内部,创新主体之间通过学习、传播与扩散绿色知识,促进绿色创新技术的广泛应用,有效提升了绿色技术产业化应用水平,推动行业整体向集约化发展;另一方面,在发展水平落后、污染程度较高的创新生态系统中,资源的有效流动和创新主体间的竞争关系会促进产业逐渐转移至生产效率较高的环保型行业当中,即打破原有的产业结构,有效促进落后的产业的绿色转型升级。总体而言,创新生态系统会改变原有产业布局,进而推动产业结构逐渐从低级向高级演变。

(三)推动地区绿色发展

创新生态系统为绿色技术创新提供了重要的研发及扩散平台(Zeng et al.,2022),而绿色技术创新则能为推动经济高质量发展提供新动力。创新生态系统作为创新管理的一种新范式,其有效性已在许多实践中予以证明。在生态系统内部,各创新主体之间协同共生,主动进行绿色技术的交流与扩散,开展环境友好型的绿色创新活动,有效促进了创新成果的产业化应用。此外,资源的合理配置与利用,能有效提高能源利用效度和资源的使用效率(Wang et al.,2019),做到物尽其用,推动区域的绿色发展。总体而言,创新生态系统对区域绿色发展的推动作用可以归纳为节能效应和减排效应:一方面,创新生态系统推动绿色技术创新成果转化,进而提高能源利用效率,降低能源消耗,促进能源节约;另一方面,创新生态系统利于推动技术创新成果的流通、扩散与产业化应用,将新技术运用至传统产业环节,优化能源消费结构,进而促进碳排放强度下降(Fan et al.,2007),推动区域可持续绿色发展(Tang et al.,2018)。

第四节　技术扩散的溢出效应

一、绿色技术的外部性

知识作为一种生产要素,具有非竞争性、非排他性、收益递增等属性。知识具有非竞争性,即同样的想法可以同时在不同场所进行不同应用;知识具有非排他性,即产权的转移并不会导致丧失知识的使用权;知识具有收益递增的特性,即知识产生的效益随着知识使用的增加而增加。Baldwin et al. (2001)提出,知识积累能够支持新知识的创造,而知识存量的正外部性可以降低新知识创造的边际成本,促进经济内生增长。

Romer(1986)指出,知识是 R&D 过程的产物,知识的公共产品属性决定了创新过程中会不可避免地出现溢出效应,即 R&D 会产生技术创新的外溢,使技术也具有外部性。

然而对于企业而言,采用成熟技术或沿用旧技术具有低成本、风险小等优势,而绿色技术创新与使用则具有高成本、高投入等特征,因此企业缺少改变现有技术模式的激励,对绿色技术的自主研发动力不足。

二、绿色技术的溢出效应

对于技术变革的划分,最早可追溯至 1912 年,熊彼特按照技术的发展阶段将其划分为发明、创新、溢出 3 个阶段。技术溢出的本质是一种"模仿"行为,在技术创新后,率先采用新技术的企业获取了更高的利润,而后发企业被其高额利润所吸引,主动效仿使用新技术,有效促进了技术的传播与溢出,推动了经济发展。

技术的流动性和扩散性使技术创新具有溢出效应,是经济外在性的一种表现。技术溢出是技术生产和进步的最显著的外部性表现,是技术进步在关联产业间进行转移与扩散的一种形式,具体是指技术的拥有者通过传播先进技术,从而影响整体的技术水平及生产力水平,对产业进步和经济增长具有重要影响。多数研究认为,技术溢出的根源在于其公共品性质,而技术溢出的形式主要可分为国际技术溢出、国内技术溢出、行业间技术溢出及行业内技术溢出等。

技术扩散包括技术在时间与空间两个维度的扩散,Rogers将其定义为创新活动通过社会成员间的特定渠道进行持续传播的过程,认为它是一种特殊形式的沟通。上述定义指出了技术扩散的4个关键要素,即创新、要素沟通渠道、要素时间、社会制度。创新主要指被个体或社会广泛接纳的新想法、实践或对象;要素沟通渠道则是信息在个体或群体间传递的方式,将创新传播至采纳者中;要素时间则指个体对创新知识的传递,形成对创新成果采用或拒绝的态度,并实施这一决定;社会制度则由一些为实现共同目标而关联的单位组成。

绿色技术作为一种根本性的技术革新,具有一般技术所表现出的外部性特征。技术的公共物品性质使绿色技术具有溢出作用,而技术的溢出水平又会受到技术机会、溢出环境、学习曲线、转移成本等多重因素的影响,而绿色技术与现有的选择环境之间的不匹配关系是导致绿色技术溢出缓慢的一个重要原因。

由于地理距离和社会距离的限制,技术溢出具有空间区域性。从地理距离来看,知识传播的成本随地理距离增加而增加,知识溢出则随着地理距离的增加而减少,区域内部及企业内部的知识溢出强于跨区域和跨企业边界的知识流动(Singh,2005),而当人际关系联结时,区域或企业边界作用对知识溢出的抑制作用会被弱化。进一步地,Keller(2004)基于国际贸易、国际交流等不同渠道,分析地理距离对R&D溢出效应的影响,发现地理距离会限制技术溢出。陈艳春等(2012)以低碳试点城市为研究对象,发现经济发展水平与地区产业结构是影响绿色技术溢出的内在因素。

目前对技术溢出的碳排放影响关系的研究主要集中在国际技术溢出和行业间溢出上。国际技术溢出对碳排放的影响主要可分为两类:第一类认为拥有先进技术的外资企业通过技术溢出传播更为先进的绿色技术,有利于减少东道国的碳排放量;第二类则认为跨国企业的技术溢出主要是将污染密集型企业转移至环境规制较为宽松的发展中国家,增加发展中国家的碳排放量(杨宇飞,2018)。而从行业间的溢出效应来看,某一行业的创新活动不仅有利于提高本行业的技术进步,还会带动相关产业提高生产率,尤其是关联性较强的行业(孙晓华等,2012)。

绿色增长作为一种可持续的增长模式,推动产业发展向集约、低碳、绿色转型,提升资源环境绩效。因此,通过绿色技术的创新与溢出推动实现低碳发展这一模式也越来越受到关注。近年来,许多国家开始大力推进低碳技术的扩散与应用,并根据技术本身的特点,调整产业、能源、技术及贸易政策,以求通过绿色技术的应用与扩散来发展低碳经济。

第五节　替代效应

替代效应思想的起源可以追溯到 1890 年,英国经济学家 Ernest Marshall 在《经济学原理》中提出:市场中某种商品价格发生变化时,消费者会根据替代品的价格和质量来做出选择。Hicks 于 1932 年在《工资理论》中对替代效应进行了进一步的阐述。Hicks 指出,在实际收入不变的情况下,某种商品价格发生变化,会导致其替代品需求量发生变化。在如今的经济学中,替代效应是指某种商品的价格发生变化,使消费者改变自己的消费组合,发生该商品与其他商品之间的替代,即商品价格变化使消费者均衡点沿无差异曲线移动至不同边际替代率的某一点时产生的消费量变化。

图 2-1 为替代效应和收入效应图形。在原始的商品价格下,预算约束线由 kj 表示,无差异曲线为 U_1,此时消费者效用最大化的均衡点在无差异曲线和预算约束线的切点 E_0 处,相应地,对商品 X_1 的需求量为 q_0。当 X_1 价格降低,预算约束线变为 kj_2,此时预算约束线与更高水平的无差异曲线 U_2 相切于点 E_2,此时消费者效用最大化的均衡点为 E_2,所对应的 X_1 的需求量为 q_2。商品价格下降导致需求量增加,增加值为 q_2-q_0。其中,由于商品相对价格变化而导致的需求量变化为 q_1-q_0,这部分就是替代效应。

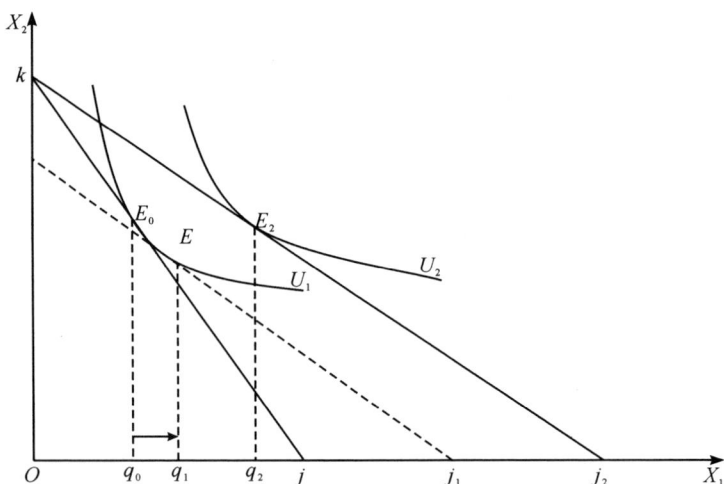

图 2-1　替代效应和收入效应

根据对实际收入的定义,可以将替代效应分为希克斯替代效应和斯勒茨基替代效应,它们分别由两位经济学家 John Richard Hicks 和 E. Slustsky 的名字命名。希克斯替代效应中,对于实际收入不变的定义是,消费者在新的价格水平下获得的效用与原有无差异曲线代表的效用水平相同。实际收入不变在图形中表示为,画一条与 kj_2 平行并相切于原有无差异曲线 U_1 的预算约束线。在斯勒茨基替代效应中,对于实际收入不变的定义是,消费者在新的价格水平下能够购买到在原有价格下所能购买到的全部商品。实际收入不变在图形中表示为,画一条与 kj_2 平行并过原有均衡点 E 点的预算约束线。

随着经济学的发展,替代效应逐渐成了微观经济学中的重要概念,被广泛应用于市场分析和消费者行为研究的各个领域中,为后来学者提出要素替代效应、资本替代效应、就业替代效应、能源替代效应等提供了理论基础。本书的研究主题为绿色技术创新和碳减排问题,因此对与本书相关的要素替代效应和能源替代效应进行理论阐述。

一、要素替代效应

要素替代效应理论是从厂商角度出发的替代效应理论,最早也来源于 Hicks 的《工资理论》一书中。他提出,要素替代弹性是指要素投入比例的相对变动与其边际技术替代率的变动的比值,反映了要素相对价格变动引起相对投入变化的程度。在经济学中,要素替代效应是指厂商在生产过程中会投入多个种类的生产要素,当某种生产要素的价格发生变化时,厂商会通过调整各个生产要素的投入数量和比例来达到成本最小化或产量最大化的均衡。如厂商投入的生产要素种类包括劳动、资本和能源,则当能源价格提升时,厂商会减少对能源的使用而增加对其他两种生产要素的投入,达到在产量不变的条件下尽量降低成本的目的,即发生了要素之间的替代效应。

要素替代效应理论可以用经济学中经典的等产量曲线来表示。类似于上文消费者达到均衡的替代效应分析,生产者在技术水平不变的条件下,通过对资本和劳动生产要素投入比例的调整来达到产量最大化。无差异曲线的弯曲程度代表两要素之间的替代弹性,要素替代弹性大于 1 和小于 1 分别表示要素之间呈现相互替代和互补的关系。而要素替代弹性等于 1 是一种极端情况,主要用于简化研究推导。要素替代弹性的计算是基于特定的生产函数形式的。生产函数的形式主要包括以下几种:第一种是 Cobb 和 Douglas 在 1982 年提出的 C-D 生产函数:$Y =$

$AK^\alpha L^\beta$。根据该生产函数计算出的资本与劳动的替代弹性恒等于 1。第二种是 Solow 在 1960 年提出的 CES 生产函数:$Y = A[\beta K^{-\alpha} + (1-\beta)L^{-\alpha}]^{-1/\alpha}$。根据该生产函数所计算出的资本和劳动替代弹性可以表示为一个常数。第三种是 Sato 和 Hoffman 于 1968 年提出的 VES 生产函数:$Y = AK^{\frac{a}{1+c}}\left[L + \left(\frac{b}{1+c}\right)K\right]^{\frac{ac}{1+c}}$。式中,$a$、$b$、$c$ 均为技术参数,根据该模型计算出的弹性表示为 $e = 1 + b\dfrac{K}{L}$,即要素替代弹性随着资本和劳动相对投入量的变化而变化。此后,Revankar(1971)、Kazi(1980)、蒙少东等(2003)分别将以上 3 种生产函数运用到美国、印度、中国等的经济地区,均发现利用 VES 生产函数计算的结果与现实更加相符,即要素替代弹性会随着要素相对投入量的变化而变化。

二、能源替代效应

资本与能源之间产生替代效应的原因主要是相对价格的变化。能源价格上升时,厂商从利润最大化角度出发,会选择减少能源投入,增加其他生产要素如资本、劳动等的投入,从而使产量一定时成本最小化或成本一定时的产量最大化。这种在技术水平不变的条件下调整生产要素投入比例,用资本替代能源的行为称为资本对能源的直接替代效应。

除了相对价格变化导致的资本对能源的替代效应之外,Hicks(1932)在《工资理论》中提出的"诱导性技术创新"也会促进替代效应发生,称为间接替代效应。生产者会根据生产要素相对价格的变动,减少对价格较高生产要素的投入,增加对价格较低生产要素的投入,诱导技术创新。当能源价格上升时,厂商不仅会使用资本、劳动等要素对能源进行替代,还会致力于研发更高水平的技术,提高能源利用效率。杭雷鸣(2007)发现,当能源相对于资本、劳动等生产要素价格较高时,厂商就会加大对节能减排技术的研发力度,这支持了诱导性技术创新理论。

能源替代效应理论中,除了资本对能源的替代效应外,可再生能源也可能对不可再生能源发挥替代作用。能源是指能够产生能量的资源,包括石油、煤炭、电力、天然气、热力等。能源与资本之间的替代称为外部替代,而在能源内部,也可以发生不同能源种类之间的替代,例如石油、煤炭和天然气等一次能源之间的替代,一次能源与电力之间的替代,各种可再生能源和新能源对不可再生能源的替代等。能源内部替代在于通过绿色技术水平的进步、新产品的研发、工艺流程的改进等手段提升能源利用效率。这些替代作用,可以降低能源消耗,特别是对不可再生的稀缺资源的消耗,减少污染排放,助力可持续发展。可再生能源的替代效应研究源于 20 世纪 70 年代,石油危机的爆发使人们意识到能源的重要性,特别是以石油为代表的不可再生能源,因此学者们开始将能源要素当作一种重要的生产要素进行研究,并提高了对于能源替代的关注度。随着经济的发展,能源消耗速度不断提升,学者们开始关注能源的内部替代效应。Dasgupta(1980,1982)和 Stiglitz et al.(1980)运用经济学理论研究了能源内部替代问题、化石能源的替代问题。Vita(2006)研究了能源技术替代率和环境政策对能源替代的影响。如今,对于能源替代的研究成果已经非常丰富,并有很多新能源技术已投入实践,例如风能发电、太阳能发电、新能源汽车的使用等,为推动碳减排、可持续发展做出了贡献。此外,对可再生能源的大力投资,还可以促进国民经济的持续增长(Simone et al.,2009)。

第六节　能源回弹效应

能源回弹效应是指,技术进步对能源消费量存在双向作用。一方面,技术进步可以提高能源利用效率,减少能源消耗;另一方面,技术进步会在一定程度上促进经济增长,经济增长使能源需求进一步增加,从而刺激能源消耗。当技术进步对能源消费总量的作用为正,即技术进步带来的能源消耗增加量大于其减少量时,可认为出现了能源回弹效应。

能源回弹效应思想来源于"杰文斯悖论",由 Jevons 于 1865 年在《煤炭问题》中提出。能源效率提高并不一定导致能源需求减少,技术进步导致的能源效率提高会使能源价格下降,进而导致能源消费增加。这一悖论的提出引发了学者们对于能源效率提升带来的能源消耗减少效应的质疑,尤其是在石油危机爆发之后,进一步加剧了学者对于"杰文斯悖论"的关注。在现代经济学文献中,有很多学者提出了与能源回弹效应类似的观点。Brookes(1978)提出,利用技术创新提高能源利用效率来应对气候变化挑战是不可行的,技术进步除了可以提升能源利用效率之外,还会促进经济增长,从而导致更多的能源消费,因此这一方式可能达不到控制气候变暖的预期。Khazaoom(1980)虽然与前者有着不同的思路,但却得到了一致的结论:能源利用效率的提高会导致边际成本降低,当能源服务需求与成本的弹性达到一定程度时,边际成本降低就会导致能源消费需求增加,最终结论表明能源利用效率提高导致能源消费增加。Saunders(1992)将以上研究归纳为 K-B 假说,能源效率的提高不一定使能源消耗降低,甚至可能增加消耗,即产生能源回弹效应。后续学者对能源回弹效应的研究大多基于 K-B 假说。

一、能源回弹效应的概念界定

对于能源回弹效应的概念界定可分为宏观和微观两个层面。

宏观层面,Berkhout et al. (2000)对能源回弹效应进行了系统定义:技术水平进步导致能源利用效率提升,在生产产品数量不变的条件下,所需的能源投入量降低,使生产成本降低,成本降低会导致价格下降,促使消费者需求增加,增加的消费者需求引发更多的产品生产和能源消耗。因此能源回弹效应就是指能源节约量比预期的少。能源回弹效应的表示方法主要有两种:第一,由绝对量表示,即回弹效应=(理论节约量-实际节约量)/理论节约量×100%。第二,由弹性表示,由 Saunders(2000)提出,即 $R=1+\eta$。

Saunders(2000)将生产函数表示为 $Y=f(K,L,\tau E)$,其中,Y 为产量,K 为资本要素,L 为劳动要素,E 是能源投入量,τ 代表能源效率,则 τE 为能源服务。能源需求弹性 η 为能源消费变化量与能源效率变化量之比,R 代表回弹效应,根据 η 取值不同,可分为以下几种情形:第一,$\eta>0,R>1$ 时,能源回弹效应表现为逆反效应,能源效率提高导致能源消耗总量提高。此时提升能源利用效率的政策无效。第二,$\eta=0,R=1$ 时,能源回弹效应表现为完全回弹,即能源效率提高并未改变能源消耗总量,能源效率政策期望的消耗减少量被恰好抵消。第三,$-1<\eta<0,0<R<1$ 时,能源回弹效应表现为部分回弹,能源效率提升导致能源消耗总量降低,但并未达到能源效率政策的预期消耗减少量,能源效率政策部分有效。第四,$\eta=-1,R=0$,能源回弹效应表现为零回弹,能源效率政策的消耗减少目标恰好实现,不存在能源回弹效应。第五,$\eta<-1,R<0$ 时,能源回弹效应表现为过度储存效应,能源效率政策非常有效,实际能源节约量大于预期。

微观层面,能源回弹效应主要是指能源效率提高,导致微观主体(企业、家庭)对能源需求增加,进而导致能源消耗增加(Sorrell,2009;Druckman et al.,2011)。微观层面的能源回弹效应也可被分为 5 类。

（一）能源服务需求对能源效率的弹性

有学者认为，能源回弹效应取决于能源服务需求对能源效率的弹性。能源消费的效率弹性等于能源服务需求的效率弹性减1。当能源服务需求效率弹性大于1时，能源消费效率弹性大于0，能源效率增加导致能源消耗增加。当能源服务需求效率弹性小于1时，能源消费效率弹性小于0，即能源效率增加导致能源消耗减少。能源服务需求效率弹性为0时，能源消费的效率弹性为−1，能源效率提升的百分比等于能源消耗增加量的百分比。

（二）能源服务的需求价格弹性

Roy（2000）和 Bentzen（2004）将能源效率变化导致能源需求的变化量表示为能源需求的价格弹性的负值减1。Khazzoom（1980）和 Berkhout（2000）等学者认为，能源效率变化导致能源需求的变化量可以表示为能源服务需求的价格弹性的负值减1。

（三）其他投入要素的影响

能源效率还受到其他要素成本的影响，如资本增加也会使能源效率提高，因此测算回弹效应时还要考虑其他要素投入成本。

（四）能源效率内生性

能源效率与能源服务需求之间具有反向因果关系，即能源效率提升会促进能源服务需求增加，而能源服务需求增加也会导致能源效率提高，因此在测算回弹效应时要考虑能源效率的内生性。

（五）考虑时间因素

有些学者认为，能源服务的生产和消费需要时间成本和机会成本，因此在测算回弹效应时应考虑时间因素。

二、能源回弹效应的分类

（一）直接回弹效应

从生产者层面来看，直接回弹效应是指在生产过程中直接使用某项能源服务造成的能源回弹效应。例如，在工业企业中，某企业生产技术进步导致某种能源使用效率提高,则该能源的边际成本降低。厂商从利润最大化的角度出发,倾向于增加该能源要素的投入,增加能源消耗,该过程称为直接回弹效应。从消费者层面来看,Greening et al.(2000)基于消费行为理论对能源回弹效应进行了相关分析。当技术水平进步导致能源利用效率提升时,能源服务价格将会降低,引起消费者对能源服务的需求增加,能源消耗量同时增加。这种能源利用效率提升导致能源服务价格下降引起的能源服务需求增加的过程称为消费者层面的能源直接回弹效应。

(二)间接回弹效应

从生产者层面来看,间接回弹效应是指与生产过程相关的其他生产要素造成能源消耗。例如,由于发电技术水平提升,导致消费者的用电成本降低,使用电量不变的情况下消费者的实际收入水平提升。此时消费者会将增加的收入用于其他商品的消费,造成其他产品方面的能源消耗,产生间接回弹效应。从消费者层面来看,能源效率提升导致能源服务价格下降,因此消费者实际收入增加,购买相同数量的能源服务需要的资金减少,则消费者会将节省的资金用于其他商品的消费,然而其他产品的生产也需要能源消耗,这种过程称为消费者层面的能源间接回弹效应。

(三)整体经济回弹效应

整体经济回弹效应是指国民经济层面,能源效率的提高引起整体经济能源消费增加。在整体经济系统中,技术进步导致能源利用效率提升,产品生产成本降低,这会引起市场中供需平衡发生变化,使产品供给增加引起能源消耗增加,即产生整体经济回弹效应。

第七节　协同治理理论

协同理论的研究与实践源于西方。协同的实践最早体现在企业治理上,Igor Ansoff 在 1960 年提出协同作用是企业经验战略中的重要因素;到 1971 年,联邦德国斯图加特大学教授 Hermann Haken 正式提出了协同的概念;1977 年,*Synergetics-An Introduction* 一书的出版,正式标志着现代协同相关理论的出现。协同效应是指一个开放整体由许多子系统组成,这些子系统在行动时相互协调,相互作用,最终产生综合的集体的结果(Haken,1985)。后来,基于协同效应逐渐形成一门新兴学科,协同效应在早期多应用于一些自然学科。学者们在物理学(Weidlich,1991)、心理学(Favela et al.,2018)等领域结合协同理论提出新的研究框架和研究模式。而随着研究的深入,协同效应的跨界应用越来越广泛,该学科逐渐体现出多学科交融的特点,其跨界特征在学界和实践中受到越来越多的关注,当下的研究已经扩展到社会环境治理(邱实,2023)、经济发展(赵晶等,2022,戚聿东等,2022)和生态环境治理(Sedlacek et al.,2020,陈菡等,2020,刘卫先等,2022)等领域。

进入工业化时代后,随着经济模式的高能耗和高排放发展,生态环境与自然资源遭到了严重破坏,人类活动还影响了气候的变化,环境污染和空气变暖极大地威胁到了人类的生存。面临这样的困境,各国政府和学界开始研究环境治理的方法。大气污染物和温室气体的协同治理是全世界亟须解决的治理难题,也是人类实现环境保护和经济发展目标的有效途径。协同治理效益观点的首次引入,是在1995年联合国政府间气候变化专门委员会发布的第二次评估报告中。到2001年,针对大气污染物和温室气体治理的协同效应,联合国政府间气候变化专门委员会发布的第三次评估报告,指出政策实施后能产生非意愿性的额外正向影响,说明了协同效应的存在。协同治理效应为缓解温室气体排放所产生的社会经济效益,即减少化石燃料的消耗,不但可以减少二氧化碳的排放量,还带来了空气污染物排放降低的积极结果。Nemet et al.(2010)认为,温室气体减排政策带来协同收益源于其所产生的空气污染协同减排。2020年,中国提出了二氧化碳排放在2030年达到顶峰,到2060年实现碳中和的目标,这就要求中国寻求更多协同治理方法应对全球变暖和大气污染。2021年召开的全国生态环境保护工作会议首次提出降污减碳,指出这是在新发展阶段面临的最大机遇,是"双碳"目标和防污攻坚战的有效结合,意味着中国环境保护工作正式进入减污降碳协同开展的新阶段。这一协同治理理论不但满足了中国当下的国情发展现状,能提高人民的生活水平,而且符合国际上关于大气环境的认识,体现了中国的大国担当。如何发挥减碳降污的协同效应是社会各界重点关注的问题。

能实现对温室气体和大气污染的协同治理,以及共同推进的原因主要包括以下几点:一是产生机制上的同根、同源、同步,人类生活及生产活动如维持日常生活、发展工业、交通运输等需要的化石燃料和产生的废气形成了大气污染物,温室气体主要源于化石燃料燃烧,其同根、同源、同步为协同治理提供了可能。二是控制途径共通，由于其主要源于化石燃料，通过源头治理的方法，比如推出替代能源、优化产业结构、促进技术创新等都能有效减少对化石燃料的使用，实现减少大气污染和碳排放的共同收益。三是降污减碳的最终目标一致，大气污染物对人类健康产生严重负面影响，气候变暖导致生态环境恶化，威胁人们的身体健康和生存环境，可见降污减碳的共同目标是保护人类生存环境。四是方法设计思路一致，比如：国家为降低碳排放推行碳排放交易权政策，将污染外部性成本转变为企业内部成本，提高企业减少碳排放的主动性和积极性；相对地，在面临大气污染排放时，政府在多个地方实行排污许可证制度的试点。协同治理理论在应对气候变化和污染治理的双重挑战时，有其存在的合理性，并且能有效提高环境治理的效率。

各国以降污减碳协同治理为基础，推出了不同的法律法规和政策，对协同治理的研究与实践进行进一步探索。美国联邦政府在 1963 年颁布 *Clean Air Act* 后，发现大气污染治理成效显著与温室气体排放量逐年递增的共存现象，而后逐渐将对碳排放的规范和限制加入空气污染治理方案中；加州于 2010 年发布了《2010 年湾区清洁空气计划》，多方面采纳多污染物协同治理举措，同时考量大气污染物的减少及温室气体减排的共同结果，以此为基础，其 2017 年发布的《2017 年湾区清洁空气计划》着重细分各部门的协同举措，是最典型的多污染物协同治理规范；日本环境署（Ministry of Environment of Japan，MOEJ）在《发展中国家应对气候变化和清洁发展机制协同治理方略》中说明了应对温室效应的政策会同时达到大气环境治理的目的；亚洲开发银行（Asian Development Bank，ADB）发现，应对气候问题的措施同时也带来了超过单纯的碳减排的效益，比如有利于居民的身体健康。

国内大气降污减碳的相关研究起步较晚。部分学者从多主体角度出发考虑政府、企业和公众的协同治理效果。Duan et al.（2020）运用省级面板数据，发现公众的环境保护参与不足；胡中华等（2021）从区域角度出发，指出区域的各主体利益不均衡，协同意愿不强烈，常态化的协同治理现阶段难以推广。协同治理的研究关键是如何进行量化评估，最早与环境有关的量化评估研究起源于国外。学者们致力于构建模型模拟测算，量化协同治理产生的效益。Beuuséjour et al.（1995）使用 CGE 模型量化评估环境政策对于碳减排的影响效果；同样运用 CGE 模型，Burtraw et al.（2003）发现对碳排放收税的协同效应，能使每吨含氮大气污染物产生 8 美元的收益；Kumar et al.（2016）发现，印度在电力行业 23% 的可再生能源替代比例，到 2050 年会带来 74% 的碳减排协同效应，与前面的不同，他使用的是 LEAP 能源模型。国内学者在协同治理效果的量化测算上，除了模型，还基于排放量或相对减排量构建协同减排指标。毛显强等（2012）研究主要污染部门的减排措施，发现技术措施有利于减少污染物，且碳协同减排潜力巨大，但顾阿伦等（2016）得出完全相反的结果，发现技术措施的碳协同减排效果微弱。Zhou et al. (2015)、Yuan et al. (2020)通过构建 LEAP 模型，在中国进行大气污染物和二氧化碳的协同减排评估。傅晶燕等（2017）利用 Kaya 恒等式，基于历史数据，研究发现电力行业二氧化碳的减排活动会显著减少二氧化硫的排放量，比例约为 1：0.0013，证明了行业内部协同减排的有效性。张瑜等（2022）同样利用 Kaya 恒等式从双边视角研究了中国减污和降碳政策的协同效应。高庆先等（2021）通过构建协同效应评估指数，发现不同的政策对二氧化碳与大气污染物排放的协同治理程度不一样。

第八节　信息不对称理论

信息不对称理论认为，在以市场为基础的经济活动中，不同类别的人对相关信息的了解程度不同，拥有更多信息的人往往居于有利地位，而拥有更少信息的人则处于弱势。其具体内容为：市场上的卖方比买方知道更多产品和交易的信息；拥有更少信息的人希望从拥有更多信息的人那里获取信息；拥有更多信息的人通过这种信息传递来获取更多的利益；市场信号的显示可以在一定程度上抵消信息不对称带来的不利伤害。信息不对称是市场经济发展的一个障碍，政府应该在市场体系中发挥重要作用，减少经济中信息不对称造成的损害。

亚当·斯密关于"看不见的手"在市场中实现资源的有效配置的理论，以市场双方的信息充分且对称为前提，即生产者与消费者都拥有对方的完全信息。而古典经济学理论逐渐成熟后，其前提假设明显与现实不符，学者们逐渐有所质疑。信息不对称理论是由约瑟夫·斯蒂格利茨、乔治·阿克洛夫和迈克尔·斯彭斯提出的。3 名美国经济学家自 20 世纪 70 年代以来一直在研究信息不对称现象，为市场经济提供了一个新的研究视角。它不仅涉及信息的作用，信息传播的渠道，而且还涉及人们在市场中根据信息的可用性和数量而承担的不同风险和回报。乔治·阿克洛夫在其 1970 年发表的《柠檬市场：质量不确定和市场机制》中提出了"信息市场"的概念，指出市场上买家和卖家可获得的信息往往是不同的，这种信息差异导致市场效率受到损害，甚至完全被打乱。他从二手车交易入手研究，发现卖方比买方掌握更多的信息导致旧车市场的日渐式微,即发生劣币驱逐良币的现象,但卖方可通过建立长期声誉,买方可以通过设置策略来解决矛盾。此后,学者们开始系统地研究信息不对称问题,许多经济学家在经济生活的各个领域广泛研究和应用这一理论,还提出了一些基本理论,如"逆向选择"理论、"委托-代理"理论和"市场信号"理论等,将其推广到劳动力市场、保险市场和金融市场等诸多领域。这些理论解释了许多市场现象,如就业和失业、股市波动、商品促销和市场占有等,并成为现代信息经济学的基础。

不对称信息有着不同的类型。根据不对称信息的内容,可分为隐藏行动模型和隐藏知识模型或隐藏信息模型。前者是研究未观察到的行动的模型,指的是一个行为者相对于另一个行为者的行为的不可预测性;后者是研究未观察到的信息的模型,指的是一个行为者相对于另一个行为者的知识状况的无知。信息不对称的发生可能在事前和事后两个阶段,基于此,可以分为两种类型:在合同缔结之前如果发生信息不对称现象,会导致逆向选择,可以统称为逆向选择模型,这最先是由阿克洛夫在旧车市场模型中提出的;在合同缔结之后如果发生信息不对称现象,则会导致道德风险,可以统称为道德风险模型。在委托人-代理人模型的框架下,信息不对称还可细分为 5 种不同的模型:一是逆向选择模型,简单来说就是卖者相比买者对产品掌握更多的信息,信息不完全;二是信号传递模型,在存在逆向选择的问题时,往往拥有更多信息的一方可以通过一些行动作为信号将信息传递给另一方,以引导另一方的判断来签订合同;三是信息甄别模型,代理人根据掌握的信息从委托人提供的多个合同中选择最适合自己的合同,典型的例子是保险公司与投保方;四是隐藏行动的道德风险模型,委托人只能观察到代理人交易后的行动结果,他们在交易时获取对称的信息,比如雇主与雇员;五是隐藏信息的道德风险模型,交易后委托人观测到代理人行动,但不能观测到在给定状态下的选择,即驱动其行为的信息,比如经理和销售,和第四个模型一样,信息在交易时对称。

技术扩散是创新技术通过一定渠道在一定时间内广泛传播于社会系统中的过程(Rogers,1983),其效果最终将体现为通过扩散实现创新成果和技术对社会、经济发展的推动效用。技术扩散的过程中也存在很多信息不对称。关于技术的信息不对称现象,可从以下几块内容分析。根据不对称信息的内容,可以分为外源性信息不对称和内源性信息不对称。前者通常是在缔结合约之前产生的,由技术本身决定,比如技术的核心方法、技术的运用流程等,与当事人的行为无关;后者是指技术合同的一方当事人在签订合同后不能观察、监督或控制另一方当事人的行为而产生的信息不对称性。从技术市场的交易内容分析，技术市场是技术扩散的载体，实现技术由技术供给方向技术需求方的转移，也是一个具体的商业过程。在技术市场上交易的是技术商品和专利等一系列无形资产，它们是高度专业化的，其盈利能力主要取决于技术商品的价值。在这个特殊的市场中，由于专业程度和认知能力有限，买卖双方评估技术商品价值的能力是非常不同的。对于技术市场的买家来说，成功交易的关键是技术产品信息的可靠性，尽管所有卖家都标榜他们的技术产品有巨大利润，因此，交易问题会变成一个信息量的问题。信息不对称问题使技术扩散无法实现市场化、成果化、产业化。比如在绿色低碳技术领域，信息不对称导致投资者不了解早期和中期的低碳技术，这是对其进行创新投资的主要抑制因素，从而造成低碳技术陷入"死亡之谷"，即基础研究成果不能向市场化转化（方放等，2016）。而且，Brwon（2001）的研究指出，信息不对称是导致市场失灵的重要原因。Murphy et al.（2003）认为，缺乏中期研发资金的一个关键原因是投资者在何处以及如何分配其控制下的资金，受到他们和公共部门在期望和目标方面的巨大差异的影响，而且由于信息沟壑的存在，私人投资者认知有限，对研发投资风险的看法也使他们不愿意投资。Jenkins et al.（2011）指出，由于前期投资成本高、投资回收期长、风险大、缺乏外部融资以及许多阻碍能源技术领域创新的市场障碍，私人融资使新能源创新难以从早期的实验室研究发展到试点测试，然后全面商业化，其结果是许多先进技术在进入市场之前就已经夭折。

技术市场信息不对称的原因可分为以下几点。首先是市场的外部性因素。法律法规的滞后和统一的行业标准的缺失，都使市场参与者无法获得完全信息，从而提高了交易成本和风险，而政府监管难度大、效率低更大程度地导致信息不对称。其次是技术市场的主体行为。信息是技术交易过程中的一个重要组成部分，往往是收入的重要来源。信息的营利性为垄断信息和隐藏信息来源提供了动力，目前，中国的技术市场的监管力度不足，监管体系不完善，在内容、形式和范围上不够统一，导致技术供应商的信息披露不完整，重大信息被隐瞒，甚至出现不公平的暗箱操作行为。于需求方而言，为了使回报最大化，技术寻求者需要投入大量的时间和精力，然而获得最有价值的相关信息需要付出一定的成本或代价。因此，由于经济实力等因素，较弱的需求方获取到的决策所需的信息必然比较强的需求方少得多，造成了信息稀缺和信息优势。最后是传递的信息差。在整个信息传递过程中，要经过几个阶段，其中存在着不同的可能性，它们相互影响，相互依赖，如信息的内容在传输过程中被扭曲和变形，这就造成了信息的不对称。

第三章　绿色创新对建筑行业碳排放的影响

　　绿色创新已被认为是平衡行业转型与环境治理的有效途径,相关研究应多关注绿色创新对碳排放的影响。因此,我们利用了 2005—2020 年中国 30 个省份的面板数据集,研究了绿色创新是否可以减少建筑业的碳排放。双重固定效应模型的结果表明,绿色创新对中国建筑业碳减排有显著的正向影响。面板门槛模型的结果表明,当环境规制强度作为门槛变量时,绿色创新对碳排放的影响具有明显的双重门槛效应。此外,我们发现绿色创新可以通过环境规制大幅减少碳排放;减排效果在不同地区、创新要素和发展类型之间存在显著差异。

第一节　研究问题

　　全球变暖一直是全世界研究的主要课题(Zhang et al. ,2022),碳排放在很大程度上导致了气候变化(Bai et al. ,2019)。联合国政府间气候变化专门委员会第六次评估报告根据对平均气温上升的预测,预计未来 20 年全球温度将上升接近或超过 1.5 ℃。英国石油公司的《世界能源统计年鉴(2022 年)》显示,碳排放量已逐渐恢复到新冠疫情前的水平,扭转了因 2020 年疫情带来的暂时下降的趋势。这一增长主要是由新兴经济体推动的。因此,为了快速降低碳排放,中国的环境治理面临着复杂而紧迫的挑战。中国要实现低碳、可持续发展的经济目标,就必须大幅削减碳排放(Dong et al. ,2022;Kim et al. ,2020)。为了回应来自各地环境污染和联合国气候变化大会的批评,中国政府正在实施能够减少其碳排放的举措。中国已经承诺以各种有效的方式减少碳排放。例如,在《巴黎协定》的框架内,中国承诺 2030 年前实现碳达峰,2060 年前实现碳中和。中国作为世界上最大的发展中国家,将迅速从碳达峰过渡到碳中和,并实现世界碳减排强度的最大难度下降。

　　确定技术进步是否对建筑业碳排放存在约束性影响至关重要(Demircan

et al.，2021)。建筑业是我国城市化进程中的重要支柱产业，为我国经济增长做出了巨大贡献的同时，也存在过度使用能源和高排放的问题(Du et al.，2022)。建筑业的碳排放量约占全球碳排放量的40%。中国拥有世界上最大的建筑行业，建筑相关的碳排放量占全国总排放量的一半以上。有毒燃料的使用、一次能源的消耗和过时的技术增加了有害气体的排放和环境破坏(Erdogan，2021)，导致了严重的污染问题(Cakar et al.，2021)。然而，与其他行业一样，当新的技术和设备产生并投入建设过程时，就会生产出高附加值、低能耗的产品。其高能源消耗效率和低建筑成本也降低了碳排放(Solarin et al.，2022)。而基于新技术的工具和设备的使用意味着技术创新的发展(Erdogan et al.，2020；Gao et al.，2021；Chen et al.，2021)。因此，绿色创新是建筑业实现节能低碳发展的可行解决途径(Yu et al.，2021)。这对经济效益、社会效益和生态效益都有积极的影响。

学者们对绿色创新是否能广泛减少碳排放进行了研究，但尚未达成共识。大多数学者认为，绿色创新可以减少碳排放，同时改善环境质量(Sun et al.，2017；Ooba et al.，2015)。实证研究表明，绿色创新是实现高质量经济增长和环境保护"双赢"的有效策略(Kunapatarawong et al.，2016)。绿色创新与低碳排放之间的相关性也已被证明(Chen et al.，2021；Xu et al.，2021)。例如，Du et al.(2019)发现，环境创新对二氧化碳排放绩效的影响受到单门槛效应的调节。相反，其他研究人员认为，绿色技术不能减少碳排放(Guo et al.，2018；Ganda，2019；Bai et al.，2020)。根据Weina et al.(2016)的研究，意大利的绿色创新可能提高了环境产出，但并没有明显减少碳排放。

此外，很少有关于发展中国家绿色创新与温室气体排放之间相关性的实证研究(Cheng et al.，2021；Li et al.，2018)。其他研究发现，各个经济体的碳污染都有各自的趋势(Mohsin et al.，2021；Nawaz et al.，2021)。绿色创新对碳减排的影响在不同经济体之间存在显著差异(Lin et al.，2022)。遗憾的是，类似的研究依赖于全球范围的样本，不能只包括中国。然而，对这一领域的研究对于世界上最大的新兴经济体采取和改进脱碳措施是必要的。

大部分研究集中在环境友好型创新对环境质量的影响上，然而直接分析绿色创新和行业碳减排的文献不多。因此，需要进一步研究来直接证明绿色创新对建筑行业的减碳效益。许多调查研究了影响建筑部门碳排放的因素，但大多数文献关注的是能源消耗(Jiang et al.，2022)、城市化(Zhang et al.，2021)、经济增长(Lai et al.，2019)、环境监管(Dechezlepretre et al.，2014；Porter et al.，1995)和碳权(Oke et al.，2017)等，较少文献将绿色创新作为核心解释变量。国内外大多数专家学者通过不同的实证研究得出了技术创新与行业碳排放密切相关的结论，可见，绿色技术对于实现可持续发展目标至关重要，同时对自然环境的有害影响最小(Lin et al.，2018；Luo et al.，2019；Wu et al.，2020；Wu et al.，2009)。

基于目前的研究，我们提出了两个问题：①绿色创新能否有效减少碳排放？②绿色创新与碳排放的关系是非线性的还是线性的？为了解决上述问题，本章利用2005—2020年30个省份的面板数据集，分别采用双重固定效应模型和面板门槛模型，实证探讨了绿色创新对建筑业碳排放的影响。这项研究建立了碳排放和绿色创新之间的联系。

以下是本章研究的4个主要贡献。首先，采用统一的统计分析方法，研究了碳排放与绿色创新之间的线性和非线性关系。环境友好型创新对环境质量，特别是碳排放的全球影响是值得怀疑的。本章采用双重固定效应模型和双门槛模型研究了绿色创新对碳排放的影响。在绿色创新碳减排的研究框架下，将环境规制作为门槛变量，这可能有助于推进相关领域的研究进展。其次，本章基于中国建筑业的统计数据，扩展了碳排放的绿色创新研究。我们的目标是确定绿色创新是否能为建筑行业提供应对气候变化的可行方法。全面评估绿色创新对中国建筑业碳减排的作用，有助于制定低碳战略，还可能为其他发展中国家向低碳经济转型提供指南。此外，我们已经发现了一种可能的机理。大量研究文献尚未考察绿色创新对建筑业碳减排的间接影响机制，本章利用基于环境规制的中介效应模型，研究了绿色创新对二氧化碳排放的影响机制。最后，本章考察了绿色创新在不同地区、不同创新要素、不同发展类型下对碳排放的影响。由于绿色创新和建筑行业碳排放的潜在多样性，很少有研究评估它们的关系在不同的情况下是否不同。因此，本章的研究有利于制定因地制宜的绿色发展规划。

本章的其余部分内容组织如下：第二节介绍了研究方法和数据；在第三节中展示了回归结果；第四节分析了中介效应及其异质性；第五节进一步探讨了研究结果；第六节为研究结论和政策建议。

第二节　研究设计

一、模型设定

(一)碳排放测量

大量的调查研究了量化建筑业碳排放的方法。一般来说,这些方法可分为 3 类:IPCC 的排放因子法、投入产出分析法和生命周期评估法。IPCC 的排放因子法利用能源消耗和二氧化碳排放因子(Lee et al.,2016;Su et al.,2022)对碳排放进行评估。投入产出分析法对于碳排放的估算是通过组装投入产出表和建立相关的数学模型,描述每个经济系统部门(Huang et al.,2018)的初始投入、中间投入和中间产出、总投入和总产出以及最终产出之间的联系。生命周期评估法通过圈定碳排放核算边界和收集碳排放数据(Li et al.,2021;Chastas et al.,2016),对产品或工艺的整个生命周期进行自下而上的排放评估。近年来,利用 IPCC 的排放因子法研究行业碳排放的学术研究数量显著增加,主要原因是 IPCC 的排放因子法的数据选择更灵活,核算方法更直接,计算结果更可靠。因此,本节也采用IPCC 的排放因子法来计算建筑业碳排放量。

基于 CEADs 数据库(China Emisson Accounts and Datasets,中国碳排放核算数据库),参考 Shan et al.(2016)的方法,根据 IPCC 的排放因子法,计算各省份建筑业所消耗能源的碳排放量,模型如下:

$$CE_{ij} = AD_{ij} \times NCV_i \times CC_i \times O_{ij} \qquad (3-1)$$

式中:CE_{ij} 指 j 部门燃烧 i 化石燃料所产生的二氧化碳排放量;AD_{ij} 指对应的化石燃料类型和部门的化石燃料消耗量;NCV_i 指净热量值,指化石燃料燃烧的每个物理单位所产生的热量;CC_i(碳含量)为化石燃料 i 产生的每净热量值的二氧化碳排放量;O_{ij} 为氧化率,指化石燃料燃烧过程中的氧化比。

(二)双重固定效应模型

建立以下回归方程,以检验绿色创新对建筑行业碳排放的影响。

$$CE_{it} = \beta_0 + \beta_1 Tech_{it} + \beta_2 X_{it} + \alpha_i + \gamma_t + \varepsilon_{it} \tag{3-2}$$

式中：i 和 t 分别表示省份和年份；CE_{it} 表示省份 i 在 t 时期的建筑业碳排放量；$Tech_{it}$ 为省份 i 在 t 时期的绿色发明专利量，表示绿色创新水平；X_{it} 为影响碳排放量的一系列控制变量；α_i 表示省份固定效应，控制了所有省份层面不随时间变化而变的因素；γ_t 表示时间固定效应，控制了时间层面不随地区变化而变的因素；ε_{it} 为残差项。上式中，β_1 是本节所关注的估计系数，若 β_1 为负且显著，则表示绿色创新可以显著减少省际建筑业的碳排放量。为了有一个稳定的数据，我们取一些数据的对数。

（三）面板门槛模型

非线性影响的经济学原理可能是，当一个地区处于发展的早期阶段时，其主要发展目标是经济扩张。此时，技术进步更有可能提高产出。尽管它对碳排放有轻微的抑制作用（Rubashkina et al. , 2015），但效果一般。当一个地区的经济发展达到一定程度，并优先考虑绿色和可持续发展时，技术创新就会更加注重绿色技术创新。事实表明，绿色创新不仅支持经济发展，还能提高环境质量和碳减排强度。本章采用 Hansen 门槛模型（Hansen，2000）来考察绿色创新与碳排放之间是否存在非线性关系，以环境规制强度作为门槛变量。下面描述的是面板单门槛模型。

$$CE_{it} = \beta_0 + \beta_1 Tech_{it} \times I(Envr_{it} \leqslant \theta) + \beta_2 Tech_{it} \times I(Envr_{it} > \theta) + \beta_3 X_{it} + \alpha_i + \gamma_t + \varepsilon_{it} \tag{3-3}$$

考虑到多个门槛存在的可能性，将面板单门槛模型转化为面板多门槛模型。

$$CE_{it} = \beta_0 + \beta_1 Tech_{it} \times I(Envr_{it} \leqslant \theta_1) + \beta_2 Tech_{it} \times I(\theta_1 < Envr_{it} \leqslant \theta_2) + \cdots + \beta_n Tech_{it} \times I(\theta_{n-1} < Envr_{it} \leqslant \theta_n) + \beta_{n+1} Tech_{it} \times I(Envr_{it} > \theta_n) + \beta_{n+2} X_{it} + \alpha_i + \gamma_t + \varepsilon_{it} \tag{3-4}$$

式中：$Envr_{it}$ 表示环境规制强度，并且作为省份 i 在 t 时期的门槛变量。θ 是特定的门槛值，$I(\cdot)$ 是一个指标函数，其值依赖于门槛变量（$Envr_{it}$）和门槛值（θ）之间的联系，即：当 $Envr_{it} \leqslant \theta$，$I(\cdot)=0$；当 $Envr_{it} > \theta$，$I(\cdot)=1$。在模型（3-4）中，$Tech_{it}$ 是受 $Envr_{it}$ 影响的核心解释变量，并且 β_1 到 β_{n+1} 是 $Envr_{it}$ 在不同区间时 $Tech_{it}$ 对 CE_{it} 的影响系数。

二、变量选择与定义

(一)被解释变量

本章以建筑业碳排放量作为被解释变量。由于各省份消耗的能源实物量类别不统一,为了数据的完整性,本章选取了各省份消耗的所有能源,不包括CEADs排放因子表以外的能源。为了避免重复计算电力和热能产生的排放,省略了电力和热能等二次能源。

(二)解释变量

绿色创新(Berrone et al.,2013)作为核心解释变量。一般可以用3个变量来量化绿色创新,即专利、研发支出和全要素生产率。这些指标分别表示创新的投入、产出和绩效。专利是绿色创新的一个相当准确的预测变量(Fu et al.,2022)。因此,本章以绿色创新专利数量作为衡量标准。

(三)门槛变量与机制变量

环境规制强度作为门槛变量与机制变量。现有的研究缺乏明确的标准来量化环境规制强度,这是一个政策变量。一些学者(Kheddr et al.,2008)将区域生产总值占区域能源消费总量的比例作为衡量指标,这可能是因为它能够反映环境规制的综合效果。该比值越大,说明在一定GDP水平下,环境规制的节能减排的作用越显著,环境规制强度越高。因此,我们使用建筑业生产总值与能源消耗的比例来衡量。

(四)控制变量

复杂的变量影响着建筑行业的碳排放。为控制其他因素可能产生的影响,缓解可能因遗漏变量偏差而产生的内生问题,本章在已有文献的基础上,选取建筑业生产总值、建筑业从业人数、城镇化水平(Fan et al.,2021)、对外开放程度(Qiu et al.,2021)、研发强度(Li et al.,2015)、产业结构(Wu et al.,2021)、经济发展水平、科技创新效率(Guo et al.,2015)为控制变量。表3-1列出了本研究所考虑的所有变量。

表 3-1　变量定义与说明

变量	变量名	符号	变量说明	数据来源
被解释变量	建筑业碳排放量	CE	IPCC	A
解释变量	绿色创新	$Tech$	绿色创新专利数量	B
门槛变量	环境规制强度	$Envr$	建筑业生产总值/能源消耗	C&A
中介变量	环境规制强度	ln$envr$	ln(建筑业生产总值/能源消耗)	C&A
控制变量	建筑业生产总值	ln$Congdp$	ln(建筑业生产总值)	C
	建筑业从业人数	ln$Conjo$	ln(建筑业从业人数)	C
	城镇化水平	$Town$	城镇化率	D
	对外开放程度	$Open$	FDI/GDP	D
	研发强度	$Rede$	规模以上工业企业 R&D 经费/GDP	D
	产业结构	lndus	建筑业生产总值/GDP	D
	经济发展水平	$Pgdp$	ln(人均生产总值)	D
	科技创新效率（1）	$Pate$	一般预算支出	D
	科技创新效率（2）	$Scit$	国内专利申请授权量	D
	科技创新效率（3）	$Expe$	科学技术	D
	科技创新效率（4）	$Budge$	科技支出/一般公共预算支出	D

注：在数据来源一栏中，"A"表示《中国能源统计年鉴》《中国环境统计年鉴》和 CEADs 数据库；"B"表示中国研究数据服务平台（Chinese Research Data Services，CNRDS）和国家知识产权局的统计报告；"C"表示《中国建筑业统计年鉴》；"D"表示《中国统计年鉴》。

　　囿于数据的可得性和缺失问题，西藏、香港、澳门和台湾被排除在外。最终选取 2005—2020 年中国 30 个省份的面板数据集，将这些省份的缺失数据进行插值补全。各变量的描述性统计如表 3-2 所示。

表 3-2　描述性统计

变量名	符号	样本量	均值	标准差	最小值	最大值
建筑业碳排放量	CE	480	802.1485	765.2138	13.0082	4059.9200
绿色创新	$Tech$	480	725.1437	1303.3890	0	10010.0000
环境规制强度	$Envr$	480	2.3619	0.8194	0.7927	6.1940
建筑业生产总值	ln$Congdp$	480	6.7744	0.9241	3.9543	8.7843
建筑业从业人数	ln$Conjo$	480	13.6398	1.1165	10.9123	15.9615

续　表

变量名	符号	样本量	均值	标准差	最小值	最大值
城镇化水平	$Town$	480	0.5517	0.1401	0.2687	0.8960
对外开放程度	$Open$	480	0.0222	0.0177	0.0001	0.0819
研发强度	$Rede$	480	94.0373	52.3655	5.8334	231.8645
产业结构	$Indus$	480	0.07084	0.0227	0.0186	0.1466
经济发展水平	$Pgdp$	480	10.5014	0.6581	8.5275	12.0133
科技创新效率(1)	$Pate$	480	3666.7020	2926.7750	0.2007	17430.7900
科技创新效率(2)	$Scit$	480	41179.9200	75230.8800	79.0000	709725.0000
科技创新效率(3)	$Expe$	480	90.4847	137.6403	0.4800	1168.7930
科技创新效率(4)	$Budge$	480	5055.3550	33142.2300	2.2366	72.0185

第三节　实证分析

一、基准回归

为了验证绿色创新对建筑业碳排放的影响,我们采用了双重固定效应模型。回归估计结果如表 3-3 所示。第(1)列不包含控制变量,第(2)列显示常规稳健标准误差下的固定效应结果,第(3)列显示 Bootstrap 标准误差下的回归结果,第(4)列表示控制省份—年份的交互固定效应的回归结果。

由第(1)列、第(2)列和第(3)列的结果可知,$Tech$ 的回归系数分别为 0.0236、-0.184 和 -0.184,第(2)列和第(3)列均通过了 1% 的显著性水平检验。其中,第(1)列表明,在加入控制变量前,绿色创新回归系数为正且不显著。加入控制变量后,$Tech$ 的估计系数为 -0.184,在 1% 水平下具有统计学意义。这表明,绿色创新对建筑业碳排放的影响受其他因素的干扰。根据第(2)列的回归结果,绿色创新水平的提高有效降低了建筑业的碳排放水平。

表 3-3 基准回归结果

变量	被解释变量:CE			
	(1)	(2)	(3)	(4)
	FE	FE_r	FE_bootstrap	FE_dt
Tech	0.0236 (0.0831)	−0.184*** (0.0725)	−0.184*** (0.0493)	−0.0760* (0.0456)
lnCongdp		387.5 (377.1)	387.5 (251.3)	292.6* (163.2)
lnConjo		−35.28 (216.1)	−35.28 (97.17)	89.53 (73.20)
Town		493.0 (1832)	493.0 (1152)	1,141 (1480)
Open		−6933** (3113)	−6933*** (1741)	−2,984** (1319)
Rede		−0.790 (3.663)	−0.790 (1.838)	0.832 (1.165)
lndus		−5426 (4097)	−5426* (3141)	333.5 (1869)
Pgdp		−78.56 (462.7)	−78.56 (288.8)	185.0 (181.9)
Pate		−0.0002 (0.0011)	−0.0002 (0.0009)	−0.0018** (0.0009)
Scit		1.123 (1.321)	1.123 (0.794)	−1.318** (0.519)
Expe		0.0016 (0.0016)	0.0016** (0.0007)	0.0004 (0.0006)
Budge		0.134 (0.123)	0.134*** (0.0458)	−0.0245 (0.0459)
Constant	454.2*** (88.70)	−251.2 (4837)	−251.2 (2263)	−4673*** (1740)
年份固定效应	Yes	Yes	Yes	Yes
省份固定效应	Yes	Yes	Yes	Yes
R^2	0.231	0.354	0.354	
N	480	480	480	480

注:(1)括号里是稳健标准误差;(2)***、**、*分别表示在1%、5%和10%水平下显著。下表同。

二、面板门槛回归

根据模型(3-4),面板门槛模型是由门槛效应的存在决定的,它考察了变量之间的非线性联系。本部门利用 $Tech$ 一阶滞后项,重新估计模型以考虑内生性。基于 Hansen 的假设,我们进行绿色创新和 $L.Tech$ 的门槛效应检验。通过重复样本300次,利用 Bootstrap 自助法确定了 F 值以及伴随的 P 值和临界值的渐近分布。门槛检验结果表明,单门槛和双门槛在 1% 显著性水平下通过了假设检验(见表3-4)。相反,三门槛效应不显著,因此选择双门槛模型进行分析。

由表3-4可知,在双门槛模型中,F 统计量在 1% 的显著性水平上具有统计学意义。$Tech$ 有两个门槛值,分别为 4.3810 和 7.6576;$L.Tech$ 门槛值分别为 3.9170 和 7.6576。图3-1 和图3-2 是 $Tech$ 和 $L.Tech$ 的门槛值似然比检验图。如图所示,上述门槛变量是有效的。

表 3-4　门槛效应存在性检验

变量	门槛类型	门槛值	F 统计值	P 值	95% 置信区间
$Tech$	单门槛	4.3810	132.11***	0.0000	[4.2605,4.4131]
	双门槛	7.6576	75.60***	0.0000	[7.6242,7.6705]
	三门槛	3.4985	43.41	0.7000	[3.4605,4.4466]
$L.Tech$	单门槛	3.9170	103.96***	0.0000	[3.6706,3.9210]
	双门槛	7.6576	53.10**	0.0200	[7.6426,7.6705]
	三门槛	3.5485	53.47	0.6033	[3.5011,3.6058]

在门槛检验的基础上,采用以环境规制强度为门槛变量的双门槛模型进行回归分析。在表3-5的第(1)列中显示 $Tech$ 的结果。结果表明,当 $Envr$ 低于或等于门槛 4.3810 时,$Tech$ 对 CE 的回归系数为 1.025,结果显著为正;当 $Envr$ 处在门槛值 4.3810—7.6576 之间时,$Tech$ 对 CE 的回归系数为 0.194,结果显著为正;当 $Envr$ 高于门槛值 7.6576 时,$Tech$ 对 CE 的回归系数为 -0.152,结果显著为负。这表明,当环境规制强度薄弱时,绿色创新对建筑行业碳减排的积极影响可以忽略不计。然而,随着环境规制强度的日益加强,$Tech$ 对 CE 的回归系数逐渐降低。最终,它变成了负数,即在降低碳污染方面发挥了更大的作用。此外,$L.Tech$ 也实现了相同的结果[见表3-5(2)列]。最终,双门槛模型的结果与双重固定效应模型的结果一致,验证了结论的可信度和有效性。

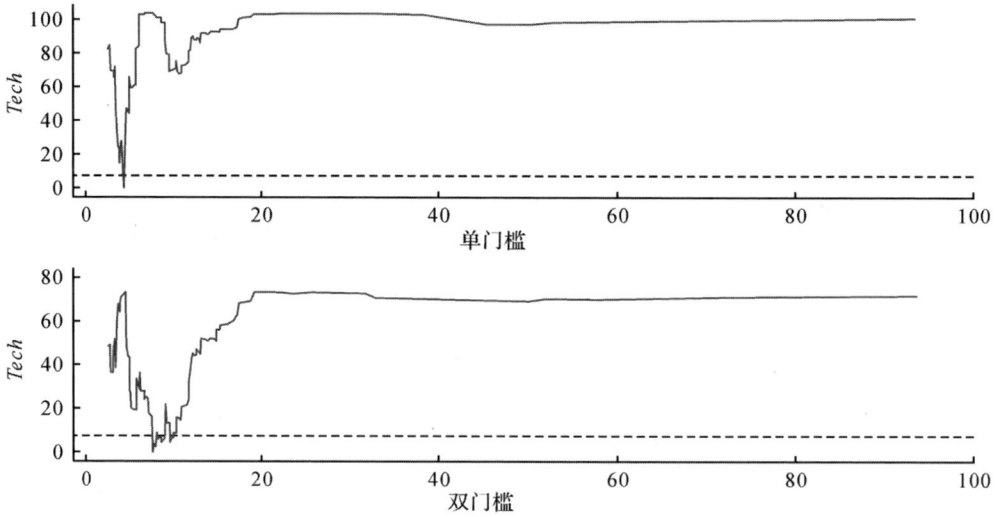

图 3-1　*Tech* 的门槛值似然比检验

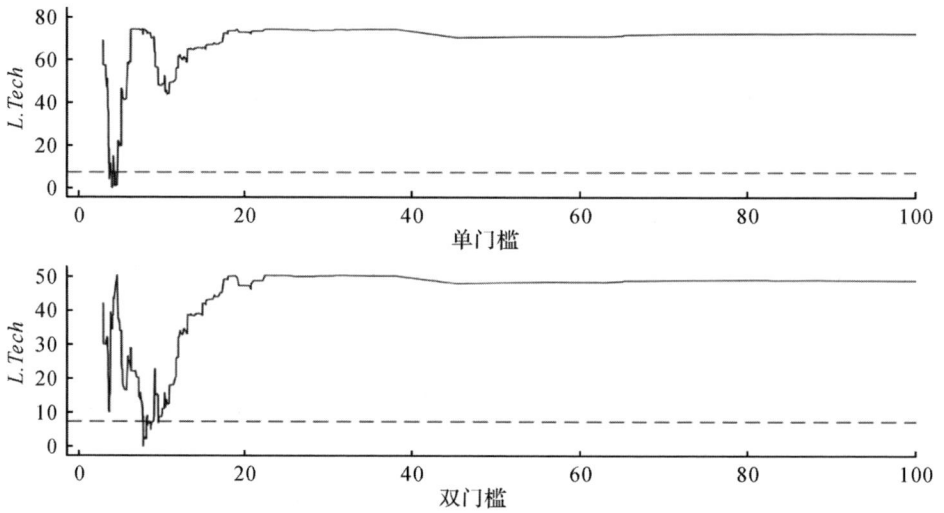

图 3-2　*L. Tech* 的门槛值似然比检验

表 3-5　门槛效应回归结果

变量	被解释变量: CE	
	(1)	(2)
	Tech	*L. Tech*
$Tech(Envr \leqslant threshold_1)$	1.025*** (0.0995)	
$Tech(threshold_1 < Envr \leqslant threshold_2)$	0.194*** (0.0559)	
$Tech(Envr > threshold_2)$	-0.152*** (0.0323)	
$L. Tech(Envr \leqslant threshold_1)$		1.225*** (0.135)
$L. Tech(threshold_1 < Envr \leqslant threshold_2)$		0.195*** (0.0665)
$L. Tech(Envr > threshold_2)$		-0.195*** (0.0388)
常数	577.5 (1659)	1831 (1771)
控制变量	Yes	Yes
年份固定效应	Yes	Yes
省份固定效应	Yes	Yes
R^2	0.531	0.487
N	480	480

注:似然比检验的重复次数为 300 次。其中, $threshould_1$ 表示第一个门槛值, $threshold_2$ 表示第二个门槛值。

三、内生性分析

绿色创新与建筑相关的碳排放之间可能存在反向因果关系。换句话说,较高的碳排放可能会推动建筑行业进行绿色创新,也可能存在测量误差或遗漏变量。内生问题的存在使模型(3-2)的估计结果有偏差。因此,我们使用由 Arellano et al. (1991)开发的两步广义矩估计(Generalized Method of Moments,GMM)法来估计模型(3-2),该方法允许我们通过使用工具变量(Instrument Variclde,IV)来校正内生性。我们利用绿色创新的历史数据构建工具变量(IV)。

在两步 GMM 回归中,采用绿色创新的一阶滞后项和二阶滞后项作为 IV。表 3-6 显示了第一阶段回归和第二阶段回归的结果。正如预期的那样,上面提到的每一个 IV 都对 $Tech$ 产生了显著的有利影响。此外,IV 是可靠的,因为表 3-6 中的 F 统计值大于 10,这说明 IV 选择是合乎逻辑的。结果表明,$Tech$ 能显著降低 CE,验证了基准回归结果的可靠性。表 3-6 的底部展示了 IV 的检验结果。结果表明,变量识别不充分和弱 IV 的担忧可以排除。因此,两步 GUM 回归的估计结果是可靠的。

表 3-6　IV 回归结果

工具变量（IV）	被解释变量			
	$Tech$	CE	$Tech$	CE
	$L. Tech$		$L2. Tech$	
	（1）	（2）	（1）	（2）
	第一阶段	第二阶段	第一阶段	第二阶段
$Tech$		−0.187*** (0.0474)		−0.177*** (0.050)
$L. Tech$	1.025*** (0.0799)			
$L2. Tech$			0.987*** (0.1147)	
F 统计值	164.76		74.00	
P 值	0.0000		0.0000	
Under-identification test				
Kleibergen-Paap rk LM statistic		35.207***		36.411***
Weak instrumental variable test				
Cragg-Donald Wald F statistic		1627.022		753.154
Stock-Yogo weak ID test critical values		16.38(10%)		16.38(10%)
控制变量	Yes	Yes	Yes	Yes
年份固定效应	Yes	Yes	Yes	Yes
省份固定效应	Yes	Yes	Yes	Yes
R^2		0.327		0.290
N	480	450	420	420

四、稳健性检验

我们进行了一组稳健性检验,以进一步验证我们研究结论的可靠性。表 3-7 展示了回归的结果。

首先,延长时间窗口。本部分进一步延长时间考察窗口,将被解释变量建筑业碳排放量进行了前置一期和前置两期处理。表 3-7 回归结果的第(1)列和第(2)列表明,Tech 的估计系数都显著为负。这表明,在延长时间窗口后,研究结果保持不变。

其次,控制变量缩尾。为了排除控制变量中的异常值,对所有的控制变量进行上下 1% 的双边缩尾处理。表 3-7 的第(3)列显示了控制变量缩尾的回归结果,Tech 的回归系数仍显著为负。

然后,考察核心变量滞后项、被解释变量异常值。考虑到研究样本可能存在非随机性、异常值以及时间特殊性,均可能对研究结果产生影响,本部分采用滞后项、异常值两种方式对研究结果的稳健性继续进行考察,以进一步提升研究结果的有效性和科学性。绿色创新可能需要数年时间才能充分发挥其潜力,因此选择具有滞后一期的绿色创新变量来考察可能存在的时滞效应。为了探索建筑行业碳减排过程中可能存在的可变性,我们剔除了 1% 的碳排放极值。表 3-7 的第(4)列和第(5)列展示了回归结果。Tech 的回归系数显著为负,表明绿色创新在影响建筑业碳排放的过程中存在时间滞后效应,剔除极值后,Tech 的回归系数仍然显著为负。

最后,排除其他环境政策的影响。中国于 2010 年 7 月实施了第一批低碳省市试点政策,2013 年实施了碳排放权交易试点政策,2016 年实施了用能权交易试点政策。这些措施有助于减少建筑行业的能源使用,增加绿色创新,可能鼓励地方更倾向于建立以低碳为特征的产业体系,促进形成绿色低碳的生活方式和消费模式。因此,这可能会影响绿色创新实际的碳减排效应。为了准确识别绿色创新的环境效应,必须排除其他类似政策的干扰。本部分忽略了 2005—2020 年参与试点的省份的一些统计数据,分别剔除第一批低碳省市试点政策、碳排放权交易政策、用能权交易试点政策相关数据。表 3-7 中的第(6)列至第(8)列反映了剔除一些影响后 Tech 对 CE 的影响。结果表明,排除其他政策干扰后,影响仍然是稳健的。

表 3-7　稳健性检验结果

变量	被解释变量							
	$F.CE$	$F2.CE$	CE	CE	CE	CE	CE	CE
	(1)	(2)	(3)	(4)	(5)	(6)	(7)	(8)
$L.Tech$				-0.191^{**} (0.0777)				
$Tech$	-0.187^{***} (0.0667)	-0.171^{***} (0.0597)	-0.226^{**} (0.0819)		-0.182^{**} (0.0722)	-0.147^{*} (0.0835)	-0.348^{*} (0.178)	-0.155^{**} (0.0658)
常数	-1253 (4645)	-2654 (4514)	68.04 (4948)	-87.61 (4936)	-295.8 (4852)	$-4,875$ (5207)	$-2,569$ (6248)	-714.2 (4952)
控制变量	Yes	Yes	Yes	Yes	Yes	Yes	Yes	Yes
年份固定效应	Yes	Yes	Yes	Yes	Yes	Yes	Yes	Yes
省份固定效应	Yes	Yes	Yes	Yes	Yes	Yes	Yes	Yes
R^2	0.301	0.267	0.356	0.324	0.356	0.273	0.292	0.299
N	450	420	480	450	476	368	368	416

第四节　进一步分析

一、作用机制检验

　　前文直接考察了绿色创新对建筑行业碳排放的影响。为验证两者在其传导过程中是否存在中介效应,通过 Bootstrap 检验法和逐步回归法对面板数据进行拟合,验证环境规制强度在其传播过程中发挥着何种的中介作用。表 3-8 的第(1)列至第(3)列显示了逐步回归法的回归结果。Bootstrap 法的回归结果显示在第(4)列。

　　环境规制强度的中介效应检验结果见表 3-8。在 5％ 显著性水平下,第(1)列中的 $Tech$ 的系数是负的,表明绿色创新对减排有重大影响。第(2)列中的 $Tech$ 非常显著,表明绿色创新与环境规制强度紧密相关。在第(3)列中包含环境规制强度,$Tech$ 的系数为 -0.0263。然而,只有 $Envr$ 的系数通过了 1％ 显著性检验。这说明,环境规制强度可以减少碳排放,并在 $Tech$ 与 CE 之间的影响机制中充当完全中介的作用。在第(4)列中,平均因果中介效应(ACME)显著为负(见 95％ 置信区间),占总体影响的 54.8972％,使总体效应(TOTAL)大于直接效应(ADE)。尽管如此,*Tech* 对 *CE* 的直接影响在统计意义上仍是不显著的(见 95% 置信区间)。这与逐步回归法的回归结果一致,表明 *Tech* 只能通过 *Envr* 产生碳减排效益。综上所述,绿色创新通过环境规制强度这个完全中介抑制了建筑业碳排放,环境规制强度水平越高,绿色创新的建筑业减排效应就越大。

表 3-8　中介效应检验结果

变量	被解释变量			
	CE	*Envr*	*CE*	*CE*
	(1)	(2)	(3)	(4)
Tech	−0.184** (0.0725)	0.000233*** (4.75e−05)	−0.0263 (0.0571)	−0.0263 (0.0313)
Envr			−674.2*** (242.1)	−674.2*** (35.85)
ACME				−0.157*** {−0.1957, −0.1278}
ADE				−0.0263 {−0.0751, 0.0150}
TOTAL				−0.184*** {−0.2593, −0.1413}
Percentage mediated(%)				54.8972
常数	−251.2 (4837)	−0.116 (4.102)	−329.6 (2948)	193.1 (1698)
控制变量	Yes	Yes	Yes	Yes
年份固定效应	Yes	Yes	Yes	Yes
省份固定效应	Yes	Yes	Yes	Yes
R^2	0.354	0.474	0.648	0.895
N	480	480	480	480

注:ACME、ADE 和 TOTAL 分别表示平均因果中介效应、平均直接效应和总效应;根据 Imai et al.(2010)和 Tingley et al.(2014)的方法得到估计结果(标准差效应)和 95% 置信区间({});模拟次数为 1000 次。

二、异质性分析

　　绿色创新对建筑业碳排放的影响也可能因经济发展水平、人口规模、工业化程度等宏观经济环境的不同而表现出异质性。因此,也有必要对这些差异进行异质性分析。

(一)区域异质性

参考现有文献中的常见做法,我们将研究样本分为东部、中部和西部 3 个地区,分别表示为 region1、region2 和 region3。表 3-9 展示了回归结果。

表 3-9 的回归结果表明,在东部和中部地区,$Tech$ 分别在 1% 的水平上显著为负,在 10% 的水平上显著为正。在东部地区,$Tech$ 每增加 1 个单位,碳排放量就减少 12.1 个单位。中部地区的 $Tech$ 每增加 1 个单位,碳排放量就会增加 19.4 个单位。相比中西部地区,东部地区经济更发达,吸收研发资金的潜力更大。它还拥有大量的专业研究知识,使技术创新更容易在建筑行业碳减排中发挥重要作用。

表 3-9 区域异质性回归结果

变量	被解释变量:CE		
	(1)	(2)	(3)
	东部	中部	西部
$Tech$	−0.121*** (0.0347)	0.194* (0.0873)	0.311 (0.198)
常数	−3380 (3829)	−4097 (4232)	13176*** (2125)
控制变量	Yes	Yes	Yes
年份固定效应	Yes	Yes	Yes
省份固定效应	Yes	Yes	Yes
R^2	0.400	0.878	0.876
N	192	144	144

(二)创新要素异质性

科技财政投入和人力资本投入是绿色创新的重要支撑,是推动行业实现碳减排的重要因素。我们研究了绿色创新的碳减排效应在不同科技财政投入水平和人力资本投入水平之间是否存在显著差异。本部分以建筑业勘察设计机构数量和从业人员数量来表示人力资本,使用科学技术支出占一般公共预算支出的比重来表示科技财政投入。根据科技财政投入和人才资本投入每年的中位数,本部分将各省份划分为高、低两个阶段。

表 3-10 的第(1)列和第(2)列显示了对科技财政投入的回归结果。表 3-10 的

表 3-10　创新要素和发展类型异质性回归结果

被解释变量：CE

变量	(1) 高科技财政投入	(2) 低科技财政投入	(3) 高人力资本投入-I	(4) 低人力资本投入-I	(5) 高人力资本投入-II	(6) 低人力资本投入-II	(7) 非资源型省份	(8) 资源型省份
$Tech$	−0.135** (0.0619)	0.471* (0.266)	−0.217* (0.125)	−0.000391 (0.299)	−0.184* (0.0939)	−0.438 (0.348)	−0.108** (0.0483)	−0.781* (0.353)
常数	−6898 (10091)	2180 (5192)	−7231 (5634)	7289 (5012)	−14,213* (7798)	5214 (3392)	−363.5 (5934)	2718 (6204)
控制变量	Yes	Yes	Yes	Yes	Yes	Yes	Yes	Yes
年份固定效应	Yes	Yes	Yes	Yes	Yes	Yes	Yes	Yes
省份固定效应	Yes	Yes	Yes	Yes	Yes	Yes	Yes	Yes
R^2	0.317	0.541	0.411	0.436	0.446	0.507	0.511	0.563
N	219	261	240	240	240	240	320	160

注：I 和 II 分别表示人力资本投入中建筑业勘察设计机构数量和从业人员数量。

第（3）列到第（6）列详细说明了人力资本投入的回归结果。研究结果表明，科技投入的增加显著降低了高科技财政投入和高人力资本投入的省份的碳排放。

（三）发展类型异质性

资源型省份的经济增长以劳动力、矿产资源等要素投入为主，产业也多以重化工业为主，这些省份的技术创新水平较低，绿色创新发展更是其薄弱环节，这些因素导致其碳排放量较大。那么，在自然资源丰富的地区，绿色创新是否能显著减少其建筑行业的碳排放？表 3-10 的第（7）列和第（8）列分别显示了非资源型、资源型省份的回归结果。结果表明，两者 $Tech$ 的估计系数显著为负。这意味着，提高绿色创新水平能够显著降低非资源型、资源型省份建筑业的碳排放量，但对于资源型省份的减排作用更加强烈。

第五节　结果讨论

基于这项研究，我们取得了一些新的发现。

第一，绿色创新程度不断提升，成功降低了建筑行业碳排放。碳排放很大程度上来自高碳排放行业的化石能源燃烧。技术创新水平提高所带来的生产效益可能弥补治理污染的投资成本（Jiang et al.，2020）。政府意识到"快速增长、高能耗和高二氧化碳排放"带来的全球变暖挑战，便迅速应用先进技术提高生产效率，减少碳排放。绿色创新可以通过技术发展、低碳产品应用、扩大绿色产能、多重溢出效应、降低成本、专业化分工等方式减少建筑行业的能源消耗，减少低生产率、高能耗、高投入带来的碳污染。因此，绿色创新可以优化产业结构，淘汰污染产业，提高能源消费效率，达到节能的目的，这必然会影响行业的碳排放。简而言之，绿色创新水平提升，建筑行业的碳排放便会大幅减少。

第二，高于一定程度的环境规制有助于增强绿色创新减少二氧化碳排放的潜力，这可能是因为环境规制强度水平不同，其产生的效果也会有所不同。①随着环境监管强度的增加，对惩罚性措施的畏惧、受激励措施的吸引及减少碳排放的动机也会增加。因此，更多的建筑企业将部分生产扩产资金用于研发，同时也倾向于使用新技术来提高建筑生产的清洁度，从而减少环境污染，满足政府环境监管要求。

②在环保法规宽松的地方,建筑业企业更愿意投资扩大生产。由于这种增长带来的收益可能超过受环境监管而付出的成本,从而降低了建筑业企业开展技术创新并将其运用于降低建筑业碳排放的意愿。当前中国严厉的环境监管的确促进了总体低碳发展水平的提高。但是,环境管理是一个长期的过程,不能单靠监管政策来实现,应该强调技术创新与环境规制之间的联系(Ma te al.,2022)。

第三,绿色创新利用环境规制作为渠道,为建筑行业的碳排放提供额外的抑制作用。在环境规制水平高的情况下,建筑业企业认为对污染排放的处罚过于严厉,导致排放成本远远超过降低排放的成本。因此,企业更愿意投资于研发或采用新的绿色技术,以提高建筑生产的清洁度,从而降低环境污染和内部化外部费用。

还有一些研究结果表明:①绿色创新对东部建筑行业的二氧化碳减排具有实质性的影响。东部地区经济比较发达,人们环境意识比较强,技术比较先进,技术研发设施比较完善。建立严格的环境立法可能会扩大绿色创新对建筑行业碳减排的影响。对于以发展重工业为主、长期依赖高耗能经济增长模式的中西部地区,技术创新引导效果尚不强。②绿色创新水平的提高显著降低了高科技财政投入和高人力资本投入省份的碳排放。在中国相关节能减排项目补贴等政策的基础上,"十四五"时期,我国持续加大科技财政投入和人力资本投入,"双高"企业通过清洁生产技术的自主研发与节能技术吸收,促进企业研发出适宜的能源节约技术和清洁生产模式。③资源型省份的减排潜力大于非资源型省份。换句话说,两种类型省份的碳排放都有所减少,但前者的减少更为明显。一方面,随着经济增长和区域流动,资源型省份建筑业的绿色创新程度逐步提高,技术应用范围也在不断扩大。从国家政策和转型发展看,这些省份的产业正逐步从资源密集型、高污染型、高耗能向技术密集型转变。它们正在不断克服"资源诅咒"困境,绿色技术融入这些企业发展的程度也在不断提高。另一方面,这些省份对科技专业知识的投资和对建筑行业研发资金的增加,使其绿色创新发展水平提升,能源消费结构也从主要使用化石燃料转向使用清洁和可再生能源。因此,在这些因素的推动下,绿色创新能显著发挥出碳减排效应。

本章全面分析了中国建筑行业为减少二氧化碳排放所做的努力,有助于有关企业及政府部门认识当前建筑业碳减排技术途径。因此,基于减排路径视角,研究结果可为未来中国建筑行业的碳减排方向提供政策参考。本章所用研究框架与研究方法既适用于对中国建筑业进行分析,又适用于对其他产业及其他发展中国家进行研究。

第六节　结论及政策建议

在碳达峰和碳中和的背景下,绿色创新是降低碳排放的重要手段。本章利用2005—2020年中国30个省份的面板数据集,探讨了绿色创新与建筑业碳排放之间的线性和非线性关系。同时,研究了环境规制强度对绿色创新与建筑业碳排放量之间关系的中介作用。此外,本章还从区域、创新要素和发展类型3个方面实证考察了绿色创新在碳排放方面存在的潜在异质性。以下是主要研究结论和政策建议。

本章得出了6个研究结论。第一,绿色创新与我国建筑业碳排放总体呈负相关关系。第二,只有在环境规制强度很高且高于门槛值时,才能使绿色创新降低建筑业碳排放。第三,环境规制强度在绿色创新对建筑业碳排放的影响中具有明显的中介效应,技术进步能够通过环境规制强度显著推动建筑业碳减排。第四,在区域层面上,仅东部地区技术创新显著地负向影响建筑业碳排放;第五,高科技财政投入与高人力资本投入的省份的绿色创新均可显著降低建筑业碳排放量;第六,绿色创新水平的提升可显著降低资源型、非资源型省份建筑业碳排放,但对资源型省份减排效果更强。

根据研究结论,提出如下政策建议。一是应考虑政策引导,大力支持对绿色技术的引进、研究和开发。二是理顺环境规制政策,完善环境规制。三是加快环境政策的实施,建立严格的技术和产业准入机制。四是提高全国建筑业减排的技术含量,形成经济增长和碳减排技术进步的"双赢"局面。

本章将双重固定效应模型与门槛效应模型相结合来对中国建筑业减排潜力进行研究。虽然本研究也的确存在一些局限,但这或许会给今后的研究指明方向。首先,本研究仅涵盖省级研究尺度。选择更窄的尺度,如城市或企业视角,将使研究结果更加全面。可见,"微观层面的碳排放"可能是未来研究的一个主题。其次,计算直接碳排放量时选择了每个省份建筑部门使用的所有能源。最后,像电力和热能等二次能源产生的碳排放没有被考虑在内,同时具体的间接消耗与排放也被排除在外。未来的研究应扩大碳排放测量的范围,并考虑一些间接能源消耗和排放数据。

第四章 我国工业行业绿色低碳技术创新路径

第一节 研究问题

经过新中国 70 余年特别是改革开放以来的发展,我国工业成功实现了由小到大、由弱到强的历史大跨越,我国由一个贫穷落后的农业国成长为世界第一工业制造大国,成为世界上工业品种种类最齐全的国家。然而工业领域长期以来是我国二氧化碳排放的第一大户,相关数据显示,我国二氧化碳排放的 70% 以上来自工业生产或生成性排放。工业,特别是其中的制造业,成为我国减少碳排放的主战场、实现"双碳"目标的关键。《"十四五"工业绿色发展规划》指出,到 2025 年,工业产业结构、生产方式绿色低碳转型取得显著成效,绿色低碳技术装备广泛应用,能源资源利用效率大幅提高,绿色制造水平全面提升,单位工业增加值二氧化碳排放降低 18%,钢铁、有色金属、建材等重点行业碳排放总量控制取得阶段性成果,为 2030 年前工业领域碳达峰奠定坚实基础。

本章内容对中国工业行业碳排放进行了详细的情景分析,让读者清楚地了解中国工业行业的二氧化碳排放现状,并采用因素分解法探讨工业行业碳排放的影响因素,分析中国工业行业绿色低碳技术创新路径。

第二节 工业行业的碳排放及相关指标核算

一、核算方法

本节基于中国工业行业的终端能源年度消费量及经济产出来核算中国工业行业的碳排放及相关指标,碳排放核算方法如下:

$$CF = \sum_{i=1}^{m} E_i \times f_i \tag{4-1}$$

式中，CF 为碳排放（单位：Mt CO_2/a），E_i 为终端消费的第 i 类能源的量（单位：Mt SCE/a），f_i 为第 i 类能源的碳排放因子（单位：t CO_2/t SCE[①]）。

工业行业消费的各类能源主要有煤炭产品（如原煤、洗精煤、焦炭和焦炉煤气等）、石油及其制品（如原油、汽油、煤油、柴油、燃料油等）、天然气、热力和电力。碳排放因子是核算的关键，通过文献回顾发现，煤炭、石油和天然气这 3 种能源的碳排放因子在碳排放研究领域应用较多，但是文献中 3 种能源的碳排放因子却存在差异，部分文献中煤炭、石油和天然气的碳排放因子见表 4-1。

表 4-1　煤炭、石油和天然气碳排放因子[②]

单位：t CO_2/t SCE

终端消费的能源种类	碳排放因子	终端消费的能源种类	碳排放因子	终端消费的能源种类	碳排放因子
煤炭	2.574[a]	石油	1.753[a]	天然气	1.426[a]
	2.772[b]		2.149[b]		1.646[b]
	2.493[c]		1.980[c]		1.503[c]
	2.743[d]		2.138[d]		1.628[d]
	2.662[e]		2.138[e]		1.500[e]
	2.405[f]		2.167[f]		1.657[f]
	2.812[1]		2.146[1]		1.643[1]
	2.492[2]		2.104[2]		2.162[2]

[①]　Mt(mega ton)意为兆吨，即 10^6 吨；a 意为年度，即 annual；SCE 为标准煤，即 Standard Coal Equivalent。

[②]　a. 1999 年 DOE/EIA(U. S. Department of Energy，Energy Information Administration，美国能源部，美国能源信息署）发布的研究数据；b. 1999 年日本能源经济研究所发布的研究数据；c. 2000 年中国工程院在《中国可持续发展能源战略研究报告》中发布的数据；d. 1995 年国家环保局（现中华人民共和国生态环境部）在《中国温室气体控制问题与选择》中发布的数据；e. 1994 年国家科委（现中华人民共和国科学技术部）在《中国全球气候变化国家对策研究》中发布的数据；f. 1994 年在加拿大环境部、国家科委和北京市温室气体排放及减排对策研究项目组发布的数据；a—f 的数据最初由孟昭利整理汇总（详见：孟昭利. 企业能源审计方法[M]. 北京：清华大学出版社，2002：266-267.）。

曹淑艳等(2010)对工业终端消费的各类能源的碳排放因子进行了核算和整理(见表 4-2),本节在核算中国纺织工业的碳排放时直接引用。

表 4-2　各类能源的碳排放因子

单位:t CO$_2$/t SCE

终端消费的能源种类	碳排放因子	终端消费的能源种类	碳排放因子	终端消费的能源种类	碳排放因子	终端消费的能源种类	碳排放因子
原煤	2.492	焦炉煤气	1.288	煤油	2.051	其他石油制品	2.126
洗精煤	2.631	其他煤气	1.288	柴油	2.167	天然气	2.162
其他洗煤	2.492	原油	2.104	燃料油	2.219	热力	3.212
焦炭	2.977	汽油	1.988	液化石油气	1.828	电力	6.113

排放强度(emission intensity)是衡量温室气体减排效果的重要指标之一,由美国政府在 2002 年提出,其最初的含义为每百万美元 GDP 的温室气体排放量(何建坤等,2004)。许多学者参照该指标,提出了碳排放强度(carbon emission intensity)的概念,即单位经济产出的二氧化碳排放量,核算方法如下:

$$CFI = \frac{CF}{V} \tag{4-2}$$

式中,CFI 为碳排放强度(单位:t CO$_2$/万元),V 为经济产出(单位:万元/a)。

碳排放强度的倒数称为碳生产率(carbon productivity),即单位二氧化碳排放的经济产出,核算方法如下:

$$CP = \frac{V}{CF} \tag{4-3}$$

式中,CP 为碳生产率(单位:万元/t CO$_2$)。

二、数据来源及处理

本节所使用的各类能源数据源自历年的《中国能源统计年鉴》,工业行业的工业增加值数据源自历年的《中国工业经济统计年鉴》。为了便于统计分析,本节参照国民经济行业分类标准《GB/T 4754—2017 国民经济行业分类》对工业行业进行归类。

三、核算结果

本节基于公式(4-1)和统计数据核算了中国工业行业 2011—2020 年间的碳排放,结果如图 4-1 所示。中国工业行业的碳排放在 2011—2020 间总体呈现出增长的趋势,增长率约为 17.54%,其中"十二五"期间增长率约为 6.53%,"十三五"期间增长率约为 10.48%。从我国工业的 3 个大类行业的碳排放来看,制造业的碳排放占比最高,年平均占比约为 87.99%,采掘业和电力、热力、燃气及水的生产和供应业占比相当。制造业中的非金属矿物制品业,化学原料和化学制品制造业,黑色金属冶炼和压延加工业,石油、煤炭及其他燃料加工业等 4 个行业的碳排放占比约为 65.46%。

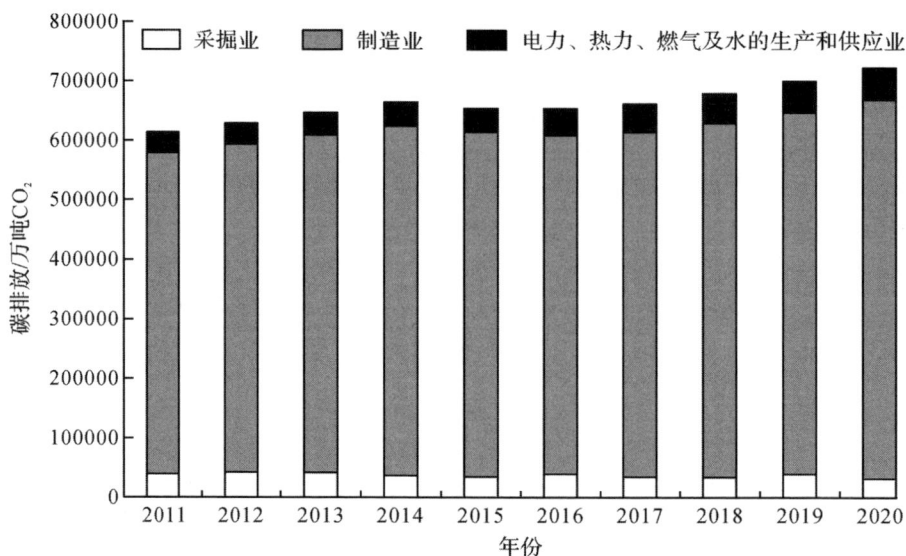

图 4-1 2011—2020 年中国工业行业的碳排放

化学原料和化学制品制造业包括基础化学原料制造,肥料制造,农药制造,涂料、油墨、颜料及类似产品制造,合成材料制造,专用化学产品制造,日用化学产品制造等细分行业,在制造业大类行业中碳排放量最大。黑色金属冶炼和压延加工业包括炼铁、炼钢、钢延展加工、铁合金冶炼等细分行业,能耗高,碳排放量仅次于化学原料和化学制品制造业。石油、煤炭及其他燃料加工业包括精炼石油产品制造、煤炭加工、核燃料加工、生物质燃料加工等,非金属矿物制品业包括水泥、石灰和石膏及制品制造,砖瓦、石材等建筑材料制造,玻璃及其制品制造,耐火材料制造等,该两大类行业也是高能耗行业。在上述大类工业行业和细分行业中,钢铁、石化化工、有色金属、建材等是工业和信息化部、国家发展改革委、生态环境部印发的《工业领域碳达峰实施方案》重点聚焦的行业。

基于公式(4-2),以历年的工业增加值作为经济产出核算的工业行业的碳排放强度都呈现出下降趋势,见图 4-2 所示。中国工业行业的碳排放强度在 2011—2020 年呈现出降低的趋势,工业平均碳排放约降低 28.04%,制造业约降低 31.96%,电力、热力、燃气及水的生产和供应业约降低 26.44%,采掘业下降幅度最小,约为 6.38%。与碳排放强度相反,工业行业的碳生产率逐年上升,见图 4-3 所示。

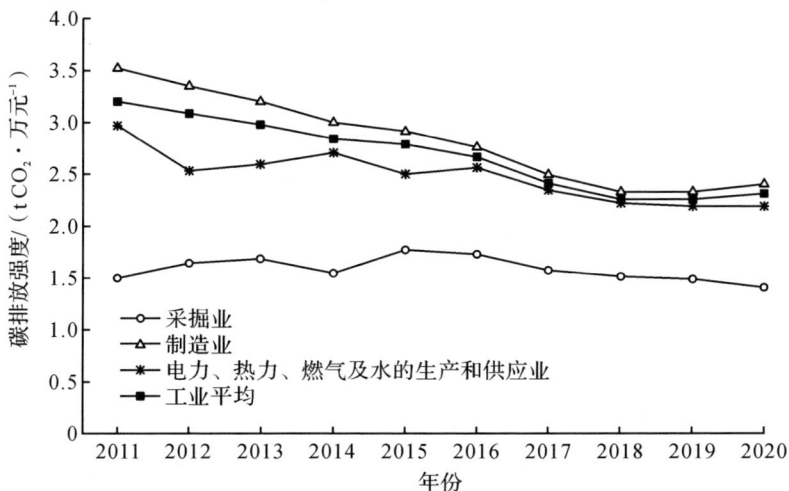

图 4-2　2011—2020 年中国工业行业的碳排放强度

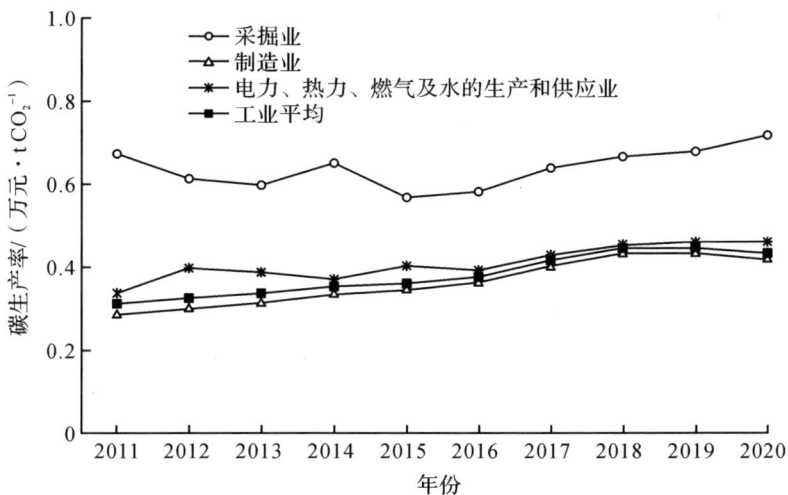

图 4-3　2011—2020 年中国工业行业的碳生产率

第三节　工业行业碳排放的影响因素分析

从核算结果可知,我国工业行业的碳排放在近 10 年呈现出上升的趋势,该发展趋势是在工业行业的产业规模、行业结构、技术水平、能源消费量及消费结构等诸多因素综合影响下的结果。深入分析各因素对工业行业碳排放的影响情况,量化各影响因素的贡献量,探讨各影响因素的演变情况,对于工业行业的低碳发展具有重要参考意义。

一、影响因素分解

在环境经济研究领域,分解分析法在确定各影响因素对研究对象影响大小的研究中得到较多的应用。结构分解分析(Structural Decomposition Analysis,SDA)法和指数分解分析(Index Decomposition Analysis,IDA)法是两种常用的因素分解分析方法。SDA 法基于投入产出表,可以清晰地分析各影响因素对研究对象的影响情况,但是该方法使用复杂,且受到投入产出表编制年度的限制。IDA 法则基于产业部门的相关数据,适用于分解含有较少因素的、包含时间序列数据的模型,其操作简单,且可以得到预期结果,因而得到广泛应用(贺红兵,2012)。IDA 法又分为基于 Laspeyres 因素的分解分析法和基于 Divisia 因素的分解分析法,在此基础上,Ang et al. (1777,2004,2005)提出了基于对数平均 Divisia 因素的分解分析(Logarithmic Mean Divisia Index,LMDI)法,该方法可以将研究对象按照影响因素进行完全分解,消除了残差,并在加法分解和乘法分解之间建立了联系。

基于公式(4-1),将纺织工业的碳排放核算公式进行如下变形:

$$
\begin{aligned}
CF &= \sum CF_j = \sum E_{ij} \times f_i \\
&= \sum V \times \frac{V_j}{V} \times \frac{E_j}{V_j} \times \frac{E_{ij}}{E_j} \times f_i \\
&= \sum V \times P_j \times I_j \times S_{ij} \times f_i
\end{aligned}
\tag{4-4}
$$

式中,各分解变量的含义见表 4-3。

表 4-3　分解变量的含义

变量	含义
CF_j	行业 j 的碳排放
V	工业行业的工业增加值,代表产业规模因素
V_j	行业 j 的工业增加值
E_j	行业 j 消耗的能源总量
E_{ij}	行业 j 消耗的第 i 类能源的量
P_j	行业 j 的经济产出占工业行业总产出的比重,代表行业结构因素
I_j	行业 j 的能源强度,代表产业技术水平因素
S_{ij}	行业 j 消耗的第 i 类能源占该行业总能耗的比重,代表能源结构因素
f_i	第 i 类能源的碳排放因子,代表能源技术因素

分解目标 CF 有加法模式和乘法模式两种分解模式,记 $CF[0]$ 表示工业行业在基年的碳排放,$CF[t]$ 表示工业行业在第 t 年的碳排放,则第 t 年的碳排放相对于基年的碳排放变化量 ΔCF 和碳排放变化率 CFD 可以分别表示为加法模式和乘法模式,即:

$$\Delta CF = CF[t] - CF[0]$$
$$= \sum V[t] \cdot P_j[t] \cdot I_j[t] \cdot S_{ij}[t] \cdot f_i[t] - \sum V[0] \cdot P_j[0] \cdot I_j[0] \cdot S_{ij}[0] \cdot f_i[0]$$
$$= \Delta CF_V + \Delta CF_{P_j} + \Delta CF_{I_j} + \Delta CF_{S_{ij}} + \Delta CF_{f_i} + \Delta CF_{rsd} \quad (4\text{-}5)$$

式中,ΔCF_V 为产业规模因素对工业碳排放变化量的贡献量,ΔCF_{P_j} 为行业结构因素对工业碳排放变化量的贡献量,ΔCF_{I_j} 为技术水平因素对工业碳排放变化量的贡献量,$\Delta CF_{S_{ij}}$ 为能源结构因素对工业碳排放变化量的贡献量,ΔCF_{f_i} 为能源技术因素对工业碳排放变化量的贡献量,ΔCF_{rsd} 为分解余量。上述贡献量皆有单位,即 $Mt\ CO_2/a$。

按照 Ang 提出的 LMDI 分解方法,在加法模式下的计算结果为:

$$\Delta CF_V = \sum \frac{CF_{ij}[t] - CF_{ij}[0]}{\ln CF_{ij}[t] - \ln CF_{ij}[0]} \times \ln \frac{V[t]}{V[0]}$$

$$\Delta CF_{P_j} = \sum \frac{CF_{ij}[t] - CF_{ij}[0]}{\ln CF_{ij}[t] - \ln CF_{ij}[0]} \times \ln \frac{P_j[t]}{P_j[0]}$$

$$\Delta CF_{I_j} = \sum \frac{CF_{ij}[t] - CF_{ij}[0]}{\ln CF_{ij}[t] - \ln CF_{ij}[0]} \times \ln \frac{I_j[t]}{I_j[0]} \quad (4\text{-}6)$$

$$\Delta CF_{S_{ij}} = \sum \frac{CF_{ij}[t] - CF_{ij}[0]}{\ln CF_{ij}[t] - \ln CF_{ij}[0]} \times \ln \frac{S_{ij}[t]}{S_{ij}[0]}$$

$$\Delta CF_{f_i} = \sum \frac{CF_{ij}[t] - CF_{ij}[0]}{\ln CF_{ij}[t] - \ln CF_{ij}[0]} \times \ln \frac{f_i[t]}{f_i[0]}$$

二、结果分析

根据公式(4-6),结合上节统计数据和核算结果,计算了各影响因素对工业行业 2011—2020 年碳排放变化的贡献量,结果见图 4-4 所示。

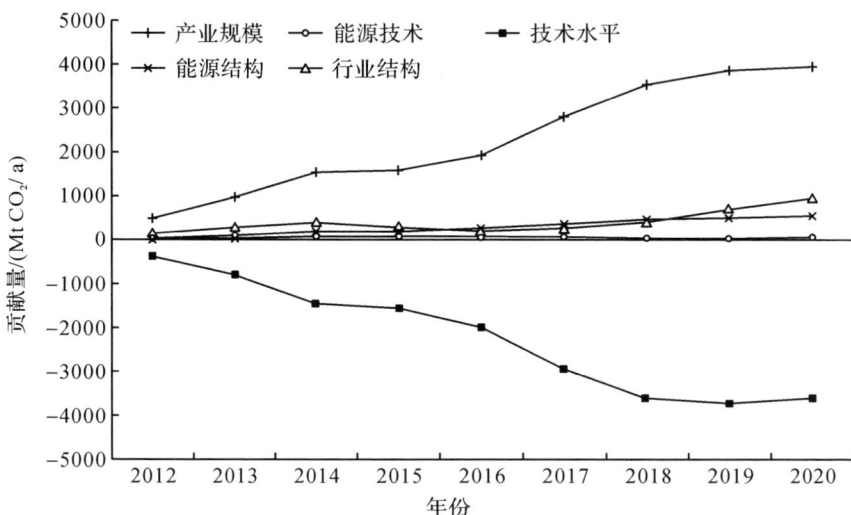

图 4-4　各影响因素对 2011—2020 年中国工业行业碳排放变化的贡献量

从图 4-4 可以看出,产业规模因素、能源结构因素和行业结构因素对我国工业行业碳排放变化量的贡献量为正值,即拉动工业碳排放的增长。技术水平因素对工业碳排放变化量的贡献值为负值,即抑制工业碳排放的增长。由于历年各类能源的碳排放因子相同,能源技术因素对工业碳排放的变化量无贡献。产业规模因素、能源结构因素和行业结构因素的拉动作用大于技术水平因素的抑制作用,因此工业行业的碳排放在 2011—2020 年表现为增长趋势。

作为世界第一工业制造大国,我国是世界上工业品种类最齐全的国家。规模化生产加工是我国工业的特征之一,产业规模的不断扩大必将消耗更多的能源。随着工业生产机械化水平的提高,终端能源消费中电力的消费量上升,煤炭产品的消费量下降,见图 4-5 所示。然而,在中国能源消费结构以煤炭等化石燃料为主的背景下,电力生产主要以火电为主①,电力的碳排放因子大于煤炭产品的碳排放因子(见表 4-2),因此,终端能源消费量的增加将直接拉动二氧化碳排放量的上升。

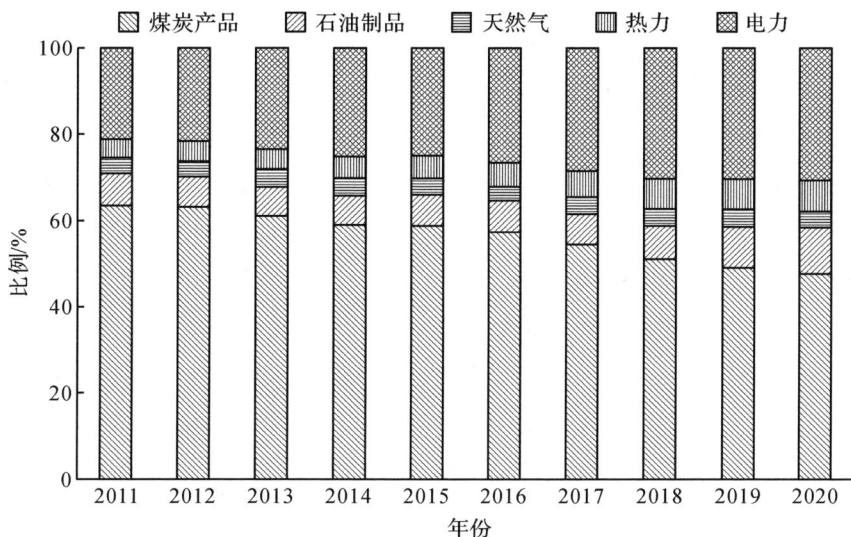

图 4-5　2011—2020 年中国工业行业终端能源消费结构

工业生产加工技术水平的提高以及节能政策的制定和实施,提高了产业的生产效率,降低了能耗强度,对减少工业行业的碳排放起到促进作用,抑制了纺织工业碳排放的增加。行业结构调整和优化是工业行业的发展目标之一,在 3 个大类行业中,制造业的能耗和碳排放占比在 90% 左右,因此行业结构调整和优化尚未达到碳减排的效果。例如,2019 年,我国制造业能源消费量为 27.59 亿吨标准煤,占全国能源消费总量的 56.77%;单位制造业增加值能耗为 1.02 吨标准煤/万元,是美国 2016 年单位制造业增加值能耗 2.7 吨标准煤/万美元的两倍多。

综上分析可以看出,产业规模的不断扩大是拉动工业行业碳排放增长的主要因素,终端能源结构也是碳排放增长的拉动因素,行业结构调整实现了抑制工业碳排放增长的效果。技术水平的提高对于减少工业行业的碳排放具有重要作用,是碳排放增长的主要抑制因素。

---

① 《2021 中国统计年鉴》的统计数据表明,2020 年火电在中国电力生产中所占的比重约为 69.51%。

第四节 工业行业绿色低碳技术创新

绿色低碳技术是减少工业行业碳排放的关键因素,也是实现碳中和的关键驱动力和全球新一轮工业革命及科技竞争的重要新兴领域。随着全球环境问题恶化和气候变化科学共识的达成,绿色低碳技术的概念被提出并受到关注。该类技术又称为环境友好型技术(Environmental Friendly Technology)或气候变化减缓和适应相关技术,泛指减少污染和提高资源效率技术、清洁能源技术、适合不断变化的环境的耐气候产品和工艺技术、更加可持续的植物和牲畜生产技术等。为应对气候变化,欧、美、日、韩、中等全球 130 余个国家或地区提出到 21 世纪中叶左右实现碳中和的目标;加快绿色低碳技术的研发和应用已成为主要国家碳中和路径的战略选择,且诸多国家根据本国国情制定了绿色技术发展的战略规划(傅京燕等,2017)。

一、绿色低碳技术发展国际战略布局

(一)欧洲:通过多领域绿色技术实现气候中和

欧盟一直是积极应对全球气候变化的倡导者、推动者和领导者,同时将环境和气候的全球挑战视为经济发展的机遇,致力于加强欧盟经济的绿色低碳竞争力。欧盟早在 1973 年推出了第一个环境行动计划,欧盟已经实施了多个环境行动计划。第七个环境行动计划提出实现低碳增长与资源利用长期脱钩,为到 2050 年建立安全和可持续社会奠定基础。2013 年 5 月,欧盟 *Energy Technology Innovation Strategy*(《能源技术与创新》)公报提出需对低碳前沿技术及方案加快创新步伐。2014 年,欧盟的 *Carbon Capture*,*Utilization and Storage Technical Work Roadmap*(《碳捕集、利用与封存技术工作路线图》)鼓励通过多渠道金融投资支持开发碳捕集、利用与封存技术,推动该产业发展。2018 年 11 月,欧盟委员会推出 2050 *Long-term Strategy*(《2050 年长期战略》),提出到 2050 年实现气候中和的目标,成为温室效应气体(Greenhouse Gas,GHG)净零排放的经济体。该战略着眼于包括能源、运输、工业和农业在内的所有关键经济部门,将在 7 个领域开展联合行动,即提高能源效率,发展可再生能源,发展清洁、安全、互联的交通,发展欧盟竞争性产业和循环经济,建设充足的智能网络基础设施和互联网络,发展生物经济并建立基本的碳汇,发展碳捕获和储存技术以解决剩余的碳排放。2019 年 12 月,欧盟委员会发布了 *European Green Deal*(《欧洲绿色协议》),该协议涵盖能源、工业、建筑、交通、农业、生态和环境等七大领域的绿色发展行动路线,旨在向清洁能源和循环经济转型以阻止气候变化,进而提高资源利用率,恢复生物多样性,以期最终实现"让欧洲成为全球首个碳中和大陆"的承诺。2020 年后,欧盟陆续推出了 *Sustainable Europe Investment Plan*(《可持续欧洲投资计划》)、*European Climate Law*(《欧洲气候变化法》)、*EU Industrial Strategy*(《欧洲新工业战略》)、*EU Circular Economy Action Plan*(《新循环经济行动计划》)、*Energy Systems Integration Strategy*(《能源系统整合战略》)、*EU Hydrogen Strategy*(《欧洲氢能战略》)等政策和行动计划,为绿色低碳技术创新发展提供了政策支撑。

在欧盟成员国层面,法国于 2020 年 9 月和 2021 年初推出 *National Economic Recovery Plan*(《国家经济复苏计划》),旨在提升创新能力和竞争力,促进经济增长,推动经济绿色转型,实现可持续发展。该计划涉及的资金规模在 1000 亿欧元左右,其中约 200 亿欧元将被用于实施"未来投资计划",并通过该计划支持创新活动和发展"未来科技",促进数字、低碳能源、绿色交通运输、生态农业和食品等产业发展。为了实现这一目标,法国政府主要采取 6 项措施,其中 4 项措施与绿色技术相关。第一是加快工业部门的去碳化进程。为了实现绿色复苏,法国将工业部门去碳化作为重点。第二是发展绿色能源和绿色技术,重视氢能开发。第三是推动绿色基础设施建设,发展绿色交通,鼓励绿色出行。第四是对老旧建筑进行翻新和绿色节能改造。

2019 年 6 月,英国新修订的 *Climate Change Act*(《气候变化法案》)生效,正式确立英国到 2050 年实现温室气体"净零排放"的目标。2020 年 11 月,英国发布 *The Ten Point Plan for a Green Industrial Revolution*(《绿色工业革命的十点计划》),该计划涉及清洁能源、交通、自然和创新技术。其中,包括利用海上风能,发展氢气,促进核能,加快向电动汽车过渡,支持零排放飞机和船舶的研究,使建筑物更绿色、更暖和、更节能等。

(二)美国:通过绿色技术促进能源安全和可持续性

美国作为世界第一大能源消费国和第一大原油进口国,高度重视能源技术研究,并将能源领域作为其绿色发展战略的重点。奥巴马政府、拜登政府都非常重视应对全球气候变化问题，即使特朗普政府在 2017 年宣布退出 *The Paris Agreement*（《巴黎协定》），美国各州政府也一直对温室气体减排有持续的政策引导。2009 年 6 月颁布的 *American Clean Energy and Security Act*（《美国清洁能源安全法案》）致力于降低美国温室气体排放，同时减少对海外石油的依赖。2014 年 5 月，*The All-Of-The-Above Energy Strategy As A Path To Sustainable Economic Growth*（《综合能源战略是实现可持续经济增长之路》）将低碳技术、清洁能源的未来发展作为能源战略支点，特别强调美国要在可再生能源技术上取得领先地位。2020 年 11 月 12 日，美国能源部发布 *Hydrogen Program Plan*（《氢能计划发展规划》），提出了未来 10 年及更长时期氢能研究、开发和示范的总体战略框架。美国政府一系列的能源战略涉及清洁能源的多个领域，主要的规划部署如表 4-4 所示。

表 4-4　美国在清洁能源方面的主要部署计划

清洁能源	时间	部署计划	主要内容
电力	2015 年 8 月	*Clean Power Plan*（《清洁电力计划》）	到 2030 年发电厂碳排放目标将在 2005 年的基础上减少 32%
	2016 年 7 月	*Hydropower Vision: A New Chapter for America's 1st Renewable Electricity Source*（《水电愿景：美国最早的可再生能源新篇章》）	到 2050 年，水电可以产生的价值包括：①避免温室气体排放造成的损失，可减排 56 亿吨，相当于减少 12 亿车辆 1 年内的排放量，共节省 2090 亿美元；②避免因空气污染造成的医疗费用和经济损失，价值 580 亿美元；③节省 1130 亿立方米蒸汽或火电站冷却用水
风能	2016 年 9 月	*National offshore Wind Strategy: Facilitating the Development of the offshore Wind Industry in the United States*（《国家海上风电战略：促进美国海上风电产业的发展》）	提出了美国发展海上风电行业的机遇和解决海上风电面临的挑战的行动计划，以继续加快美国海上风电的发展
森林碳汇	2016 年 12 月	*Optimize terrestrial carbon storage programs based on observation*（《根据观测优化陆地封存项目》）	通过开发先进技术和作物品种，使土壤碳积累增加 50%，同时将一氧化二氮排放量减少 50%，并将水生产力提高 25%
碳捕集、利用和封存	2019 年 12 月	*Meeting the Dual Challenge: A Roadmap to At-Scale Deployment of Carbon Capture, Use, and Storage*（《迎接双重挑战：碳捕集、利用和封存规模化部署路线图》）	提出要进一步巩固美国在碳捕集、利用和封存领域的领先地位，加快实现碳捕集、利用和封存项目的大规模部署，并提出了 25 年内实现大规模碳捕集、利用和封存技术部署的路线图

续　表

清洁能源	时间	部署计划	主要内容
核能	2020 年 4 月	*Restoring America's Competitive Nuclear Energy Advantage：A Strategy to Assure U. S. National Security*（《恢复美国核能竞争优势：确保美国国家安全的战略》）	从核燃料供应链安全、先进技术研发、核技术出口以及政府职能等方面提出了具体措施，重塑美国的核能竞争优势
	2020 年 5 月	*Advanced Reactor Demonstration Program*（ARDP）（《先进反应堆示范计划》）	加速美国核能企业的下一代先进核反应堆技术研发和示范工作，建造两个可在 7 年内投入商业运行的先进反应堆，维持和强化美国在未来全球核电市场的领先地位
	2020 年 12 月	*Energy Storage Grand Challenge Roadmap*（《储能大挑战路线图》）	其是美国针对储能的首个综合性的战略，旨在创建并维持美国在储能领域的领导地位，到 2030 年开发并在国内制造能够满足美国所有市场需求的储能技术
生物质	2020 年 8 月	*Integrated Strategies to Enable Lower-Cost Biofuels*（《实现低成本生物燃料的综合战略》）	提出降低生物燃料成本的 5 个关键战略，以实现 2 美元/加仑汽油当量的成本目标，包括开发高效生物炼油、改进工艺设计、利用现有基础设施、降低原料成本、开发高价值产品
氢能	2020 年 11 月	*Hydrogen Program Plan*（《氢能计划发展规划》）	提出了氢能研究、开发和示范的总体战略框架，并制定了美国到 2030 年发展氢能的技术经济指标
太空能源	2021 年 1 月	*Energy for Space：Department of Energy's Strategy to Advance American Space Leadership*（《太空能源战略：强化美国在太空探索领域的领导力》）	围绕如何确保美国在未来 10 年内的太空探索和应用领先地位，提出了具体的发展目标、实施原则和实施机制
电池	2021 年 6 月	*National Blueprint for Lithium Batteries 2021-2030*（《美国国家锂电发展蓝图 2021—2030》）	全面分析了美国锂电产业的发展现状和未来前景，提出了美国锂电池供应链的五大建设目标

（三）日本：通过绿色技术推进资源节约和环境保护

日本作为典型的资源紧缺型国家，高度重视资源节约、环境保护和可持续发展。日本很早就在氢能、核能、清洁电力方面进行了部署，并取得了长足发展。2008年制定、2013年9月修正的《环境能源技术革新计划》提出提高火力发电效率、开发新一代太阳能发电技术、地热发电等内容。2009年4月，《未来开拓战略》提出低碳技术创新相关政策目标，涉及低碳能源、环保车、低碳交通和再生资源回收利用等技术领域。2013年6月，《科学技术创新综合战略》提出实现清洁、经济的能源系统，利用革新性技术扩大可再生能源供应。2016年4月，《能源环境技术创新战略2050》提出，到2050年全球温室气体减排和构建新兴能源体系的目标与战略。为了完成上述目标，2016年，日本政府出台了《能源革新战略》《能源环境技术创新战略》《全球变暖对策计划》，分别制定了面向2030年和2050年的技术创新战略；2017年提出了《氢能基本战略》，确立了氢能发展的国家战略；2018年发布了第五个《能源基本计划》，提出能源转型和脱碳化战略的中长期能源发展规划；2019年又连续出台了《综合技术创新战略2019》《氢能与燃料电池技术开发战略》《碳循环利用技术路线图》《节能技术战略2019》等专项技术战略。

2020年1月，日本政府颁布了《革新环境技术创新战略》，这份新的应对气候变化的技术创新战略提出将在能源、工业、交通、建筑和农林水产业等五大领域采取绿色技术创新，以加快减排技术创新步伐。该技术创新战略提出了39项重点绿色技术，包括可再生能源，氢能，核能，碳捕集、利用和封存，储能，智能电网等，并将在未来10年里投入30万亿日元以促进技术发展。该技术创新战略显示了日本利用绿色技术创新应对能源和气候变化的决心。2020年12月，日本颁布了《2050年碳中和绿色增长战略》，提出海上风电、氢能、交通、农林水产等14个产业的绿色发展目标和重点任务。

（四）韩国：通过绿色技术促进绿色增长

2008年韩国制定了"低碳绿色增长战略"，提出"以绿色技术和清洁能源创造新的增长力和就业机会的发展新模式"。此后，《国家能源基本计划》《气候变化应对综合基本计划》《绿色能源产业发展战略》《绿色增长国家战略及五年计划》等与韩国"绿色增长"战略相关的政策和措施相继出台。2020年7月，韩国宣布执行"绿色新政"计划，从2020年到2025年，政府将投资73.4万亿韩元，以支持绿色基础设施、新能源及可再生能源、绿色交通、绿色产业和碳捕集、利用、封存等绿色技术的发展，加快向绿色低碳社会转型。2020年12月，韩国政府公布《2050碳中和促进战略》，提出加快能源转型，发展新可再生能源等绿色技术，旨在到2050年实现碳中和。为推动于2050年实现碳中和，韩国于2021年3月发布了《碳中和技术创新推进战略》，该战略确定了实现碳中和的10项关键技术，包括太阳能和风能，氢能，生物能源，碳捕集、利用和封存等绿色技术。

（五）中国：通过绿色技术创新推进"双碳"目标

随着我国绿色低碳循环发展经济体系的建立健全，绿色技术创新日益成为绿色发展的重要动力，成为我国"双碳"目标和高质量发展的重要支撑。目前我国的绿色技术主要集中在节能环保、清洁生产、清洁能源、生态环境、基础设施绿色升级和绿色服务等六大领域。党的十八大以来，"绿水青山就是金山银山"理念深入人心，绿色越来越成为高质量发展的底色。党的二十大报告指出，"积极稳妥推进碳达峰碳中和，立足我国能源资源禀赋，坚持先立后破，有计划分步骤实施碳达峰行动，深入推进能源革命，加强煤炭清洁高效利用，加快规划建设新型能源体系，积极参与应对气候变化全球治理"。2019年4月，国家发展改革委、科技部联合印发了《关于构建市场导向的绿色技术创新体系的指导意见》，明确了构建绿色技术创新体系的总体要求和具体措施。2021年3月，十三届全国人大四次会议通过了《中华人民共和国国民经济和社会发展第十四个五年规划和2035年远景目标纲要》，提出要推动能源清洁低碳安全高效利用，深入推进工业、建筑、交通等领域低碳转型，争取2060年前实现碳中和的目标。2021年11月，工业和信息化部印发了《"十四五"工业绿色发展规划》，立足发展实际，按照"目标导向、效率优先、创新驱动、市场主导、系统推进"的基本原则，系统提出聚焦一个行动、构建两大体系、推动六个转型、实施八大工程的整体工作安排，即以实施工业领域碳达峰行动为引领，着力构建完善绿色低碳技术体系和绿色制造支撑体系，系统推进工业向产业结构高端化、能源消费低碳化、资源利用循环化、生产过程清洁化、产品供给绿色化、生产方式绿色化等6个方向转型，并部署8个重大工程，对各行业各地区各领域绿色转型具有重要指导意义。2022年8月，为深入贯彻落实党中央国务院关于碳达峰、碳中和的重大决策部署，按照碳达峰、碳中和"1＋N"政策体系的总体安排，科技部会同国家发展改革委、工业和信息化部、生态环境部、住房和城乡建设部、交通运输部等9部门组织编制了《科技支撑碳达峰碳中和实施方案（2022—2030年）》，统筹提出支撑 2030 年前实现碳达峰目标的科技创新行动和保障举措,并为 2060 年前实现碳中和目标做好技术研发储备。该方案承诺到 2025 年实现重点行业和领域低碳关键核心技术的重大突破,支撑单位 GDP 二氧化碳排放比 2020 年下降 18％,单位 GDP 能源消耗比 2020 年下降 13.5％;到 2030 年,进一步研究突破一批碳中和前沿和颠覆性技术,形成一批具有显著影响力的低碳技术解决方案和综合示范工程,建立更加完善的绿色低碳科技创新体系,有力支撑单位 GDP 二氧化碳排放比 2005 年下降 65％以上,单位 GDP 能源消耗持续大幅下降。

二、绿色低碳技术研发国际态势分析

绿色低碳技术包括多种类别,经济合作与发展组织(Organization for Economic Co-operation and Development,OECD)基于环境政策目标将绿色技术划分为环境管理技术,水资源相关适应技术,温室气体的捕获、封存、隔离或处置技术,气候减缓技术(能源、交通、建筑、废物管理、产品生产领域)等,具体见表 4-5。

表 4-5 OECD 绿色低碳技术分类

技术大类	技术小类
环境管理技术	空气污染治理,水污染治理,废物处理,土壤修复,环境监测
水资源相关适应技术	需求侧技术(节水),供应侧技术(集水、增加可用水量)
与能源生产、传输和分配相关的气候减缓技术	可再生能源(风能、太阳能、地热能、海洋能源、水力发电等),非化石燃料产生的能源(生物燃料、废物燃料),具有减缓潜力的燃烧技术(提高输入和输出效率的技术),核能,高效发电、输电或配电技术,使能技术(储能、氢能、燃料电池、智能电网等),减少温室气体排放的其他能源转换或管理系统
温室气体的捕获、封存、隔离或处置技术	二氧化碳捕获或封存,捕获或处理除二氧化碳以外的温室气体
与交通运输相关的气候减缓技术	公路、铁路、航空、海运和水运车辆/船舶的减排技术,其他交通运输技术(电动汽车充电技术、燃料电池和氢气技术)
与建筑相关的气候减缓技术	建筑中可再生能源的整合,建筑节能,改善建筑物热性能的建筑或建筑构件,建筑中的使能技术(燃料电池、智能电网等在建筑中的应用技术)
与废水处理或废物管理有关的气候减缓技术	废水处理,固体废物管理,对温室气体减排有潜在或间接贡献的技术(生物包装、专门用于减少废物或回收材料或货物的计算机系统或方法)
产品生产或加工中的气候减缓技术	金属加工、化工、炼油和石油化工、农业、畜牧业或农业食品工业、终端工业品和消费品生产过程等相关减排技术,适用于整个行业的气候减缓技术(能源高效利用、可再生能源等),对温室气体减排有潜在贡献的使能技术(智能工厂、燃料电池和氢能使用、储能技术等)

　　绿色低碳技术类专利的申请和应用可以较为充分地反映出技术研发的方向。本部分在秦阿宁等（2021）的研究基础上，以 Derwent Innovation 作为专利检索数据库，将时间范围设定为 2000 年 1 月 1 日—2021 年 12 月 31 日，共检索出 394968 项专利合作条约（Patent Cooperation Treaty，PCT）专利。国际绿色低碳技术领域 PCT 专利和各类别专利如图 4-6 和图 4-7 所示。

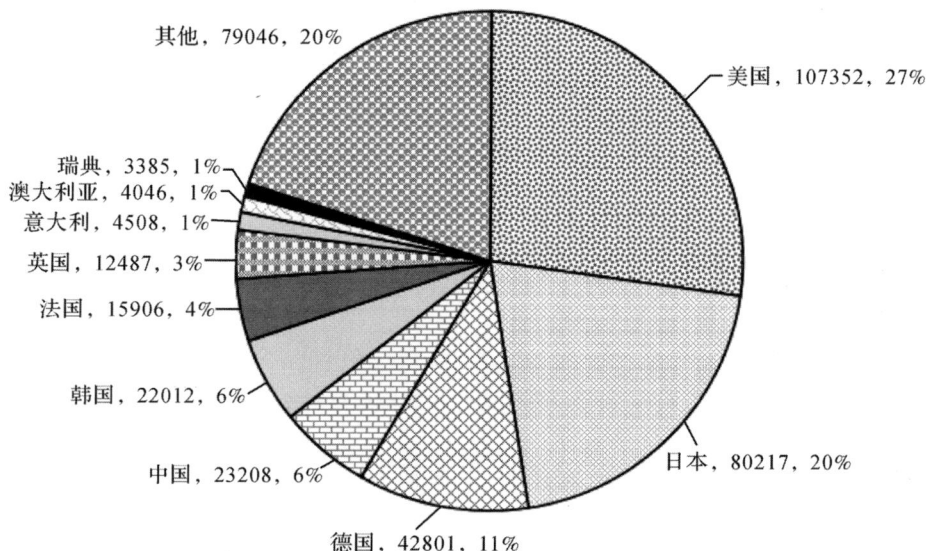

其他，79046，20%
瑞典，3385，1%
澳大利亚，4046，1%
意大利，4508，1%
英国，12487，3%
法国，15906，4%
韩国，22012，6%
中国，23208，6%
德国，42801，11%
日本，80217，20%
美国，107352，27%

图 4-6　2000—2021 年国际绿色低碳技术领域 PCT 专利

　　2000 年以来，绿色低碳技术领域的 PCT 专利申请量经历了快速增长、缓慢下降、逐渐回升 3 个阶段。2000—2013 年，绿色低碳技术领域的 PCT 专利申请量呈现快速上升趋势；2013—2015 年，全球绿色技术领域 PCT 专利申请量呈现下降趋势，主要原因是能源领域的气候减缓技术专利申请降幅明显；2015 年以后，全球绿色技术领域 PCT 专利申请量重新出现上升趋势。中国 PCT 专利申请量从 2015 年开始快速增加，推动了全球绿色技术 PCT 专利申请量的增长。

　　在各类别的绿色低碳技术类别的 PCT 专利中，与能源生产、传输和分配相关的气候减缓技术类专利申请量最多，环境管理技术类专利申请量位列第二，随后是与交通运输相关的气候减缓技术、产品生产或加工中的气候减缓技术和与建筑相关的气候减缓技术相关的专利。水资源相关适应技术，温室气体的捕获、封存、隔离或处置技术，与废水处理或废物管理有关的气候减缓技术领域的 PCT 专利申请量在绿色低碳技术的 PCT 专利申请量中占比较少。

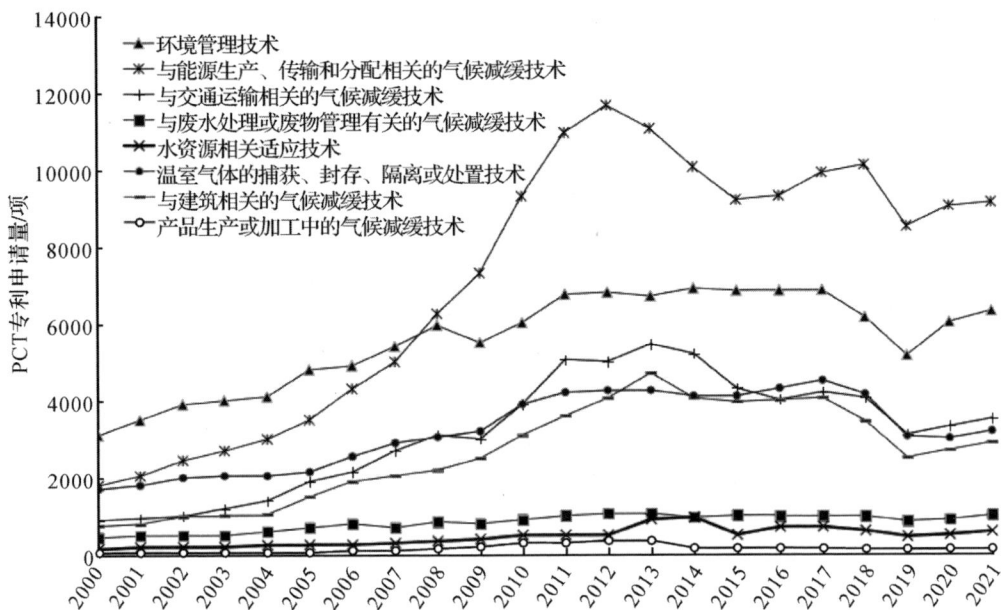

图 4-7　国际绿色低碳技术领域分类别专利

三、工业过程绿色低碳技术的研发与应用

工业行业的碳达峰和碳中和是一个系统工程，不仅要考虑工业用能，如供热、供电等间接排放的二氧化碳，还要考虑工业原料的加工和转化过程中直接排放的二氧化碳。实现工业行业的碳达峰、碳中和需要从 3 个方面发力：①变革现有高物耗、高能耗、高碳排放的工业发展模式，如采用绿氢/绿电替代现有以化石资源为主的能源供给系统，调整原料/产品结构等，实现传统工业模式的低碳升级；②加强理论创新和原创技术突破，通过技术创新、产业结构调整、工艺流程重构等，开发新一代绿色低碳变革性技术；③高度重视钢铁、有色、化工、建材等行业（钢铁、有色、石化、化工、建材等是我国工业中的高碳排放行业）间的协同联动和耦合减碳集成技术研究，以及绿色低碳智能化、数字化（张锁江等，2022）。2022 年 1 月，习近平总书记在中共中央政治局第三十六次集体学习中指出，要下大气力推动钢铁、有色、石化、化工、建材等传统产业优化升级，加快工业领域低碳工艺革新和数字化转型。

（一）钢铁行业低碳技术

我国是世界最大的钢铁生产国和消费国，2022 年我国粗钢产量为 10.13 亿吨，同比下降 2224.3 万吨，降幅达 2.2%，占世界粗钢产量的比例仍超 57%。

我国钢铁冶炼技术主要以高炉—转炉长流程为主,主要的排碳单元是高炉炼铁过程,占总碳排放的74%左右。碳作为还原剂和热源产生大量二氧化碳,因此减排的关键是碳原料替代和流程变革,发展氢冶金、废钢回用短流程技术、富氧高炉、钢化联产、余热余能利用等是钢铁行业绿色低碳技术的发展方向,其中,氢冶金和废钢回用短流程技术在未来的碳减排中潜力和比重较大。

(1)氢冶金。氢冶金工艺可分为富氢还原和纯氢还原,其原理是利用氢代替碳作为还原剂的钢铁冶炼过程。用氢气取代碳作为还原剂和能量源,不排放二氧化碳,是促进钢铁工业绿色低碳发展的重要技术方向。该技术现已被广泛应用,如日本环境和谐型炼铁工艺技术开发项目(COURSE50),韩国浦项制铁公司(POSCO)氢还原炼铁工艺项目,德国蒂森克虏伯公司氢基炼铁项目,河钢集团焦炉煤气"自重整"制氢生产高品质的直接还原铁项目,中国宝武八钢公司富氢碳循环高炉全氧、煤气自循环项目,山西晋南钢铁1860立方米高炉喷吹焦炉煤气和纯氢的工业化试验等。氢气直接还原铁工艺(竖炉)凭借流程短、不依赖于焦炭、环境负荷低等特点已成为钢铁工业绿色低碳发展的有效途径。

(2)废钢回用短流程技术。钢铁回收利用是最有效的减少资源消耗及减碳手段。短流程清洁冶炼技术以废钢为原料,与采用矿石炼铁后再炼钢(长流程)相比,省去了能耗最高的高炉炼铁工序、焦化和烧结球团工序,更有利于生产清洁化、低碳化。短流程技术吨钢能耗约为200千克标准煤,仅为长流程的1/3,同时铁矿石的资源消耗,大幅减少尾矿、煤泥、粉尘、铁渣、废水、二氧化碳、二氧化硫等排放物的排放量。以废钢为原料的电炉短流程炼钢工艺比长流程节约近60%的能源,减少80%左右的污染物和二氧化碳排放量。

(二)有色行业低碳技术

我国氧化铝/电解铝产量居世界首位,其冶炼过程中的二氧化碳排放量最高,约5亿吨,占我国有色行业总碳排放的85%。产量较大的铜、锌、铅和镁的冶炼过程中,二氧化碳排放量为0.88亿吨,仅占我国有色行业总排放量的14%。铝冶炼包括从铝土矿中提取氧化铝,再电解生产铝,此外就是对使用后的废铝进行再生。氧化铝的生产过程主要是锅炉燃煤制备热源蒸气过程的一次能源排放;电解铝过程电耗大(1吨电解铝需耗电约1.35万千瓦时),而再生铝资源回收能耗和碳排放较低。亚熔盐法氧化铝清洁生产技术、电解铝低碳节能技术、再生铝资源循环技术和生物炼铜其他金属的低碳冶炼技术是铝冶炼行业绿色低碳技术的发展方向。

（1）亚熔盐法氧化铝清洁生产技术。亚熔盐法是氧化铝高效清洁生产工艺，钾系亚熔盐法由于其介质自身的高反应活性，可降低反应温度，并能提高赤泥生物活性，实现赤泥的完全资源化。采用钾系亚熔盐法后，两段反应温度均可降至220℃，由此带来的减碳排放不低于20%。

（2）电解铝低碳节能技术。电解铝是铝冶炼行业碳减排的核心。除了通过提高电解过程铝电的占比来减少碳排放外，开发低温电解铝技术是降低铝电解能耗的一种途径，采用惰性阳极电解技术可使铝电解工艺实现近零排放。

（3）再生铝资源循环技术。废铝料经预处理、熔炼、铸造等工序后得到的铝合金就是再生铝，为了进一步得到纯铝还需经过精炼。常用的铝精炼方法中采用低温电解质电解精炼的能耗较低，主要研究的有低温熔盐体系和离子液体体系。

（4）生物炼铜及其他金属的低碳冶炼技术。研发与镍、钴、锰、钒、钛等其他新能源相关的有色金属的低碳清洁提取技术，重点开发铬铁矿及钒渣碱法液相氧化提钒、铬技术，红土镍矿及退役三元锂电池常压浸出提取镍、钴、锂技术，以及流化床快速还原锰矿石等新技术。

（三）化工行业低碳技术

化工行业产业链条长、产品覆盖面广，碳排放总体呈现总量有限但强度较高的特点，其是我国首批节能降碳的重点领域。2022年12月，生态环境部公布了《国家重点推广的低碳技术目录（第四批）》，其中应用于化工行业的有多孔表面高通量管高效换热技术，多能互补型直流微电网及抽油机节能群控系统技术，碳捕集、利用与封存类技术。

多孔表面高通量管高效换热技术目前在乙烯装置和乙二醇装置的推广比例分别为33.6%、7.5%，预期未来5年推广比例分别达到60%和30%，总投入达4亿元，年碳减排能力达210万吨。

多能互补型直流微电网及抽油机节能群控系统技术目前推广比例为5%，预期未来5年推广比例达到25%，总投入达21亿元，年碳减排能力达32万吨。

碳捕集、利用与封存类技术有陆相油藏二氧化碳高效驱油与规模埋存一体化技术、新型高效低能耗二氧化碳捕集技术。陆相油藏二氧化碳高效驱油与规模埋存一体化技术目前推广比例为0.5%，预期未来5年推广比例达到1%，总投入达60亿元，年碳减排能力达200万吨。新型高效低能耗二氧化碳捕集技术目前推广比例为3%，预期未来5年推广比例达到15%，总投入达12亿元，年碳减排能力达180万吨。

化工行业低碳化发展还集中在原料/产品结构调整、工艺技术进步、绿色能源替代等方向,重点突破的关键技术包括原油催化裂解多产化学品技术、煤油共炼制烯烃/芳烃、电催化合成氨/尿素技术、先进低能耗分离技术等。

(四)建材行业低碳技术

建材行业的二氧化碳排放来源主要有燃料燃烧和生产过程中原料分解排放两个方面,其中燃料燃烧过程排放的二氧化碳约占全行业二氧化碳排放总量的30%以上。建材行业的低碳发展需要原料、燃料、工艺过程等各环节进行创新技术突破,《国家重点推广的低碳技术目录(第四批)》中多项技术适用于建材行业。

(1)原料替代技术。采用电石渣、粉煤灰、钢渣、硅钙渣等替代石灰石作为水泥生产用原料,从而降低原料煅烧过程中的二氧化碳排放。例如,中国建材集团通过提高矿渣、钢渣、粉煤灰等工业废渣替代天然矿产原材料的比重,使年固体废弃物消纳量达1.3亿吨。

(2)低碳生产技术。建材行业属于传统制造行业,其低碳创新技术潜力很大,可以通过新型技术推动建材行业整体低碳转型。例如,《国家重点推广的低碳技术目录(第四批)》中的全氧燃烧玻璃窑炉工艺及产业化技术利用高纯度氧气代替空气与燃料进行燃烧,将混合均匀的粉料加热至高温熔解,再经过玻璃液的均化、澄清、冷却及温度调节等过程,形成成分均匀、缺陷较少、符合成形温度要求的玻璃液。该技术大幅降低烟气和粉尘排放量及排烟热损失。同时,使燃料燃烧更完全,火焰辐射玻璃液温度提高100 ℃左右,熔化率提高20%,从而实现节能减碳。

第五节　工业行业"双碳"标准分析

标准作为国家基础性制度的重要方面,在实现碳达峰、碳中和目标过程中发挥着基础性、引领性作用。《"十四五"工业绿色发展规划》提出:健全绿色低碳标准体系,立足产业结构调整、绿色低碳技术发展需求,完善绿色产品、绿色工厂、绿色工业园区和绿色供应链评价标准体系,制定和修订一批低碳、节能、节水、资源综合利用等重点领域标准及关键工艺技术装备标准;推动建立绿色低碳标准采信机制,推进重点标准技术水平评价和实施效果评估,畅通迭代优化渠道;推进绿色设计、产品碳足迹、绿色制造、新能源、新能源汽车等重点领域标准国际化工作。2022年10月18日,市场监管总局等9部门印发了《建立健全碳达峰碳中和标准计量体系实施方案》,提出了包含基础共性、碳减排、碳清除、碳市场等4个子体系的"双碳"标准体系框架,实现标准对"双碳"工作重点领域全面覆盖。

一、碳排放标准和技术规范

联合国政府间气候变化专门委员会的全球气候变化评估报告指出,二氧化碳、甲烷、氧化亚氮、卤烃化合物等是人类活动排放的主要温室气体,其中以二氧化碳的排放量最多,因此温室气体排放又统称碳排放。为量化各类温室气体排放对全球气候造成的影响,本部分利用全球增温潜势(Global Warming Potential,GWP)量化瞬态释放1千克某温室气体的辐射强迫时间积分量与瞬态释放1千克二氧化碳所产生的相应量之比值,即某种温室气体相对于等质量的二氧化碳的增温效应。碳排放标准和技术规范是国家范围内、组织运营边界内、产品生命周期内温室气体净排放量及其对全球气候变化的影响的量化依据,现行的碳排放标准和技术规范见表4-6。

表4-6 国内外现行碳排放标准和技术规范

发布机构	适用范围	标准和技术规范名称
联合国政府间气候变化专门委员会	全球(包括国家)层面的温室气体排放核算与报告	2006 IPCC Guidelines for National Greenhouse Gas Inventory 2019 Refinement to the 2006 IPCC Guidelines for National Greenhouse Gas Inventory
国际标准化组织(International Organization for Standardization,ISO)	组织层面的温室气体排放和去除核算与报告	ISO 14064-1:2018 Greenhouse gases — Part 1: Specification with guidance at the organization level for quantification and reporting of greenhouse gas emissions and removals(代替 ISO 14064-1:2006)
	项目层面的温室气体排放和去除核算与报告	ISO 14064-2:2019 Greenhouse gases — Part 2: Specification with guidance at the project level for quantification, monitoring and reporting of greenhouse gas emission reductions or removal enhancements(代替 ISO 14064-2:2006)
	产品碳足迹核算	ISO 14067:2018 Greenhouse gases — Carbon footprint of products — Requirements and guidelines for quantification(代替 ISO/TC 14067:2013)

续 表

发布机构	适用范围	标准和技术规范名称
世界资源研究所（The World Resources Institute，WRI）和世界可持续发展工商理事会（World Business Council for Sustainable Development，WBCSD）	企业温室气体排放核算与报告	GHG Protocol：Corporate accounting and reporting standard（2001 年发布）
		GHG Protocol：Corporate Value Chain（Scope 3）Standard（2011 年发布）
	产品生命周期温室气体排放核算与报告	GHG Protocol：Product life cycle accounting and reporting standard（2011 年发布）
英国标准协会（British Standards Institution，BSI）	产品生命周期温室气体排放评价	PAS 2050：2011 Specification for the assessment of the life cycle greenhouse gas emissions of goods and services（代替 PAS 2050：2008）
	纺织产品生命周期温室气体排放评价	PAS 2395：2014 Specification for the assessment of greenhouse gas（GHG）emissions from the whole life cycle of textile products
国家发展改革委	省级区域层面温室气体排放核算	省级温室气体编制清单指南（试行）
	企业温室气体排放核算和报告	企业温室气体排放核算方法与报告指南（试行）（发电企业、电网企业、钢铁生产企业、化工生产企业、电解铝生产企业、镁冶炼企业、平板玻璃生产企业、水泥生产企业、陶瓷生产企业、民航企业、中国石油和天然气生产企业、中国石油化工企业、中国独立焦化企业、中国煤炭生产企业、造纸和纸制品生产企业、其他有色金属冶炼和压延加工业企业、电子设备制造企业、机械设备制造企业、矿山企业、食品、烟草及酒、饮料和精制茶企业、公共建筑运营单位（企业）、陆上交通运输企业、氟化工企业、工业其他行业企业）

发布机构	适用范围	标准和技术规范名称
国家市场监督管理总局、国家标准化管理委员会	企业温室气体排放核算和报告	GB/T 32150—2015 工业企业温室气体排放核算和报告通则 GB/T 32151.1—2015 温室气体排放核算与报告要求　第 1 部分：发电企业 GB/T 32151.2—2015 温室气体排放核算与报告要求　第 2 部分：电网企业 GB/T 32151.3—2015 温室气体排放核算与报告要求　第 3 部分：镁冶炼企业 GB/T 32151.4—2015 温室气体排放核算与报告要求　第 4 部分：铝冶炼企业 GB/T 32151.5—2015 温室气体排放核算与报告要求　第 5 部分：钢铁生产企业 GB/T 32151.6—2015 温室气体排放核算与报告要求　第 6 部分：民用航空企业 GB/T 32151.7—2015 温室气体排放核算与报告要求　第 7 部分：平板玻璃生产企业 GB/T 32151.8—2015 温室气体排放核算与报告要求　第 8 部分：水泥生产企业 GB/T 32151.9—2015 温室气体排放核算与报告要求　第 9 部分：陶瓷生产企业 GB/T 32151.10—2015 温室气体排放核算与报告要求　第 10 部分：化工生产企业 GB/T 32151.11—2018 温室气体排放核算与报告要求　第 11 部分：煤炭生产企业 GB/T 32151.12—2018 温室气体排放核算与报告要求　第 12 部分：纺织服装企业
中国纺织工业联合会	纺织企业温室气体排放核算	T/CNTAC 12—2018 纺织企业温室气体排放核算通用技术要求
	纺织产品温室气体排放核算	T/CNTAC 11—2018 纺织产品温室气体排放核算通用技术要求

（一）国家和区域层面

根据《联合国气候变化框架公约》(United Nations Framework Convention on Climate，UNFCC，以下简称"《公约》")的要求，《公约》附件一缔约方（主要是发达国家）每年都需要编制和提交国家温室气体清单，非附件一缔约方则视情况编制和提交国家温室气体清单。1995 年 IPCC 发布的 1995 IPCC Guidelines for National Greenhouse Gas Inventory，是世界各国编制温室气体清单的主要参考和规则，

IPCC 又先后修订发布了 *2006 Guidelines for National Greenhouse Gas Inventory*、*2019 Refinement to the 2006 IPCC Guidelines for National Greenhouse Gas Inventory*。2006 年修改后的版本主要从能源,工业过程,产品使用,农业、林业和其他土地利用,废弃物这 5 个部分来进行温室气体排放和消除的核算,其核算方法包括了排放因子法和质量平衡法。

2007 年,我国颁布了《中国应对气候变化国家方案》后,国家发展改革委能源研究所等于 2011 年 5 月发布了《省级温室气体编制清单指南(试行)》,以助力实现 2009 年国务院提出的"到 2020 年我国单位国内生产总值二氧化碳排放比 2005 年下降 40%—45%"的目标。与 IPCC 的指南类似,《省级温室气体编制清单指南(试行)》从能源活动、工业生产过程、农业、土地利用变化和林业、废弃物处理 5 个方面对我国省级温室气体清单提供指导,其中针对跨省电力调度造成的碳排放问题设置了排放因子,并结合我国实际提供了不同的层级方法和可供选用的缺省值。在《省级温室气体编制清单指南(试行)》要求、低碳示范城市建设需求等影响下,我国温室气体清单编制工作逐步细化,江西、河南、山西、陕西、浙江、江苏等省份均启动了各市(区)温室气体清单编制工作。

(二)行业和企业层面

ISO 14064-1 规定了在组织(企业)层次上 GHG 清单的设计、制定、管理和报告的原则和要求。ISO 14064-1:2006 版标准发布于 2006 年 3 月 1 日,2018 年 12 月 ISO 组织更新发布了 ISO 14064-1:2018 版标准,新版标准对间接排放有了更高的要求,相较于 2006 版将间接排放划分为"能源使用间接排放"和"其他间接排放"两类的做法,新版标准将其他间接排放做了进一步的细化。

按照 ISO 14064-1:2018 版,组织温室气体排放可以分为 6 类:

范畴一:直接温室气体排放。组织拥有或控制的温室气体排放源所产生的温室气体排放,通常分为固定源燃烧排放、移动源燃烧排放、逸散排放、制程排放等类型。

范畴二:输入能源的间接温室气体排放。组织所消耗的外部电力、热力或蒸汽的生产而造成的间接温室气体排放。

范畴三:运输产生的间接温室气体排放。通常指与组织生产经营活动有关的,但非组织直接运营控制的上游或下游的运输活动产生的间接温室气体排放。

范畴四:组织使用的产品产生的间接温室气体排放。通常指与组织生产经营活动有关的采购的商品或服务产生的间接温室气体排放。

范畴五：与使用组织产品有关的间接温室气体排放。通常指组织的产品或服务被使用产生的间接温室气体排放。

范畴六：其他来源的间接温室气体排放。通常指上述类别无法包含的间接温室气体排放。

GHG Protocol：Corporate accounting and reporting standard 主要对于企业计算温室气体的方式、汇报责任、碳排放核查、减排核算、目标设定、库存设计等方面都提出了统一标准，并强调了企业数据透明度的原则，即企业应以明确的方式披露温室气体清单的过程、程序、假设和限制等，并对数据进行审计、记录、建档及外部验证。该标准对企业的温室气体排放核算边界设定了 3 个范围，各企业必须至少分别核算并报告范围 1 和范围 2 的排放信息。范围 1 是指直接温室气体排放，产生于自家公司拥有或控制的排放源，包括：由公司从事某些活动产生的生产电力、热力或蒸汽，其排放源主要是锅炉、熔炉、车辆等产生的燃烧排放；物理或化学工艺中来自化学品和原料的生产或加工所产生的排放，如水泥生产、铝及废物处理；运输原料、产品、废弃物所产生的排放，如公司拥有或控制的卡车、轮船等产生的燃烧排放；无组织排放，即各类有意无意的泄漏，如设备的接缝、密封件、包装的泄漏等。范围 2 是指企业所消耗的外购电力产生的间接温室气体排放，包括通过采购或其他方式进入该企业组织边界内的电力，其排放产生于电力生产设施。范围 3 主要指其他间接温室气体排放，这可以选择报告，此类排放取决于公司运营的情况，但不是产生于公司拥有或控制的排放源，如原材料的开采和采购、燃料的运输采购、出售的产品和服务的使用、废弃物的处理所产生的温室气体排放。GHG Protocol：Corporate Value Chain（Scope 3）Standard 是对 GHG Protocol：Corporate accounting and reporting standard 的补充，从全价值链的角度核算和报告公司范围 3 的碳排放，提升了企业在核算和报告其价值链间接排放时的完整性和一致性。

我国的企业温室气体排放核算方法与报告指南、温室气体排放核算与报告要求标准针对不同行业企业的特点做出细化要求，规范了企业与核查机构碳排放数据核算，确保了碳市场基础数据的准确性。

(三)产品层面

ISO 14067、PAS 2050、GHG Protocol(产品)是 3 个得到广泛应用的产品层面碳排放核算标准和技术规范，ISO 于 2006 年发布的 ISO14040、ISO14044 两个标准为生命周期评价(Life Cycle Assessment，LCA)提供了基本框架结构和概念，为其他碳足迹的核算以及核算标准的建立奠定了基础。

2008年发布的PAS 2050将生命周期评价概念引入后,又对温室气体的排放与消除过程进行了一定的细化。在旧版的基础上,PAS 2050(2011)又新增了补充要求,这些要求有助于加强PAS 2050与其他标准的一致性。GHG Protocol(产品)借鉴了PAS 2050(2008)的内容,并且同样增添了补充性的条款要求,同时还细化并强调了一些被ISO14044和PAS 2050忽视的概念阐述,如关于产品"功能单位"以及"基准流"详细定义的方式和概念等。PAS 2050及GHG Protocol在系统边界设定步骤上(即是否考虑和核算某项排放、过程与贡献时)同时要求:不仅要根据生命周期评价方法来设定,同时应当考虑"归因过程"(attributable process),即依据归因方式(追溯排放的起因和源头)而非仅仅采用结果方法(consequential method)(仅依据最终的排放结果)来设定。ISO 14067的主体部分依照ISO 14040和ISO 14044提出的生命周期评价的基本步骤和框架,其中有两小章部分引用和参照了前面所介绍的两个标准:"特殊过程的处理"来自PAS 2050(2011),"回收分配"来源于GHG Protocol。

从整个产品碳足迹的发展历程看来,在ISO 14040和ISO 14044提供的生命周期评价的基本框架和原则之上,PAS 2050首先提出专门针对产品碳足迹核算的相关规范,可视作产品碳足迹标准的始祖。GHG Protocol则是在前面两者的基础上,完善补充了前面两者的不足,主要目的是为企业、公司核算产品碳足迹是提供详细指导和规范,相对来说,更加有针对性地服务于企业的商业目标。

ISO 14067是以ISO 14040和ISO 14044为基础,发展制定的专门针对产品碳足迹的生命周期评价标准的,因此其核算步骤与生命周期评价的4个基本步骤保持一致,但是在各步骤的具体内容上有一定的调整:①目标和范围界定,该标准特别强调产品种类规范(Product Category Rules,PCR),即针对每一类产品,应当依据或建立专门的PCR进行目标和边界设定。②清单分析,该标准针对碳足迹计算,在ISO 14040和ISO 14044的基础上增添了相关特殊碳排放过程的处理规定,比如清单中是否应当包含生物碳、化石碳和土壤碳,以及如何具体核算。③影响评价,由于该标准仅仅针对性评估碳足迹的环境影响,对于生命周期过程中引起的其他多种环境影响的处理(如归一化、特征化、加权等),在此标准中不再考虑和涉及,即在此仅涉及两个步骤:一是将之前计算得到的温室气体排放乘以相应的全球变暖潜能值以得到各种温室气体排放的二氧化碳当量;二是将所有温室气体排放的二氧化碳当量进行加和,得到最后的碳足迹。④结果解释,该标准在这一步骤上基本与生命周期评价的第四步骤内容一致。

　　PAS 2050 和 GHG Protocol（产品）两个标准则是将生命周期评价的步骤的位置、一些相对宽泛的术语和概念进行了一些调整与修改，使其更加直观明确，并有利于针对产品碳足迹评价的实际操作与执行。PAS 2050 重新划分评价步骤，从清单分析环节将数据收集以及其质量控制的内容剥离出来，单独成章；而清单分析中的剩下的排放计算以及后一步的影响评价则被合并为一个步骤——"碳足迹计算"，名称上更简单清晰和具体，同时如此划分也更利于对计算环节的指导。GHG Protocol（产品）在步骤上的划分更加细致清晰，它将产品碳足迹的核算工作所需处理的重点环节一步一步展开，一共分成了 12 个步骤，每一个步骤再配以具体的规定和详细的图例进行阐述和指导，非常便于读者以及工作人员进行学习、查询和实践。

　　ISO 14067、PAS 2050、GHG Protocol（产品）在部分技术细节和要求上也存在一定的差异，具体见表 4-7 和表 4-8。

表 4-7　目标与范围界定步骤中存在的差异

序号	差异方面	PAS 2050	GHG Protocol	ISO 14067
1	截断规则	定量规定（清单完成95%以上时排除总排放贡献少于1%的排放源）	无严格定量规定但有定量案例（排除对于总质量、体积或排放而言不重要，如少于1%的排放源）	无明确定量规定（排除对于总结果影响不大的阶段过程以及输入）
2	固定资产的生产	排除	可选择核算	无规定
3	消费者及雇员的交通过程	排除	可选择核算	无规定
4	牲畜的运输过程	排除	无规定	无规定
5	手工加工过程的人力输入	排除	无规定	无规定
6	场所运行	核算	可选择核算	无规定
7	企业活动和服务（产品设计研究、企业管理、营销与销售）	无规定	可选择核算	无规定

表 4-8　清单分析步骤中存在的差异

序号	差异方面	PAS 2050	GHG Protocol	ISO 14067
1	碳存储	核算	核算	排除
2	牲畜、粪便以及土壤非二氧化碳排放	核算	无规定	核算
3	航空器修正因子	排除	核算	核算
4	土地利用变化（间接）	排除	无必需要求	核算
5	土壤碳改变	排除	核算	核算
6	电力基础设施	无规定	可以核算	核算
7	分配方式	经济分配	优先物理分配再次经济分配	优先物理分配再次经济分配
8	废物焚烧能量回收的分配	排除	核算	核算

二、碳中和标准和技术规范

碳中和是指国家、企业、产品、活动或个人在一定时间内直接或间接产生的温室气体排放总量，通过植树造林、节能减排等形式，以抵消自身产生的温室气体排放量，达到相对"零排放"。碳中和的标准和技术规范有 PAS 2060：2010 *Specification for the demonstration of carbon neutrality*、INTE B 5：2016 *Carbon neutralization demonstration requirements*、《DB5101/T 41—2018 成都市会展活动碳足迹核算与碳中和实施指南》、《DB11/T 1862—2021 大型活动碳中和实施指南》、《DB11/T 1861—2021 企事业单位碳中和实施指南》、《DB13/T 5560—2022 大型活动碳中和评价规范》、《DB 3305/T 230—2022"碳中和"银行机构建设与管理规范》、《T/CSTE 0294—2022 纺织企业碳中和实施与报告要求》和《T/CSTE 0295—2022 纺织产品碳中和量化与报告要求》等。

（一）PAS 2060 技术规范

PAS 2060 由 BSI 于 2010 年 5 月 19 日正式发布，其以现有的 ISO 14000 系列和 PAS 2050 等环境标准为基础，提出了通过温室气体排放的量化、还原和补偿来实施和实现碳中和的组织所必须符合的规定，维护了"碳中和"概念的完整性，保证了碳中和承诺的准确性、可验证性和无误导性。PAS 2060 规定碳中和承诺中必须包括对温室气体减排的承诺，因此也鼓励组织采取更多的措施来应对气候变化和改善碳管理。PAS 2060 可供任何实体（entity）使用，包括地区政府、社区、组织企业、俱乐部、家庭及个人等,并且适用于任何实体所选定的标的物(subject),包括产品、组织、小区、旅行、计划、建筑等。

任何符合 PAS 2060 寻求碳中和的实体应根据该规范的相应条款施行(1)到(7)的行动:①确定碳中和声明的标的物;②使用公认的方法计算该标的物的碳足迹;③制定碳足迹管理计划,并根据本规范的要求进行碳中和承诺宣言;④实施行动进行碳足迹减排,并确立这些行动的有效性;⑤重新计算碳足迹,保证该标的物的范围没有发生改变,使用(2)中的方法计算残余温室气体排放量;⑥引进或考虑已启动的补偿项目,用于抵消残余温室气体排放量;⑦在该标的物达成碳中和后,根据本规范的要求进行碳中和达成宣言。

从时间来看,碳中和流程的基本要求如图 4-8 所示。第一应用期,首先设置基准日期,其次使用公认方法计算在此期间标的物的碳足迹,最后实体可以制定碳足迹管理计划,并发布第二应用期承诺说明。第二应用期,根据第一应用期末的碳足迹管理计划来实施碳足迹减排计划;在第二应用期末,计算剩余碳足迹,并购买实现碳中和所需的碳信用,然后就可以发表碳中和达成宣言。如果要继续保持碳中和状态,则需要根据一定周期重复第二应用期的流程。在此过程中实现和维护碳中和在时间轴上基本呈线性趋势,但各周期活动趋向于重复,因此本质上是循环的。

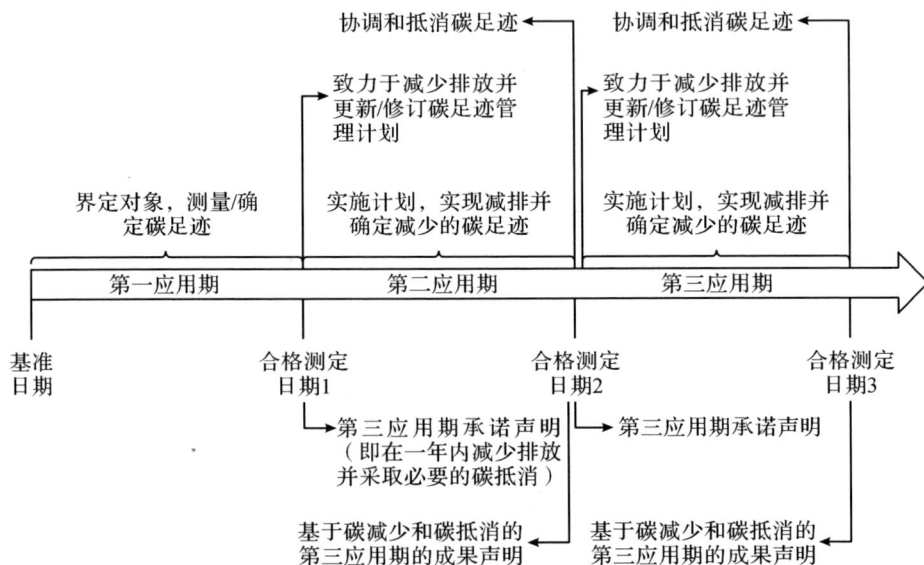

图 4-8　PAS 2060 碳中和流程的基本要求

在每个应用期末,实体需制定并以文件形式发布碳足迹管理计划,发布碳中和承诺声明,且每12个月更新一次碳足迹管理计划。碳足迹管理计划须包含以下4项内容:①关于确定标的物碳中和承诺的声明;②实现确定标的物碳中和的时间表;③符合实现碳中和时间表的确定标的物温室气体减排的目标;④实现和维护温室气体减排的计划方法,包括任何用以减少温室气体排放所提出的假设及所使用技术和方法的理由。制定完碳足迹管理计划后,实体可建立碳中和承诺声明。此类生命有效期最长一年,届满后必须重新进行相关宣告及查证等行动。在碳足迹管理计划执行期间,执行实体必须随时注意减量进展,遇到问题应及时修正或者放弃先前的宣告。

为了避免实体仅通过花钱购买额度的方式来达成碳中和,PAS 2060 将"温室气体减量"作为碳中和宣告的必要条件,因此规范实体应实行碳足迹管理计划,并量化其减排成效。例如,碳足迹管理计划应按时执行并随时修正;若为单次活动,应于活动开始前规划完成并尽可能做最大减排,同时于结束后进行评定。

依据 PAS 2060 的要求,实施碳补偿的额度来源必须符合以下7个条件:①发生于选定标的物的减排之外;②具外加性、永久性,以及考虑泄漏与不重复计算;③经第三方独立公证机构核查;④减排额度是在项目发生后才产生的;⑤减排额度在达成宣告的12个月后失效;⑥减排项目的相关文件必须为大众可获取的;⑦减排额度必须登记在独立、可信的平台。

完成碳补偿后,可发布碳中和达成声明,说明实体已经达到该标的物的碳足迹减排要求,并已经抵消了现有的温室气体排放。达成宣言只适用于核查过的周期和范围,若实体要扩大声明的周期,必须进行进一步的核查。碳中和的声明可在广告、文献、出版物、商标、技术公报和电子媒体(例如网络)上发布。

PAS 2060 宣告碳中和的核查方式包括独立第三方机构认证(independent third party certification)、其他机构认证(other party validation)和自我审定(self-validation)。PAS 2060 针对以上各种核查方式规范各自允许使用的宣告格式,无论是由何种机构进行核查,所做出的宣告必须符合相关标准或规范,并以适当形式进行公开,公开内容包括:①确认宣言的标的物;②确认负责做出宣言的实体;③合格日期和申请期限;④作为参考的相关合格解释性声明。

(二)INTE B 5 标准

INTE B 5:2016 *Carbon neutralization demonstration requirements* 是哥斯达黎加发布的碳中和标准,为哥斯达黎加国家的碳中和项目的执行提供了规范和指导。在碳排放核算方面,针对组织采用 ISO 14064-1 国际标准,针对社区采用 WRI 的 *Global Protocol for Community-Scale Greenhouse Gas Emissions*。而在核查方面,则遵循 ISO 14064-3、ISO 14065 和 ISO 14066。

(三)我国的碳中和标准

我国发布的针对组织的碳中和标准中,DB 11/T 1861—2021 由北京市市场监督管理局发布,其明确了企事业单位实现碳中和的基本原则、实施流程、准备阶段、实施阶段、评价阶段和声明阶段,提出了科学、可操作性的有关实施流程、碳抵消内容和碳中和声明的要求,这些对各地区企业制定碳中和实施方案具有指导和参考作用。DB 3305/T 230—2022 由湖州市市场监督管理局发布,规定了"碳中和"银行机构建设和管理要求,并规定银行机构自身运营和信贷的碳排放核查方法。

DB 5101/T 41—2018、DB11/T 1862—2021 和 DB 13/T 5560—2022 分别由成都市质量技术监督局、北京市市场监督管理局和河北省市场监督管理局发布,用于对会展活动、大型活动碳中和的实施和评价。

T/CSTE 0294—2022 和 T/CSTE 0295—2022 由浙江理工大学、东华大学主导制定,用于纺织企业、纺织产品生命周期的碳中和量化与报告,填补了我国纺织行业碳中和标准的空白。

第六节　工业行业绿色低碳技术创新路径

实现工业行业绿色发展和"双碳"目标,需要现代工业低碳技术创新体系的支撑。随着光伏、风力发电,以及储能技术、氢能、新能源汽车技术、数字经济的发展,支撑我国工业绿色低碳发展的技术可行性大幅增强,但我国工业整体技术水平需要大幅度提升,钢铁、水泥、石化、化工、有色等行业能源效率水平要达到国际领先水平,工业电气化程度要从当前的 25% 左右提高到 70% 以上,氢能利用要从当前的 2% 提高到 20% 以上,节能设备和产品普及率要从当前的 10% 提高到 100%,并要求基本建成支撑循环型社会的现代工业体系。要实现这些目标,我国工业必须加快建立独立自主的现代绿色低碳技术创新体系(刘仁厚等,2021)。

第一,推动协同创新,实现绿色低碳技术重大突破。部署工业低碳前沿技术研究,在绿色低碳科技革命理论下,建立绿色低碳技术体系、体制机制、基础研究、产业的系统性创新路径。实施低碳零碳工业流程再造工程,研究实施氢冶金行动计划。布局"减碳去碳"基础零部件、基础工艺、关键基础材料、低碳颠覆性技术研究,突破推广一批高效储能,能源电子,氢能,碳捕集、利用和封存,温和条件二氧化碳资源化利用等关键核心技术。将国家重点实验室、企业、高校和科研单位等根据需求组成不同的创新主体,并实施细分的创新路径。推动构建以企业为主体,产学研协作、上下游协同的"低碳、零碳、负碳"技术创新体系。

第二,加大推广力度,实现绿色低碳技术广泛应用。发布工业重大低碳技术目录,组织制定技术推广方案和供需对接指南,促进先进适用的工业绿色低碳新技术、新工艺、新设备、新材料推广应用。以水泥、钢铁、石化化工、电解铝等行业为重点,聚焦低碳原料替代、短流程制造等关键技术,推进生产制造工艺革新和设备改造,减少工业过程温室气体排放。鼓励各地区、各行业探索绿色低碳技术推广新机制。

第三,建立工业创新平台,推动绿色低碳关键技术创新。在绿色低碳技术体系中,电气化,碳捕集、利用和封存,氢能,生物质能等技术处于早期发展阶段,但在工业绿色低碳发展中将发挥重要支柱作用。利用该类型技术多行业适用的共性特征,建立工业创新平台,通过有效共享基础设施、研发数据和进行规模化应用试验,打造同类型技术开发创新路径,促进绿色低碳关键技术创新发展。

第四,创新基础数据综合应用模式,实现工业行业深层减碳。工业生产是能源、资源、环境等多种要素和生产加工多个环节相互作用的过程,其间究竟使用多少能源和哪种能源取决于加工多少原材料、什么原材料以及如何加工等资源使用方式,而如何选择资源又同生产工艺采集、控制和使用数据要素的水平紧密相关。变革数据使用方式,提高要素效率,加快工业互联网的发展,推动数据在工业生产中的大规模使用,优化工业生产组织流程,提高管理和决策的效率,提升自动化水平,实现深层减碳。

第五,促进国际合作,加速绿色低碳技术创新进程。加强国际合作,将推动我国绿色低碳技术参与国际技术竞争,并通过相互竞争和加速学习,促进我国技术取得国际领先地位。建立国内与国际的联系,扩大市场范围,通过绿色低碳技术扩散应用,降低创新成本,并加速成果转化。参与国际标准制定,获得绿色低碳技术发展优先权,并加速相关技术开发和部署。增加国际人才和知识流动,促进绿色低碳技术向高质量创新发展。

第五章　绿色技术创新对能源行业碳减排的影响

　　碳排放的不断增加,导致全球气候变暖等问题严重威胁了人们的生活。基于2000—2019年中国30个省的数据,本章采用双向固定效应模型考察绿色技术创新在中国实现碳中和中起到的作用,并研究绿色技术创新与能源行业碳排放之间的关系,以及教育水平在其中发挥的作用。研究发现:①绿色技术创新对中国碳排放起着显著正向调节作用;②绿色技术创新对中国能源行业碳排放起着显著正向调节作用;③教育水平起着负向调节绿色技术创新对碳排放影响的作用。中国定下争取在2060年前达到碳中和的目标,那么研究在其中扮演重要角色的绿色技术创新与碳排放的关系显得极为重要,并且为"对症下药",政府应清楚哪些行业的碳减排效应较弱。本章通过对能源行业的研究,为政府提供了思路,并指出,为更加有效地完成碳中和,教育水平的作用不可忽视,可见提高绿色创新人才的比例极其重要。

第一节　研究问题

　　随着全球气候变暖等生态恶化现象的产生,各国都不免受到影响。而中国作为最大的发展中国家,自改革开放以来,大力发展资源密集型产业,在经济发展的同时,产生了环境恶化的现象。2020年9月22日,中国国家主席习近平在第七十五届联合国大会一般性辩论上宣布:"中国将提高国家自主贡献力度,采取更加有力的政策和措施,二氧化碳排放力争于2030年前达到峰值,努力争取2060年前实现碳中和。"然而我国要求达到碳中和的时间远短于其他发达国家,因此需要付出不懈努力。中国是世界上最大的温室气体排放国,碳排放量约占全球的1/4,及能源结构、行业结构等方面看,碳排放量以化石能源为主,且能源密集程度高。中国能源结构中,长期以煤炭等化石能源为主。在2020年,我国化石能源占一次能源消费的比重高达 84.1%，能源相关的碳排放约为每年 98 亿吨，占全社会碳排放总量的近 90%。虽然近年来我国在转变能源结构，发展绿色、清洁能源，转变行业结构，经济发展向能源密度低的产业转移这些方面做了不少努力，但是总体上来说，在发电、供热用煤这一主要因素推动下，中国碳排放量持续攀升。

　　为实现碳中和的目标，国家制定了相应的碳减排政策。碳减排政策可以分为两大类，一类是碳交易市场机制，另一类是碳税制度。碳交易顾名思义，就是把二氧化碳排放权作为一种商品，买方通过碳交易平台向卖方支付一定金额从而获得卖方一定数量的二氧化碳排放权，从而形成了二氧化碳排放权的交易。在中国制定了碳中和、碳达峰的目标后，贯彻实施这一目标很重要，但为减排所需花费的资金巨大，因而如何低成本地实现这些目标更重要。碳交易市场机制就是这样一种低成本、强可持续的一种政策，其有利于引导企业发展低碳技术，促进低碳能源转型。关于碳交易市场机制，中国根据自己的国情，不断改善相关政策，如表 5-1 所示。

表 5-1　碳交易市场机制

时间	部门	文件名称	文件号	核心内容
2011 年 10 月	国家发展改革委办公厅	《关于开展碳排放权交易试点工作的通知》	发改办气候〔2011〕2601 号	确定两省五市开展碳排放权交易试点工作
2012 年 6 月	国家发展改革委办公厅	《温室气体自愿减排交易管理暂行办法》	发改办气候〔2012〕1668 号	在我国境内实施可再生能源、甲烷利用等项目，实现温室气体排放的替代、吸附或者减少。为国家核证自愿减排量（Certified Emission）交易市场搭建起整体框架
2014 年 12 月	国家发展改革委	《碳排放权交易管理暂行办法》	国家发展和改革委员会令第 17 号	首次在国家层面明确了全国统一碳排放交易市场的基本框架
2015 年 3 月	中共中央、国务院	《关于进一步深化电力体制改革的若干意见》	中发〔2015〕9 号	推进交易机构相对独立和完善电力市场交易机制
2016 年 1 月	国家发展改革委办公厅	《关于切实做好全国碳排放权交易市场启动重点工作的通知》	发改办气候〔2016〕57 号	旨在协同推进全国碳排放权交易市场建设，确保 2017 年启动全国碳排放权交易，实施碳排放权交易制度

时间	部门	文件名称	文件号	核心内容
2016 年 10 月	国务院	《"十三五"控制温室气体排放工作方案》	国发〔2016〕61 号	提出建立全国碳排放权交易制度,启动运行全国碳排放权交易市场,强化全国碳排放权交易基础支撑能力
2017 年 12 月	国家发展改革委	《全国碳排放权交易市场建设方案(发电行业)》	发改气候规〔2017〕2191 号	标志着全国碳市场正式启动

另一类是碳税制度,"碳税"如其字面所言,是指对二氧化碳排放所征收的一种税。该制度兴起于 20 世纪 90 年代,即通过对煤炭、石油等传统化石能源产生的碳排放量进行征税,以减少温室气体的排放量,同时促使企业发展低碳经济,利用清洁能源代替传统能源,从而达到加快实现能源转型、改变能源结构的目的。碳税制度是一种有效减少碳排放量的工具。马晓哲等(2016)采用全球动态 CGE 模型、GreCEPAS 模型模拟了全球实施碳税制度对碳减排和世界经济的影响,其指出碳税制度有效地减缓了大气碳浓度,减缓了气候变暖,是一个对减排有效的政策。

除此之外,绿色技术创新对碳减排的作用得到了一致的认可,围绕绿色技术创新对碳减排的影响这一重要课题,已有研究主要从以下 3 个视角展开讨论。

第一视角是研究绿色技术创新对碳排放量是否有抑制作用。一种观点认为,绿色技术创新的确对碳减排起着促进作用(Yuan et al.,2022;Dauda et al.,2019),这是主流学术界认可的。而另一种观点认为,绿色技术创新会增加环境污染,会对中国的环境质量产生负面影响(Khattak et al.,2020)。

第二视角是研究绿色技术创新对能源行业碳排放量是否有抑制作用。国内某些学者对农业、交通运输业等行业进行研究,都得出绿色技术创新可以有效降低该行业的碳排放量。而能源行业作为国之支柱行业,且能源消费总量远高于其他行业,因此能源行业碳排放量能否受到绿色技术创新的负向调节有待研究(田云等,2021;Godil et al.,2021)。

第三视角是研究教育水平在其中的调节作用。在第一视角中,对于绿色技术创新对碳排放量是否有抑制作用存在一定的分歧,假设有,其中有没有推动力调节,有待考察。如 Yuan et al.(2022)与 Bai et al.(2020)分别对机构质量以及收入不平等这两个变量做了调节效应的分析,其中机构质量可以抑制绿色技术创新对碳排放的正向作用,而收入不平等起到促进的作用。极少有学者研究教育水平的调节作用,绿色技术创新人才在其中发挥的作用如何有待研究。

根据以上 3 个视角的解读,可以看出,当前学术界对绿色技术创新的负向调节碳排放的认知一致,但也有持反对意见的,对于这一分歧需要证明。且学术界对于能源行业的研究空缺,而能源行业又在碳排放中起着重要的作用,因此有必要对能源行业进行研究。同时第一视角的反对视角成立又是因为什么,可以通过教育水平来说明。为此,本章试图从绿色技术创新对碳排放影响的主课题出发,基于能源行业、教育水平的调节作用,分别阐述两者在其中的作用,再根据分析结果,提出相应的政策建议。

与已有文献相比,本章做出的边际贡献主要体现在研究视角与数据上:①研究视角。本章拓展了研究视角,增加了绿色技术创新对能源行业碳排放的影响以及教育水平在其中发挥的作用。②数据。Bai et al.(2020)采用了 2000—2015 年中国 30 个省的数据,Yuan et al.(2022)采用了 2005—2017 的数据,而本章采用 2000—2019 年的数据,拓展了时间范围。

本章取得的最重大发现是现阶段若仅仅依靠绿色技术创新,则其对碳排放具有正向显著影响。这与绿色技术创新负向作用于碳排放结论的主流观点相反,为现阶段中国的碳减排之路提供了新的经验证据。同时,本章还拓宽了绿色技术创新对能源行业碳排放的影响,以及探索了绿色技术创新正向作用于碳排放的原因,引入教育水平这一调节变量后,其交互作用是负向作用于碳排放和能源行业碳排放的,与主流学术界的结论一致。

基于以上的发现可知:第一,为实现碳中和的目标、提高碳减排的效率,需要提升教育水平,提高绿色创新人才的比例,进而可以有效提高绿色技术创新的效率,从而带动碳减排的进行。第二,由于绿色技术创新对能源行业碳排放的影响显著为正,说明国家要"对症下药",为提高国家整体碳减排效率,要从能源消费量高、碳减排量多的行业入手,采取一定措施,比如提高能源行业就业人员的绿色创新能力。

本章余下部分的结构安排如下:第二节进行文献综述,先介绍碳排放的测算方法以及特征,再重点讨论绿色技术创新对碳排放的影响、绿色技术创新对能源行业碳排放的影响以及教育水平在两者之间的调节作用;第三节提出双向固定效应模型及设计思路,介绍选取的变量以及实证用到的数据来源;第四节基于能源行业及教育水平两者的交互作用,通过双向固定效应模型来考察绿色技术创新对碳排放的影响,并基于由绿色专利衡量的绿色技术创新,分类讨论异质性;第五节是主要结论与政策建议。

第二节　研究假说

本部分主要围绕碳排放计算、碳排放特征及绿色技术创新对中国碳排放的影响这几个部分展开。考虑到计算碳排放的方法众多,本部分仅列出国内最常用的3种方法,先进行比较,再选出本章使用的测算方法。在讨论绿色技术创新对碳排放影响的部分,增加了能源行业、教育水平的调节作用,分别阐述其在绿色技术创新对碳排放影响中的作用。

一、碳排放测算方法及碳排放特征

(一)投入产出法

丛建辉等(2014)基于"排放因子"和"活动水平数据"探究中国城市能源碳排放测算方法,其提出利用投入产出表数据,将城市碳排放分为直接排放和间接排放,从而核算出城市的完全排放。何艳秋(2012)根据碳消费足迹,从煤炭行业的投入产出链全面考虑,将碳排放按来源分为消耗能源的直接排放和消耗中间投入品的间接排放,以此来核算总碳排放量。通过对比不同因素对计算碳排放量的影响,刘宇等(2015)根据各能源行业的二氧化碳排放系数以及各能源行业与所有行业的投入关系,估算二氧化碳的直接排放和间接排放。

(二)生命周期法

王行风等(2009)进行煤炭开采方面的研究时,根据开采阶段划分煤炭的全生命周期,以此核算碳排放量。Babbitt et al.(2008)则是根据利用阶段划分煤炭的全生命周期。安英莉等(2016)根据我国煤炭的实际情况,将全要素周期划分为煤炭开采、加工、运输、利用和废弃物处理这5个阶段,核算碳排放量都是采用"输入＝产出＋废弃物＋散失能量"这种方式。

（三）IPCC 排放因子法

刘明达等（2014）整理国内外测算碳排放方法后，总结了排放因子法、质量平衡法、实测法这 3 种方法，并建议利用排放因子法对国内总的碳排放量以及工业部门的碳排放量进行测量。赵菲菲等（2016）选用了 7 种能源。李艳梅等（2010）对国内通过"一次能源消费量"的视角进行核算，选取了 5 种能源。由省份过渡到城市，刘竹等（2011）采用缺省排放因子法将核算方法分为 3 类，即基于能源平衡表核算、一次能源消费量核算、能源终端消费量核算，最终得出城市能源消费碳排放量，其中第一类选取了 11 种能源，第二类选取了 8 种能源，第三类选取了 13 种能源。

综上所述，关于投入产出法，国内大部分学者都是根据产品生产过程，从能源行业的投入产出链出发，很少是从最终消费的角度来核算碳排放量。选用投入产出法作为核算方式最大的弊端就是数据不够新，投入产出表是使用投入产出法的前提，每 5 年更新一次，其最新数据是 2007 年发布的，大部分学者也都是采用这一年的数据，那么就会导致计算结果与当年实际情况不匹配的问题。而对于生命周期法，大部分学者根据生命周期法对碳排放进行核算，没有将煤炭的生命周期划分清楚，大多数是依据其中一个环节进行核算，这样会大大降低核算的准确性。实际上，对于煤炭整个生产过程中的每个环节都进行核算，计算量会比较大。使用IPCC 推荐的排放因子法测量碳排放量时，由于发电来源不同、原材料不同，那么得出的排放系数不同，最终碳排放量也不同。国内大多数学者选用能源种类时，大多没有说明选择该种能源的原因，没有具体的选取措施，会导致测算结果不一致。相比较而言，现阶段最适合我国的碳核算方法是 IPCC 排放因子法，但建立统一的能源选择规则极其必要，对于排放系数的选择有重要意义。

二、绿色技术创新对碳减排影响研究及假说

（一）绿色技术创新对碳排放的影响

目前，碳减排成为许多国家重视的问题，绿色技术创新也成为全球经济发展转型的重要因素。学术界并没有对"绿色技术创新"这一定义达成一致。Yuan et al.（2022）认为，任何具有创新新颖性、价值特征、实现资源节约和环境改善的工艺或产品都被认为是"绿色创新"。Wang et al.（2021）将绿色技术创新定义为一种能够抑制能源使用、降低污染物排放、改善环境质量、促进绿色经济发展的新型技术创

新。从定义上简单来看,绿色技术创新就是一种促使环境质量改善、缓解环境排放的一种技术创新。

已有大量文献表明,绿色技术创新对二氧化碳减排有显著的促进作用。Dauda et al.(2019)通过调查 18 个发达国家和发展中国家,发现创新对二氧化碳排放有抑制作用。Khan et al.(2020)利用传统(FMOLS)和现代(AMG)计量经济学技术对金砖国家进行研究,提出了明确的证据来支持技术创新在减少二氧化碳排放方面是有效的。Obobisa et al.(2022)使用非洲 2000—2018 年的面板时间序列数据,通过 AMG 和 CCEMG 方法得出的结果表明,绿色技术创新和可再生能源消费显著降低了非洲国家的二氧化碳排放。Yuan et al.(2022)以 2005—2017 年中国 30个省的数据,以绿色专利衡量,得出绿色创新对二氧化碳排放有显著的抑制作用。

对世界上不同国家进行的分析研究,大致得出了一致的结论:绿色技术创新可以促进碳减排。因此,本部分提出以下研究假设:

假设 1:绿色技术创新显著降低了中国的碳排放量。

(二)绿色技术创新对具体行业碳排放的影响

国内外的一些学者着眼于中国的不同行业,进行绿色技术创新对碳排放的影响研究。田云等(2021)构建技术进步背景下的农业能源碳排放回弹效应模型,科学测度我国 30 个省区市 2001—2018 年碳排放回弹效应,得出农业能源碳排放减少量呈上升趋势,技术进步对农业能源碳排放强度具有明显的抑制作用。Godil et al.(2021)研究得出,1990—2018 年,可再生能源的使用和技术创新降低了中国交通运输行业的二氧化碳排放量。

学者们对不同行业做出的研究得出了一致的结论,即绿色技术创新有效促进了能源碳排放的减少,但是很少有学者研究绿色技术创新对能源行业碳排放的影响。

能源行业是国民经济的支柱行业,又是经济增长的重要动力,还是环境问题的重点抓手。在实施减排的道路上,不难发现,光是能源部门的排放就占了总量的3/4 左右。而绿色技术创新作为公认的改善环境质量、降低碳排放的工具,能否降低能源行业的二氧化碳排放量有待研究。通过对中国其他不同行业的研究,本部分提出以下研究假设:

假设 2:绿色技术创新显著降低了中国能源行业的碳排放量。

（三）教育水平的调节作用

有大量学者认为，绿色技术创新对碳排放的影响不仅仅是单方向的，还涉及各种因素的调节作用。Yuan et al.（2022）认为，制度质量不直接抑制二氧化碳排放，但对绿色技术创新与二氧化碳排放的关系具有显著的负向调节作用，并且当制度质量更高时，绿色技术创新对降低二氧化碳排放量的作用就会更强。Ali et al.（2021）从规模效应和技术效应两个方面探讨了 1990—2015 年亚洲地区贸易开放对二氧化碳排放的影响机制，他们的研究结果表明：贸易诱导了技术创新从而降低了二氧化碳排放量。Bai et al.（2020）基于 2000—2015 年中国各省份面板数据，采用面板固定效应回归模型和面板阈值模型对各因素之间的非线性关系进行分析，得出如下结论：可再生能源技术创新有利于降低人均二氧化碳排放量，然而，随着收入不平等程度的增加，可再生能源技术创新对人均二氧化碳排放量的减缓效应会受到阻碍，甚至会对人均二氧化碳排放产生正向影响。

绿色创新人才指以科技创新为职业特征，具有识别、驾驭绿色发展关键性要素的能力，从事绿色生态、绿色生产、绿色生活等绿色发展领域的创造性劳动，实现人与自然和谐共生、永续发展的人才。绿色创新人才是为绿色技术创新整合资源、提供思路、增加效率而存在的。而教育水平越高的人，越有可能成为这类人才。教育水平能否有效调节碳减排效应，也有待研究，根据理论，本部分提出以下假设：

假设 3：教育水平促进了绿色技术创新对中国碳排放的负向影响。

假设 4：教育水平促进了绿色技术创新对中国能源行业碳排放的负向影响。

通过对绿色技术创新对中国碳排放的影响、绿色技术创新对中国能源行业碳排放的影响及教育水平的调节作用的综述，不难看出：第一，国内外学者对于绿色技术创新的负向影响碳排放的作用达到了一致的肯定，对于国家碳排放影响的相关研究在不断成熟，但对于具体行业的研究就相对少一些，尤其是作为支柱行业的能源行业；第二，对于教育水平调节作用的研究更是少之又少。因此本部分通过研究绿色技术创新对中国能源行业碳排放的影响以及教育水平在其中的调节作用，来弥补其中的空白。

本章的理论模型如图 5-1 所示。

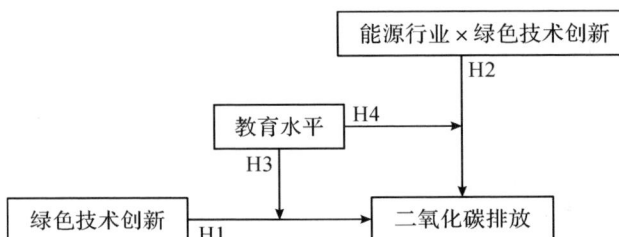

图 5-1　本章理论模型

第三节　研究设计

一、模型设定

为了研究绿色技术创新对二氧化碳排放量的影响以及能源行业、教育水平在其中扮演的角色,同时有效地控制个体效应和时间效应,本部分主要基于 2000—2019 年中国 30 个省的数据,采用面板数据的固定效应模型。

根据本章提出的假设 1,做出模型(1):

$$CO_2 = \beta_0 + \beta_1 green + \sum \beta_j Conrtol_i + \lambda_i + \gamma_t + \varepsilon_{it} \tag{5-1}$$

根据本章提出的假设 2,做出模型(2):

$$CO_{2it} = \beta_0 + \beta_1 green + \beta_2 green \times es + \beta_3 green \times eii + \beta_4 green \times ese +$$
$$\beta_j moderator_{it} + \beta_k Control_{it} + \lambda_i + \gamma_t + \varepsilon_{it} \tag{5-2}$$

根据本章提出的假设 3,做出模型(3)、模型(4):

$$CO_{2it} = \beta_0 + \beta_1 green + \beta_2 green \times edu + \beta_3 edu + \beta_k Control_{it} + \lambda_i + \gamma_t + \varepsilon_{it} \tag{5-3}$$

$$CO_{2it} = \beta_0 + \beta_1 green + \beta_2 green \times es + \beta_3 green \times eii + \beta_4 green \times ese +$$
$$\beta_5 green \times edu + \beta_j moderator_{it} + \beta_k Control_{it} + \lambda_i + \gamma_t + \varepsilon_{it} \tag{5-4}$$

式中,下标 i 代表省份,t 代表年份,CO_2 表示二氧化碳排放量,$green$ 表示绿色技术创新,es 表示能源强度,eii 表示能源工业投资,ese 表示能源行业就业人口,edu 表示教育水平,$moderator$ 表示调节变量,$Control$ 表示控制变量,λ_i 表示个体固定效应,γ_t 表示时间固定效应,ε_{it} 表示扰动项。

二、变量选取

(1)被解释变量(CO_2)。本章采用 IPCC(2006)的方法对碳排放进行测算,选取焦炭(单位:万吨)、原油(单位:万吨)、汽油(单位:万吨)、煤油(单位:万吨)、柴油(单位:万吨)、燃料油(单位:万吨)、天然气(单位:亿立方米)这 7 种主要能源的消耗量进行测算。其中,天然气的亿立方米可以换算为万吨,之后就可以通过以下模型进行计算:

$$CO_2 = \sum_i \sum_n EC_{i,n} \times NVCs_{i,n} \times EF_{i,n} \tag{5-5}$$

式中,CO_2 表示中国各省区市二氧化碳的排放量,i 为第 i 个省份,n 为第 n 种能源。EC 表示各能源的消费量,$NVCs$ 表示净发热值,EF 表示有效二氧化碳排放因子。

(2)解释变量(green)。本章以绿色专利授权数量作为衡量绿色技术创新的指标。其中,绿色专利可分为绿色发明专利(ingrvg)、绿色实用新型专利(ugrmg)、外观设计专利(edp),一般认为,外观设计专利并不能影响到碳排放,因此本部分只探讨前两种及前两种之和,此处 green 表示前两种专利授权数量之和。

(3)调节变量。本章研究的是能源行业和教育水平(edu)的调节作用,但由于能源行业相关数据缺少,本部分以能源强度(es)、能源工业投资(eii)、能源行业就业人口(ese)(采矿业与电力、煤气及水生产供应业就业人口之和)这 3 个指标来衡量。

(4)控制变量。本章以能源结构(struct)、能源消费总量(teco)、产业结构(is)、对外开放程度(open)、城镇化水平(urb)作为控制变量。

能源结构(struct):煤炭占能源消费总量的比重。

能源消费总量(teco):各种能源消费量的加总。

产业结构(is):第二产业占 GDP 的比重。

对外开放程度(open):进出口总额占 GDP 的比重。

城镇化水平(urb):城镇人口占常住人口的比重。

三、数据来源

本部分采用了 2000—2019 年 30 个省份的数据,其中西藏自治区、香港特别行政区、澳门特别行政区的数据缺失严重,因此不放入样本中。以上数据均来源于国家统计局、《中国城市统计年鉴》、《中国能源统计年鉴》及国泰安数据库。

第四节　实证分析

一、描述性统计

相关变量的描述性统计如表 5-2 所示。由表 5-2 可知,2000—2019 年二氧化碳排放量的均值高达 2.02 亿吨,最小值和最大值差了 12.49 亿吨,说明各省份之间二氧化碳排放量差异大。其中,绿色发明专利授权数最大值与最小值相差 7.13 千,绿色实用新型专利授权数最大值与最小值之间相差 28.49 千,可见各省份的绿色技术创新水平差距较大。同理,能源行业就业人口、能源工业投资、能源强度在省级之间差距都较大。

表 5-2　描述性统计

变量/单位	均值	标准误差	最小值	p50	最大值
CO_2/亿吨	2.020	1.860	0.0300	1.480	12.52
green/千	2.060	4.090	0	0.500	34.06
ingrvg/千	0.490	1.010	0	0.110	7.130
ugrmg/千	1.570	3.180	0	0.380	28.49
ese/万人	26.39	22.77	0.610	19.80	114.8
struct/%	0.730	0.140	0.0500	0.760	0.940
es/%	1.560	1.300	0.110	1.190	9.580
edu/%	0.0300	0.0100	0.0100	0.0300	0.0900
eii/亿元	5.790	5.500	0.0900	4.300	33.83
teco/亿吨	1.500	1.210	0.0200	1.110	6.610
is/%	45.53	8.140	16.20	46.80	61.50
open/%	0.300	0.370	0.0100	0.130	1.720
urb/%	0.550	0.140	0.270	0.530	0.900

二、诊断性检验

表 5-3 是诊断性检验与基准回归结果，模型 1 是加了聚类稳健标准误差的混合回归模型，前提假定为不存在个体效应。由于每个省的省情不同，可能存在不随时间而变的遗漏变量，故考虑使用固定效应模型。在固定效应模型的检验中，F 检验的 P 值为 0.0000，显著拒绝"不存在个体效应"的原假设，因此固定效应优于混合回归。在固定效应模型与随机效应模型中，使用稳健的豪斯曼检验，强烈拒绝"扰动项与解释变量不相关"的原假设，固定效应模型优于随机效应模型。而由于本部分研究的被解释变量为绿色技术创新，会随着时间的推移而改变，选择加入时间趋势项，并使用稳健的标准误差应对异方差的问题。

表 5-3 诊断性检验与基准回归结果

变量	被解释变量:CO_2			
	(1)	(2)	(3)	(4)
	pols	fe	fe_trend	re
green	0.149*** (4.896)	0.0758*** (3.159)	0.0801*** (3.462)	0.0852*** (8.322)
es	−0.155 (−1.097)	0.178** (2.203)	0.169* (1.837)	0.0918** (1.963)
eii	−0.00686 (−0.380)	0.0307* (1.867)	0.0292* (1.864)	0.0276*** (4.195)
ese	0.00103 (1.033)	−0.000176 (−0.281)	0.000288 (0.554)	0.000144 (0.222)
edu	4.623 (1.616)	4.616 (0.852)	7.748 (1.314)	2.996 (1.071)
struct	−3.562*** (−3.856)	−5.257*** (−3.045)	−5.452*** (−3.101)	−4.907*** (−15.35)
teco	1.290*** (10.58)	1.342*** (5.704)	1.326*** (4.963)	1.349*** (24.37)
is	0.0271*** (3.852)	−0.0142 (−1.552)	−0.0219* (−1.868)	−0.00965** (−2.433)
open	0.680*** (3.008)	0.833* (1.904)	0.693 (1.695)	0.775*** (4.662)
urb	−1.701** (−2.215)	−0.845 (−0.487)	1.584 (0.571)	−1.309** (−2.300)

续　表

变量	被解释变量：CO_2			
	（1）	（2）	（3）	（4）
	pols	fe	fe_trend	re
Constant	1.899* (1.888)	3.902** (2.110)	3.305* (1.702)	3.869*** (8.654)
Observations	382	382	382	382
R^2	0.911	0.881	0.885	
Number of proid		30	30	30

注：Robust t-statistics in parentheses.

三、基准回归

基准回归结果如表 5-3 所示，本部分选取双向固定效应模型，因此重点关注模型（3）。由模型（3）可知，绿色技术创新对二氧化碳排放量有促进作用，这与假设 1 不符。此处猜想可能是绿色技术创新的力度不够大，或者遗漏了某些调节变量，导致绿色技术创新与碳排放之间仍存在正相关关系。

四、调节作用

（一）能源行业调节作用

表 5-4 中的模型（5）中加入与能源强度的交互项，该交互作用在 5％水平下显著为正，说明能源强度促进了绿色技术创新与碳排放之间的正相关关系。模型（6）中加入与能源工业投资的交互项，该交互作用在 1％水平下显著为正，说明能源工业投资同样促进了绿色技术创新与碳排放之间的正相关关系。模型（7）中加入与能源行业就业人口的交互项，该交互项作用不显著。模型（8）中加入能源强度、能源工业投资、能源行业就业人口与绿色技术创新的交互项，3 个交互项都在 1％水平下显著，其中能源强度、能源工业投资与绿色技术创新的交互作用仍显著为正，能源行业就业人口与绿色技术创新的交互作用显著为负，但从经济显著性上来看，前两者的经济显著性明显强于后者，因此本书认为绿色技术创新对能源行业碳排放有促进作用。该结果从理论上也可以解释，毕竟所有行业的能源碳排放都要通过能源部门，能源行业的能源消耗明显高于其他行业，因此绿色技术创新对能源行业的碳减排效应较弱。

表 5-4　能源行业调节作用的层次回归结果

变量	被解释变量：CO_2			
	（5）	（6）	（7）	（8）
	$xtreg01$	$xtreg02$	$xtreg03$	$xtreg04$
green	−0.0508 （−0.991）	−0.0965** （−2.293）	0.0842*** （4.710）	−0.139*** （−3.762）
es	0.156 （1.538）	0.176** （2.288）	0.166* （1.811）	0.156* （1.899）
eii	0.0259** （2.247）	−0.0120 （−1.027）	0.0294* （1.892）	−0.00831 （−0.723）
ese	0.000428 （0.746）	−3.84e-05 （−0.0871）	0.000519 （0.728）	0.00109* （2.025）
edu	10.63** （2.136）	5.222 （0.929）	7.833 （1.351）	7.667 （1.435）
green_es	0.389** （2.737）			0.240*** （3.063）
green_eii		0.0120*** （5.072）		0.0106*** （6.047）
green_ese			−0.000101 （−0.452）	−0.000436*** （−3.037）
struct	−5.729*** （−3.663）	−5.548*** （−3.841）	−5.472*** （−3.127）	−5.793*** （−4.204）
teco	0.942*** （4.705）	1.183*** （5.681）	1.328*** （4.949）	0.972*** （5.236）
is	−0.00370 （−0.346）	−0.0176* （−1.808）	−0.0219* （−1.867）	−0.00676 （−0.827）
open	0.294 （1.445）	0.145 （0.476）	0.684 （1.663）	−0.0747 （−0.285）
urb	−1.503 （−0.767）	0.369 （0.209）	1.616 （0.571）	−1.249 （−1.014）
Constant	4.533*** （2.937）	4.329*** （3.120）	3.299 （1.697）	4.939*** （4.082）
R^2	0.908	0.926	0.885	0.935
Number of proid	30	30	30	30

注：Robust t-statistics in parentheses.

(二)教育水平调节作用

表 5-5 中的模型(9)在表 5-3 中模型(3)的基础上加入绿色技术创新与教育水平的交互项,由表 5-5 可知,该交互作用在 1% 水平下显著为负,说明教育水平抑制了绿色技术创新对碳排放的正向作用,即假设 3 成立。模型(10)在表 5-4 模型(8)的基础上加入绿色技术创新与教育水平的交互项,该交互作用仍在 1% 水平下显著为负,说明教育水平同样促进了绿色技术创新对能源行业碳排放的负向作用,即假设 4 成立。由此可以说明,绿色创新人才的重要性。

表 5-5 教育水平调节作用的层次回归结果

变量	被解释变量:CO_2	
	(9)	(10)
green	0.373*** (3.334)	0.0332 (0.426)
es	0.132 (1.387)	0.135 (1.555)
eii	0.0318** (2.290)	−0.00183 (−0.214)
ese	−9.32e-06 (−0.0183)	0.00111** (2.246)
edu	16.46** (2.558)	12.25* (1.945)
green_es		0.230*** (3.099)
green_eii		0.00911*** (6.560)
green_ese		−0.000497*** (−2.962)
green_edu	−10.55*** (−2.777)	−5.206*** (−2.255)
struct	−5.911*** (−3.947)	−6.013*** (−4.506)
teco	1.247*** (4.938)	0.962*** (5.150)
is	−0.0142 (−1.494)	−0.00396 (−0.567)

续 表

变量	被解释变量:CO_2	
	(9)	(10)
open	0.696* (1.864)	−0.00164 (−0.00668)
urb	0.203 (0.105)	−1.681 (−1.497)
Constant	3.880** (2.592)	5.063*** (4.393)
Observations	382	382
R^2	0.904	0.939
Number of proid	30	30

注:Robust t-statistics in parentheses.

五、异质性分析

(一)主效应层次回归

由前文可知,绿色技术创新是由绿色专利授权数量来表示的,绿色专利分为 3 类,即绿色发明专利、绿色实用新型专利和外观设计专利,而本部分主要研究前两者分别对碳排放的影响。表 5-6 是主效应层次回归结果,由模型(11)可知,绿色发明专利并不显著;由模型(12)可知,绿色实用新型专利在 1‰水平下显著为正。由此可以得知,两者对碳排放的影响不同。由主效应回归结果来看,绿色发明专利对碳排放甚至没有影响,可能是因为绿色发明专利的授权数量较少,水平较低,不足以降低碳排放量。

表 5-6 主效应层次回归结果

变量	被解释变量:CO_2		
	(11)	(12)	(13)
	*xtreg*1	*xtreg*2	*xtreg*3
ingrvg	0.0964 (0.639)		−0.345** (−2.473)
ugrmg		0.122*** (4.866)	0.217*** (4.801)

续　表

变量	被解释变量：CO_2		
	（11）	（12）	（13）
	$xtreg1$	$xtreg2$	$xtreg3$
es	0.242**	0.148	0.139
	(2.237)	(1.664)	(1.585)
eii	0.0375**	0.0280*	0.0322**
	(2.171)	(1.781)	(2.084)
ese	8.85e-05	0.000407	0.000711
	(0.147)	(0.827)	(1.340)
edu	4.352	8.981	10.55**
	(0.643)	(1.676)	(2.313)
$struct$	−5.591***	−5.559***	−6.211***
	(−3.377)	(−3.257)	(−4.209)
$teco$	1.306***	1.329***	1.320***
	(4.531)	(5.115)	(5.389)
is	−0.0233*	−0.0207*	−0.0168*
	(−1.793)	(−1.872)	(−1.725)
$open$	0.170	0.755*	0.417
	(0.419)	(1.793)	(1.260)
urb	2.729	0.932	−0.672
	(0.962)	(0.363)	(−0.321)
Constant	3.082	3.618*	4.778***
	(1.685)	(1.963)	(3.137)
Observations	382	382	382
R^2	0.868	0.891	0.903
Number of proid	30	30	30

注：Robust t-statistics in parentheses.

（二）能源行业调节作用

接下来分析能源行业的调节作用，结果如表 5-7 所示。根据模型（14）可以看出，能源强度和能源工业投资在绿色发明专利对碳排放的影响中，分别在 10% 和 1% 的水平下显著，起着积极的促进作用；而能源行业就业人口的调节作用则不显著。由模型（15）可以看出，能源强度、能源工业投资和能源行业就业人口在绿色实用新型专利对碳排放的影响中都在 1% 水平下显著，前两者系数为正，后者系数为负。

表 5-7　能源行业调节作用的层次回归结果

变量	被解释变量:CO_2	
	(14)	(15)
ingrvg	−0.435*** (−3.627)	
ugrmg		−0.187*** (−3.812)
es	0.170* (1.908)	0.172* (1.980)
eii	0.000417 (0.0443)	−0.00892 (−0.657)
ese	0.000654 (1.035)	0.00116** (2.047)
ing_es	0.600* (1.809)	
ing_eii	0.0366*** (4.786)	
ing_ese	−0.000584 (−0.618)	
ugr_es		0.294*** (2.863)
ugr_eii		0.0151*** (6.357)
ugr_ese		−0.000654*** (−3.265)
struct	−5.857*** (−4.452)	−5.490*** (−3.809)
teco	1.019*** (5.158)	0.950*** (4.765)
is	−0.00904 (−1.042)	−0.01000 (−1.154)
open	−0.165 (−0.489)	0.0558 (0.223)
urb	−1.139 (−0.796)	−0.531 (−0.406)

续　表

变量	被解释变量:CO_2	
	(14)	(15)
Constant	5.183*** (3.882)	4.647*** (3.660)
Observations	382	382
R^2	0.929	0.933
Number of proid	30	30

注:Robust t-statistics in parentheses.

(三)教育水平调节作用

依据本部分研究思路,接下来研究教育水平的调节作用,结果如表 5-8 所示。由模型(16)可知,教育水平在绿色发明专利对碳减排的影响中起着积极的正向作用,且在 1% 水平下显著;由模型(17)可知,教育水平的调节作用不显著,说明教育水平在绿色发明专利对能源行业碳减排影响中不起作用。由模型(19)可知,教育水平同样在绿色实用新型专利对碳排放减少的影响中起着正向的调节作用,且在 5% 水平下显著;而与绿色发明专利不同的是,其在能源行业中也起着负向调节作用。

表 5-8　教育水平调节作用的层次回归结果

变量	被解释变量:CO_2			
	(16)	(17)	(18)	(19)
$ingrvg$	1.395*** (4.035)	0.0462 (0.132)		
$ugrmg$			0.196*** (6.315)	−0.0135 (−0.153)
es	0.193* (1.951)	0.162* (1.735)	0.155* (1.700)	0.163* (1.714)
eii	0.0400*** (2.869)	0.00696 (0.990)	0.0370** (2.426)	−0.00427 (−0.381)
ese	−6.37e-05 (−0.116)	0.000655 (1.100)	0.000725 (1.413)	0.00127** (2.420)

续　表

变量	被解释变量:CO_2			
	(16)	(17)	(18)	(19)
ing_es		0.550 (1.646)		
ing_eii		0.0303*** (4.304)		
ing_ese		−0.000700 (−0.764)		
ing_edu	−42.76*** (−4.220)	−12.93 (−1.401)	−11.15*** (−3.508)	
ugr_es				0.289*** (2.961)
ugr_eii				0.0142*** (7.328)
ugr_ese				−0.000758*** (−3.516)
ugr_edu				−5.731** (−2.082)
$struct$	−5.955*** (−4.465)	−5.947*** (−4.591)	−6.152*** (−4.392)	−5.564*** (−3.984)
$teco$	1.137*** (4.423)	1.008*** (4.896)	1.225*** (5.055)	0.913*** (4.597)
is	−0.0162 (−1.611)	−0.00847 (−1.035)	−0.0164* (−1.714)	−0.00788 (−0.996)
$open$	0.444 (1.096)	−0.0416 (−0.126)	0.403 (1.121)	0.0890 (0.363)
urb	0.520 (0.279)	−1.258 (−0.863)	−0.739 (−0.394)	−0.713 (−0.614)
Constant	4.302*** (3.072)	5.230*** (3.960)	5.038*** (3.395)	4.708*** (3.869)
Observations	382	382	382	382
R^2	0.904	0.931	0.908	0.936
Number of proid	30	30	30	30

注:Robust t-statistics in parentheses.

由主效应层次回归结果与能源行业、教育水平的调节作用的层次回归结果可知,绿色发明专利与绿色实用新型专利对碳排放的影响存在着明显的差距,这也就说明,政府在做决策时,要有一定的针对性。

六、稳健性检验

(一)主效应层次回归

由于绿色技术创新指标还可以通过研发投入(rd)来衡量,本部分采用替换自变量的方式进行稳健性检验。表 5-9 就是稳健性检验主效应层次回归的结果,由模型(20)可知,rd 在 1% 水平下显著为正,与绿色实用新型专利作为因变量的结果一致。

表 5-9　主效应层次回归结果

变量	被解释变量:CO_2
	(20)
rd	0.00107***
	(3.948)
es	0.144
	(1.669)
eii	0.0277**
	(2.080)
ese	0.000530
	(0.973)
$struct$	−5.054***
	(−2.887)
$teco$	1.196***
	(4.798)
is	−0.0206*
	(−2.041)
$open$	0.975**
	(2.412)
urb	1.785
	(0.756)
Constant	3.041
	(1.617)

续　表

变量	被解释变量：CO_2
	（20）
Observations	382
Number of proid	30
R^2	0.899

注：Robust t-statistics in parentheses.

（二）能源行业调节作用

如表 5-10 所示，加入研发投入与能源强度的交互项（交互作用在 1％ 水平下显著为正），促进了研发投入与碳排放的正向关系；加入研发投入与能源工业投资的交互项（交互作用在 1％ 水平下显著为正），促进了研发投入与碳排放的正向关系；加入研发投入与能源行业就业人口的交互项（作为调节变量，交互作用不显著），无影响。同样地，这也与用绿色发明专利作为因变量的结果一致。

表 5-10　能源行业调节作用的稳健性检验结果

变量	被解释变量：CO_2			
	（21）	（22）	（23）	（24）
	$xtreg002$	$xtreg003$	$xtreg004$	$xtreg005$
rd	−8.72e-05 （−0.288）	−0.000316 （−1.022）	0.00106*** （4.684）	−0.000742** （−2.414）
es	0.180 （1.639）	0.170* （1.959）	0.145 （1.664）	0.181* （1.821）
eii	0.0256* （1.989）	−0.00984 （−0.687）	0.0276** （2.162）	−0.00378 （−0.279）
ese	0.000748 （1.473）	0.000277 （0.582）	0.000426 （0.567）	0.00123* （1.973）
rd_es	0.00355*** （3.791）			0.00235*** （3.105）
rd_eii		7.58e-05*** （5.427）		6.25e-05*** （7.041）
rd_ese			3.17e-07 （0.173）	−2.34e-06* （−1.977）

变量	被解释变量:CO_2			
	(21)	(22)	(23)	(24)
	$xtreg002$	$xtreg003$	$xtreg004$	$xtreg005$
$struct$	-5.025^{***}	-4.952^{***}	-5.046^{***}	-5.012^{***}
	(-3.075)	(-2.983)	(-2.862)	(-3.107)
$teco$	0.631^{**}	1.088^{***}	1.195^{***}	0.737^{***}
	(2.244)	(5.025)	(4.782)	(2.816)
is	-0.00972	-0.0183^{*}	-0.0206^{*}	-0.0116
	(-1.186)	(-2.010)	(-2.037)	(-1.473)
$open$	0.387^{**}	0.388	0.978^{**}	0.0844
	(2.057)	(1.560)	(2.375)	(0.368)
urb	0.300	1.122	1.779	0.305
	(0.213)	(0.688)	(0.747)	(0.270)
Constant	3.662^{**}	3.680^{**}	3.039	3.992^{***}
	(2.481)	(2.331)	(1.613)	(2.821)
Observations	382	382	382	382
R^2	0.922	0.927	0.899	0.937
Number of proid	30	30	30	30

注:Robust t-statistics in parentheses.

(三)教育水平调节作用

如表 5-11 所示,由模型(25)可知,在加入教育水平之后,教育水平与研发投入的交互作用促进了绿色技术创新与碳排放之间的负相关关系;由模型(26)可知,教育水平在研发投入对能源行业碳排放的影响中起着负向调节作用。以上检验结果均与绿色专利授权数量作为解释变量得出的结果一致,可见模型拥有较好的稳健性。

表 5-11　教育水平调节作用的稳健性检验结果

变量	被解释变量:CO_2	
	(25)	(26)
rd	0.00343^{***}	0.000905
	(3.841)	(1.553)

变量	被解释变量：CO_2	
	(25)	(26)
es	0. 143 (1. 618)	0. 175* (1. 710)
eii	0. 0338*** (2. 827)	0. 00398 (0. 377)
ese	0. 000367 (0. 678)	0. 00125** (2. 203)
rd_es		0. 00217*** (3. 162)
rd_eii		5. 47e-05*** (7. 296)
rd_ese		−2. 63e-06* (−2. 009)
rd_edu	−0. 0820*** (−2. 912)	−0. 0500** (−2. 574)
$struct$	−5. 296*** (−3. 479)	−5. 179*** (−3. 377)
$teco$	1. 068*** (4. 744)	0. 698*** (2. 787)
is	−0. 0171* (−1. 871)	−0. 0103 (−1. 421)
$open$	1. 028** (2. 655)	0. 203 (0. 798)
urb	0. 743 (0. 412)	−0. 184 (−0. 214)
Constant	3. 590** (2. 361)	4. 232*** (3. 194)
Observations	382	382
R^2	0. 914	0. 942
Number of proid	30	30

注：Robust t-statistics in parentheses.

第五节　结论与政策建议

一、主要结论

基于 2000—2019 年中国 30 个省的数据,本章使用了双向固定模型考察绿色技术创新与中国碳排放之间的关系,并分析了能源行业、教育水平在其中的调节作用。首先,本章通过绿色专利授权数量来衡量绿色技术创新,发现绿色专利授权数量代表的绿色技术创新对碳排放有显著正向影响;其次,本章通过能源行业的能源强度、能源工业投资以及能源行业就业人口与绿色技术创新的交互项,研究绿色技术创新对能源行业碳排放的影响,得出绿色技术创新对能源行业碳排放的正向作用结果;最后,引入教育水平调节变量,结论都为教育水平显著负向调节了绿色技术创新对碳排放、能源行业碳排放的影响。本章还将绿色专利分为绿色发明专利以及绿色实用新型专利,进行异质性分析,在主效应回归结果中,绿色实用新型专利对碳排放的影响显著为正,而绿色发明专利影响不显著;在对能源行业进行探究时,绿色实用新型专利对能源行业碳排放的影响显著为正,绿色发明专利在与能源行业就业人口交互时影响不显著,其余也显著为正;在教育水平的调节作用中,都起着显著负向的影响。通过将绿色专利授权数量换为研发投入作为绿色技术创新的指标,研究结果与绿色专利相一致,因此本章的实证结果较为稳健。

本章的理论价值主要体现在:揭示了现阶段绿色技术创新对碳排放的正向影响,并从能源行业方面具体分析,帮助政府"落到实处,精准打击",以及表明可以通过提高教育水平来负向调节绿色技术创新对碳排放的正向影响。

二、政策建议

(一)提高绿色技术创新相关的教育水平

由于教育水平可以负向调节绿色技术创新对碳排放的正向影响,因此提高教育水平,增加绿色创新型人才就显得极为重要。政府应增加教育支出,可以先对高校老师进行培训,并相应地开设与绿色技术创新有关的专业,提高福利,吸引更多高校学生进入，从事研究工作。只有人才的绿色创新能力增强，才能产生更多的绿色技术，增强创新，从而有利于促进碳减排的进行。具体地，对于能源行业就业人口的要求也要进一步提升，拥有绿色创新能力的人才从事能源行业也可以负向调节绿色技术创新对碳排放的正向影响。

（二）能源行业改变发展策略

由于各个行业的能源生产、消费都要经过能源部门，从能源行业这个源头出发可以有效降低碳排放。能源强度越高，即能源利用效率越高，则碳排放量会越高，但这也不意味着可以不生产和不消费能源。可以增加对新能源、可再生能源的使用，此时提高能源利用效率，反而可以减少碳排放量，降低对环境的污染。现阶段，各行业对新能源与可再生能源的使用已经加快步伐。在此基础上，政府可以在生产和消费两个端口出发给予一些补贴。在生产方面，对于开发新能源、生产新能源汽车的部门给予一定的奖励，刺激他们的开发与生产；在消费方面，政府可以发放购买新能源产品的消费券，刺激居民购买，并且可以相应地降低电费的价格，增加居民购买的可能性。

（三）关注绿色技术创新带来的负向影响

在创新绿色技术时，要注意能源消耗问题，现阶段绿色技术创新对碳排放的影响仍为正，可能由于其本身也会带来一定的碳排放，比如电量的损耗。政府应以最大效率、最低成本完成创新，通过第一点建议的提高人才绿色创新能力，再辅以政策，比如提高研发绿色技术创新的福利，刺激科研人员的研发。绿色技术创新对实现碳中和有着重要的意义，因此在发明时的能源利用方面以及在使用绿色技术的过程方面应对能源的消耗给予一定的重视，尽量保证负向调节碳排放的作用大于正向调节。

由于能源行业的相关数据缺失，本章采用能源强度、能源工业投资、能源行业就业人口来代表能源行业指标，若后期增加了新的相关数据，作者团队会进行进一步的验证。

第六章　要素质量改善对农业行业碳排放的影响

第一节　研究问题

　　温室效应带来的极端天气给农业生产造成的经济损失逐年增加,农业碳减排逐渐被全球所关注。与此同时,《巴黎协定》第四条提出采取减排增汇的措施以实现 21 世纪后半叶人为温室气体排放量与碳汇的清除量达到平衡(United Nations,2015)。全球越来越多的国家正在将其转化为战略和行动,目前已经有 100 多个国家或地区提出碳中和的目标承诺,并明确了碳中和时间表。由于农业不仅是温室气体的排放源泉,也是气候变化的贡献者,农业成为气候变化工作的中心之一。农业的碳排放主要来自农药化肥碳排放以及使用农用柴油所产生的碳排放等,同时农业也具有碳汇功能,可以增加农田土壤的有机碳储量和固碳能力(Cara et al.,2000),即农业在减缓气候变化的同时也有效地提升了农业产量。因此通过改善农业要素质量,减少农业要素投入,会减少农业碳排放,可助力全球碳中和目标的实现。

　　由要素质量理论可知,要素质量是影响农业绿色发展的重要因素(张屹山等,2019;Xiao et al.,2021)。通过分析发现,土地要素质量越高的地区,同等条件下土地效率就越高(Leonard et al.,2020),与此同时农业碳排放就会减少(张超正等,2021)。这为推动农业绿色发展提供了思路:以改善农业要素质量的方式提升农业效率,进而实现农业绿色发展(Pu et al.,2019)。对于发展中国家农业而言,通过实施要素质量改善工程即进行高标准农田建设,是实现农业绿色发展的新驱动力(Zhou et al.,2020)。在此背景下,为了提高耕地质量、减少农业碳排放和推动农业绿色发展,中国于 2012 年提出了高标准基本农田的建设任务。中国农业农村部于 2021 年 9 月出台了《全国高标准农田建设规划(2021—2030 年)》,规划:到 2022

年建成高标准农田10亿亩；2030年建成高标准农田12亿亩，改造提升2.8亿亩高标准农田；与此同时，高标准农田建设财政补贴标准提高到1950元/亩。有学者研究发现，通过实施高标准农田建设改善要素质量，中国的农业碳排放减少了71%（孙学涛等，2022）。为接续推进高标准农田建设，2022年中国提出"全面完成高标准农田建设阶段性任务"，即"2022年建成高标准农田10亿亩"的任务。

为此，也带来了两个新问题：①在农业绿色发展背景下以高标准农田建设为代表的要素质量改善对农业碳排放产生了怎样的影响？②要素质量改善能够影响哪些地区的农业碳排放？回答这两个问题有助于明晰要素质量改善和农业碳排放的关系，进而探索农业绿色发展的源泉，同时为发展中国家改造传统农业提供理论依据和现实参考。

第二节　研究假说

现有讨论农业碳排放影响因素的文献较为丰富，大多从农地经营规模（Asif et al.，2022）、碳减排政策（Wang et al.，2020）、技术进步（Zaman et al.，2012）、市场化（Dumortier et al.，2021）等方面讨论了农业碳排放的影响因素。农地经营规模扩大诱发了农用化学品投入强度和生产技术变化（Mansoor et al.，2021），从驱动源泉来看，农业碳减排效率提升主要依赖于前沿技术进步而非技术效率改善，前沿技术进步在推进各地农业碳减排效率提升方面发挥了积极作用（Liu et al.，2021），出台"奖补"与"规制"并行的政策手段是促进低碳农业发展的长久之计。除此以外，城镇化也被认为是影响农业碳排放的重要因素（Asif et al.，2022），对农业碳排放总量的影响持续时间更长、冲击效果更明显。

现有文献为研究农业碳排放地区差异提供了有益参考，但多聚焦于技术进步、农业政策等方面，较少从要素质量改善角度分析农业碳排放的影响因素，并且对要素质量改善在农业碳减排中的作用有着不同看法。技术论支持者认为，要素质量改善作为一种改变农业要素投入结构的方式，能够提高农业生产的效率，提高农业生产力和盈利能力，进而降低农业碳排放量（Hervé et al.，2017）。替代论者却认为，要素质量改善会产生要素替代效应，作为劳动力节省型技术进步，随着劳动力价格上涨，要素质量改善对劳动力要素的替代作用越来越明显。要素质量改善替代劳动力要素的生产变革将带来高能耗和环境污染问题,降低了农户使用有机肥等低碳材料的比例,然而并不能解释近年来在要素质量改善提高的背景下中国农业碳排放总量从 2014 年 8190 万吨下降到 2019 年的 7467 万吨的现象。

通过以上分析发现,现有文献存在以下两点可拓展之处:第一,要素质量改善与农业碳排放之间的关系。在对传统农业改造过程中,要素质量改善成为补齐农业基础设施短板的重要方式,农业要素质量改善能够促进农业绿色发展,但要素质量改善是否会影响农业碳排放还需要进一步讨论,因此本章尝试从要素质量改善角度分析农业碳排放的影响因素。第二,非均衡视角下要素质量改善的农业碳减排效应。要素质量改善的经济效应还会受到地形条件的制约,即:地势起伏较小地区的要素质量改善更容易提升农业效率,进而降低农业碳排放;而地势起伏较大地区的要素质量改善难度较大,故要素质量改善对农业碳排放的降低作用就有限。要素质量改善不仅会受到地形条件的制约,而且会受到农业经济发展水平的影响。农业经济发展水平越高,地区的要素质量改善的动力就越大;反之就会越小。因此在探究要素质量改善的经济效应时需要将研究假设进一步放宽,即从非均衡视角研究要素质量改善的农业碳减排效应。

总之,农业生产是碳排放的重要来源,发展低碳经济与低碳农业密不可分。在传统农业转型的背景下,本章研究了通过提高农业要素质量来减少农业碳排放的路径。本章的主要研究问题是“要素质量改善如何影响农业碳排放”。因此,本章在中国高标准农田建设政策实验的基础上进行了实证分析,并考虑了非均衡效应,以系统分析和阐述要素质量改善对农业碳排放的影响机制。本章利用 280 个城市农业部门的数据和 SARAR 模型,实证分析了要素质量改善对农业碳排放的空间效应和非均衡效应。本章的研究结果为我国通过要素质量改善减少农业碳排放提供了政策参考。本章可能的边际贡献如下:第一,从要素质量改善的角度,研究了减少农业碳排放的路径。在改造传统农业中,提高农业要素质量已成为农业发展的新动力,弥补了农业基础设施的不足。农业要素质量的改善是否会影响农业碳排放需要进一步讨论。第二,进一步将研究假设扩展到一个不平衡的视角。农业碳排放不仅会受到农业要素质量的影响,还会受到农业自然环境和社会经济环境的影响。因此,本章分析了要素质量改善对哪些地区农业碳排放有影响。第三,本章选择城市农业部门发布的高标准农田建设文件的数量作为工具变量,并使用两阶段最小二乘回归法来讨论可能的内生性问题。

第三节　机理分析

由农业生产理论可知,农业绿色发展主要来源于3个方面:一是农业要素投入的增加;二是农业要素生产效率的提升;三是农业要素质量的改善。从全球农业生产现状来看,农业要素投入已经达到一定程度,很难通过增加农业要素投入来推动农业绿色发展;同时限于推动农业技术进步的动力不足,通过提升农业要素生产效率的方式也很难推动农业绿色发展。基于以上分析,通过改善要素质量降低农业碳排放的方式是推动农业绿色发展的新路径。

一、要素质量改善直接降低了农业行业碳排放

要素质量改善通过提高要素质量的方式在农业产出(农业要素投入)不变的条件下,减少了农业要素投入(增加了农业产出)。要素质量改善推动了农业生产方式由人力畜力向机械化转型,虽然会增加农业机械化的碳排放,但在传统农业向现代农业转型过程中,要素质量改善会对农业其他要素产生替代效应,进而减少农业部门内其他要素投入,因此要素质量改善会推动农业碳排放时间缩短和农业碳排放总量降低(Zhang et al.,2019),最终会带来农业碳减排效应。同时要素质量改善过程中还会伴随着小农户从农业生产过程中退出,即要素质量改善会推动农业规模化生产,农业规模化生产会抑制农户单一追求产量造成的过度施药施肥行为,使保护性农业耕作措施在更大范围得到应用,因此要素质量改善会从减少农业要素投入角度降低农业碳排放。基于此,本部分尝试提出假设1。

假设1:要素质量改善会直接降低农业碳排放。

二、要素质量改善对农业行业碳排放的中介效应

要素质量改善会改变农业要素的相对产出效率,在理性人的假设下,农业要素相对产出效率的变化会进一步影响农业部门的要素投入,进而改变农业产业结构。由农业生产理论可知,农业要素资源在不同地区之间重新配置不仅是推进农业经济增长的重要方式,而且是减少农业碳排放的重要方式。农业要素重新配置会改

变要素扭曲情况和农业产业结构,进而减少错配现象,从而会提高要素配置效率,最终会降低农业碳排放(Liu et al.,2021)。综上所述,要素质量改善会通过影响农业要素配置结构的方式来改变农业产业结构,随着农业产业结构的优化,在农业绿色发展背景下,碳排放量大的传统农业会逐渐减少,而且碳排放量较小的现代农业会迅速发展,进而会减少农业部门内整体的碳排放量。基于此,本部分尝试提出假设2。

假设2:要素质量改善会对农业碳排放产生中介效应,即要素质量改善会以农业产业结构为中介变量促进农业碳减排。

三、要素质量改善的空间溢出效应

由核心—边缘理论可知,不同地区的农业经营主体之间并非相互独立存在,而是存在着空间相关性。因此,要素质量改善也可能会对邻近地区的农业要素投入产生溢出效应,相邻地区的农户能够以较低成本向要素质量改善的地区学习改善农业要素质量的方式,进而提升了相邻地区的要素质量,最终降低了相邻地区的农业碳排放水平。随着农村劳动力不断向城市转移,农业要素投入结构也不断优化,当农业劳动要素投入不足时,通过提升农业土地要素质量,进而替代劳动要素,不但会降低本地区农业碳排放,而且会对相邻地区产生学习效应,即在发展中地区由于劳动要素成本不断上升,要素质量改善会推动相邻地区主动提升本地区的土地要素质量,进而实现土地要素替代劳动要素,要素的这种替代也会对相邻地区农业碳减排产生促进作用。基于此,本部分尝试提出假设3。

假设3:要素质量改善会产生空间溢出效应。

第四节　研究设计

一、数据来源

本章的数据主要包括两部分:一部分是农业碳排放数据及控制变量的数据,该部分数据主要来源于《中国统计年鉴》及各省份统计年鉴(2019—2021年);另一部分为要素质量改善数据,主要来源于省级农业农村厅和市级农业农村局公布的高标准农田建设数据,对于尚未公布高标准农田建设数据的城市,本研究团队向该城市农业农村局或城市所属省的农业农村厅发函咨询。

二、计量模型

要素质量改善作为政府政策,具有一定的外生性,但要素质量改善范围的划定、建设质量以及对周边地区农业生产的影响会存在着一定的空间相关性,同时农业碳排放在空间上也并非独立(孙学涛等,2022)。因此在研究要素质量改善和农业碳排放时需要考虑到空间属性,即需要运用空间计量模型分析要素质量改善对农业碳排放的影响。主流的空间计量模型主要有空间自回归模型和空间误差模型,但这两个模型分别研究了空间自回归项和误差项,然而这两项可能会同时存在于要素质量改善对农业碳排放的影响过程中。基于此,本章借鉴孙学涛等(2022)的研究方法,运用 SARAR 模型研究要素质量改善对农业碳排放的影响。模型的数学表达式为:

$$SARAR: \begin{cases} ACE = \rho WACE + \beta FQI + \lambda Control + \mu \\ \mu = \lambda W\mu + \varepsilon \end{cases} \tag{6-1}$$

式中:ACE 为农业碳排放;FQI 是要素质量改善;$Control$ 为控制变量,包括 7 个变量;ρ 为农业碳排放的空间自回归系数,表示相邻地区的农业碳排放对该地区的影响程度;β 为要素质量改善对农业碳排放的回归系数;μ 和 ε 是空间误差项;λ 为空间误差因素对农业碳排放的影响系数;W 为空间权重矩阵($n \times n$)。本章基于城市质心坐标计算城市空间距离,并以该距离的倒数为城市间的权重。W 的元素 W_{ij} 的数学表达式为:

$$W_{ij} = \begin{cases} 1/d_{ij}, i \neq j \\ 0, i = j \end{cases} \tag{6-2}$$

其中,i 和 j 均为城市,d_{ij} 为城市 i 和城市 j 的空间距离。

三、变量选取

(一)农业碳排放

农业碳排放(ACE)是本章的因变量。基于城市和农业数据的可得性,本章尝试选择单位生产总值碳排放量法作为农业碳排放的测度方法。根据刘亦文等(2021)的研究,本章所选取的碳源包括化肥、农药、农用塑料薄膜、农用柴油的使用,以及灌溉和耕作。由于缺少城市范围内农药使用量、农用塑料薄膜使用量、农用柴油使用量等数据,本章尝试采用省域单位耕地面积农药使用量、农用塑料薄膜使用量、农用柴油使用量与城市年末实有耕地面积分别测算城市农药使用量、农用塑料薄膜使用量、农用柴油使用量与农作物总播种面积。本章的化肥施用折纯量、农药使用量、农用塑料薄膜使用量、农用柴油使用量、农作物总播种面积及有效灌溉面积等的碳排放系数分别为 0.8956 kg/kg、4.9341 kg/kg、5.1800 kg/kg、0.5927 kg/kg、312.60 kg/km²、25 kg/hm²,城市农业碳排放总量等于上述使用量和碳排放系数的乘积之和。为便于后续计量分析,本章农业碳排放采用农业碳排放总量(单位:kg)与农业总产值的比值(单位:10 万元)表示。根据 West et al.,(2002)、Dubey et al.,(2009)和刘亦文等(2021)的研究,本部分碳排放系数如表 6-1 所示。

表 6-1　农业行业碳源、碳排放系数和数据来源

碳源	系数	数据来源
化肥	0.8956	美国橡树岭国家实验室
农药	4.9341	美国橡树岭国家实验室
农用塑料薄膜	5.1800	南京农业大学农业资源生态环境研究所
农用柴油	0.5927	联合国政府间气候变化专门委员会
灌溉	25	Dubey et al. (2009)
耕作	312.6	中国农业大学农学与生物技术学院

城市农业碳排放的测量结果见表 6-2。表 6-2 显示,2018—2020 年,中国农业行业碳排放量持续减少,东部地区的农业碳减排速度快于中西部地区。关于空间差异,东部地区的农业碳排放量显著高于中西部地区,可能的解释是,东部地区的农业总产量相对较高,因此农业碳排放量会更高。然而,与此同时,东部地区农业减碳政策的实施力度也相对较大。因此,东部地区的农业碳减排率也高于其他地区。

表 6-2　城市农业碳排放测量结果(2018—2020 年)

年份	全国地区	东部地区	中部地区	西部地区
2018	0.5782	0.8731	0.5603	0.4981
2019	0.5730	0.8208	0.5509	0.4870
2020	0.5691	0.7932	0.5334	0.4631
平均值	0.5734	0.8290	0.5482	0.4827

（二）要素质量改善

要素质量改善（FQI）是本章的自变量，本章尝试用高标准农田建设面积占城市耕地面积的比例来表示。

（三）其他变量选取

为了准确地估计出要素质量改善对农业碳排放的影响，本章还加入了 7 个控制变量。信息化（$Infor$）是通过城市网民数量来衡量的；人力资本（HC）是通过中学生人数与城市总人口的比率来衡量的；城镇化（Urb）是通过城市常住人口与总人口的比率来衡量的；金融发展（FD）是通过年末金融机构的各种存款余额与总人口的比率来衡量的；政府干预（GI）是通过财政支出与地区生产总值的比率来衡量的；工业发展（ID）是通过规模以上工业总产值与地区生产总值的比率来衡量的；社会消费（SC）是通过社会消费品的零售总额与总人口的比率来衡量的。变量的描述性统计如表 6-3 所示。

表 6-3　变量的统计性描述

变量	含义/单位	平均值	标准误	最小值	最大值
FQI	要素质量改善/%	0.3140	0.2631	0.0008	0.4631
$Infor$	信息化/万户	3.9831	0.3690	2.8805	5.0932
HC	人力资本/（人/万人）	10.7281	0.4910	8.3814	11.9831
Urb	城镇化/%	0.5732	0.4268	0.1023	0.9879
FD	金融发展/（万元/人）	0.3241	0.1892	0.1893	1.3981
GI	政府干预/%	0.0791	0.0267	0.0234	0.1901
ID	工业发展/%	0.5031	0.5876	0.0564	11.8732
SC	社会消费/（万元/人）	10.0911	0.6581	7.7647	13.1102

第五节 实证分析

一、空间相关性讨论

由于要素质量改善与农业碳排放可能会存在空间相关性,需要对其空间相关性进行检验。倘若要素质量改善或农业碳排放具有空间相关性,则需要采用空间计量模型讨论要素质量改善对农业碳排放的影响;倘若要素质量改善与农业碳排放不存在空间相关性,则只需要运用传统计量模型讨论要素质量改善对农业碳排放的影响。本章借鉴孙学涛等(2022)学者的研究成果,采用 Moran's I 指数分析要素质量改善与农业碳排放的空间相关性,具体结果如表 6-4 所示。

表 6-4　空间相关性检验结果(2018—2020 年)

年份	要素质量改善		农业碳排放		残差项	
	Moran's I	sd(I)	Moran's I	sd(I)	Moran's I	sd(I)
2018	0.018**	0.010	0.067***	0.009	0.047***	0.010
2019	0.017**	0.010	0.089***	0.009	0.041***	0.010
2020	0.019**	0.010	0.083***	0.009	0.048***	0.010

注:结果由 GeoDa1.10 软件输出。

由表 6-4 的空间相关性检验结果可以看出,要素质量改善与农业碳排放存在显著的空间相关性。说明要素质量改善虽然是各个地区独立进行的政策选择,但各个地区改善要素质量时会受到其他地区的影响,同时农业碳排放的变化也会受到其他地区的影响。因此在分析要素质量改善对农业碳排放的影响时需要运用空间计量模型进行讨论。

借鉴白俊红等(2017)学者空间相关性检验的方法,在运用空间计量模型分析要素质量改善对农业碳排放的影响之前,还需要讨论其残差项的空间相关性。本部分尝试运用 OLS 模型分析要素质量改善对农业碳排放的影响,以测算出不同时期的残差项。基于 OLS 模型的估计结果如表 6-5 所示。

表 6-5　OLS 估计结果

变量	High	Student	Public	Finance	Consume	Industry	Phone	Trade	常数项	伪 R^2
回归结果	−0.0062*** (0.0017)	−0.0221*** (0.0053)	−0.0261*** (0.0059)	−0.3225*** (0.0560)	−0.7278*** (0.0311)	0.1637*** (0.0019)	−0.7095*** (0.0339)	−0.0151*** (0.0002)	2.5297*** (0.0444)	0.9873

从表 6-5 的估计结果来看,要素质量改善对农业碳排放提升有显著的促进作用。残差项的空间相关检验结果如表 6-4 所示,要素质量改善对农业碳排放影响的残差项存在显著的空间相关性。这说明运用 OLS 模型估计的要素质量改善对农业碳排放的影响并不是真实的估计结果。为了准确地反映出要素质量改善对农业碳排放的影响,本章尝试选取能够反映地区之间空间相关性的计量模型进行估计。

二、基准回归

由于选取的数据为面板数据,需要判断固定效应、随机效应和混合效应哪种更适合研究要素质量改善对农业碳排放的影响。按照 Anselin et al.(2004)提出的判断规则,本章运用 BP 检验和 Husman 检验对空间计量模型的拟合效果进行检验。BP 检验和 Hausman 检验均通过了显著性水平检验,BP 检验显著,说明与混合效应相比,随机效应更适合于研究要素质量改善对农业碳排放的影响;Hausman 检验显著,说明与随机效应相比,固定效应更适合于研究要素质量改善对农业碳排放的影响。因此本章实证分析部分基于固定效应,采用 SARAR 模型进行分析。要素质量改善对农业碳排放影响的估计结果如表 6-6 所示。

表 6-6　要素质量改善对农业碳排放的影响

变量	农业碳排放	细分样本		
		东部地区	中部地区	西部地区
FQI	−0.0166*** (0.0008)	−0.0505*** (0.0179)	−0.0296*** (0.0094)	−0.0021*** (0.0002)
Infor	−0.0077 (0.0083)	−0.0205 (0.0169)	−0.0164 (0.0107)	−0.0016 (0.0199)
HC	−0.2481*** (0.0506)	−0.1612 (0.1542)	−0.3567*** (0.0767)	−0.1104 (0.0901)
Urb	−0.0028 (0.0025)	−0.0015 (0.0022)	−0.0696* (0.0400)	−0.1076*** (0.0295)
FD	−0.0108*** (0.0025)	−0.0074 (0.0065)	−0.0148*** (0.0042)	−0.0051 (0.0060)

变量	农业碳排放	细分样本		
		东部地区	中部地区	西部地区
GI	−0.0463*** (0.0063)	−0.1329** (0.0678)	−0.0008 (0.0294)	−0.0316** (0.0160)
ID	0.0218*** (0.0031)	0.0108* (0.0056)	0.0459*** (0.0062)	0.0114** (0.0047)
SC	−0.0035 (0.0025)	−0.0111** (0.0048)	−0.0044 (0.0030)	−0.0388*** (0.0138)
rho	0.8980*** (0.0109)	0.7813*** (0.0863)	0.8961*** (0.0177)	0.8371*** (0.0192)
lambda	−0.8534*** (0.0420)	−0.9413*** (0.0146)	−0.6175*** (0.0738)	−1.0997*** (0.0712)
sigma2_e	0.0145*** (0.0002)	0.0092*** (0.0002)	0.0152*** (0.0003)	0.0161*** (0.0003)
Pseudo R^2	0.5483	0.6013	0.6756	0.7013
Log	735.1779	250.5340	255.4166	250.5199
N	840	291	300	249

由表 6-6 的估计结果可以看出,要素质量改善对农业碳排放影响的空间自回归项的估计系数为负,且通过了显著性水平检验。说明农业碳排放不仅会受到要素质量改善的影响,还可能会受到周边地区要素质量改善或农业碳排放的影响。因此在实证分析过程中需要运用空间计量模型。要素质量改善对农业碳排放影响的分析具体如下:

第一,分析要素质量改善对农业碳排放的影响。由表 6-6 的估计结果可以看出,要素质量改善对农业碳排放的影响为负,且通过了显著性水平检验。说明要素质量改善能够减少农业碳排放,验证了假设 1。可能的解释是:产出一定的条件下,当要素质量改善时,农业部门内投入的要素数量会不断减少,当要素投入数量减少时,农业部门内的碳排放同样会减少;随着农业土地要素质量的改善,政府在农业部门内的投资会不断增加,进而会优化农业部门的要素投入结构,提高要素效率;当农业部门内要素效率提高时,会减少非期望产出,表现为农业碳排放的降低。

第二,分析要素质量改善对农业碳排放的空间溢出效应。由表 6-6 的估计结果可以看出,要素质量改善对农业碳排放的影响为负,且通过了显著性水平检验。

这说明要素质量改善不仅会降低本地区的农业碳排放,而且会降低相邻地区的农业碳排放,验证了假设3。可能的解释是:一是要素质量改善会对相邻地区农业碳排放产生规模效应和带动效应。要素质量改善的带动效应是指某一地区要素质量改善会提升本地区的经济发展水平、降低农业碳排放,其他地区也会向该地区学习,进而降低了其他相邻地区的农业碳排放水平;二是要素质量改善在一定程度上会克服农业经营细碎化、农业要素投入结构失衡等不利因素,进而通过提升土地要素质量的方式有效降低了农业劳动、农药和化肥等要素的过量投入,从而降低了农业碳排放水平,但土地要素质量改善对农业的这种影响并不会受到空间地理位置的影响,即土地要素质量的提升不仅会对本地区农业产生影响,而且还会降低相邻地区的农业碳排放水平。

第三,分析要素质量改善对不同地区农业碳排放影响的差异。由表6-6的估计结果可看出,要素质量改善对东部地区、中部地区和西部地区农业碳排放的影响均为负,且通过了显著性水平检验。说明要素质量改善能够降低农业碳排放,再次验证了要素质量改善所具有的减碳效应。对比要素质量改善对不同地区农业碳排放的影响后发现,要素质量改善对东部地区农业碳排放的影响的系数最大,对西部地区农业碳排放的影响的系数最小。可能的解释是:东部地区土地平整适合大规模机械化耕作,土地要素质量改善会减少劳动要素和农药化肥要素等的投入,进而优化农业要素的投入结构,从农业要素投入角度减少了东部地区的农业碳排放;西部地区不仅农业生产自然条件相对较差,而且农业单位产量相对较低,提升土地要素质量对西部地区农业生产的影响就会相对较小,因此提升土地要素质量对西部地区农业碳排放的影响也就会相对较小。

第四,分析控制变量对农业碳排放的影响。由表6-6的估计结果可以看出,人力资本、金融发展、政府干预等对农业碳排放的影响也均为负,且通过了显著性水平检验。说明农业碳排放不仅会受到土地要素质量的影响,同时会受到其他因素的影响。因此在讨论农业碳排放的影响因素时不能仅考虑到土地要素质量,还要考虑到其他要素。

三、非均衡效应分析

由前文分析可知,要素质量改善能够降低农业碳排放,但要素质量改善对不同地区农业碳排放的影响存在着显著的差异。基于东中西部农业发展的实际,借鉴He et al.(2020)的研究成果,本章猜想要素质量改善对不同地区农业的影响可能受制于农业经济发展水平和地形条件。因此本部分尝试将农业经济发展水平引入模型内,研究要素质量改善对农业碳排放影响的非均衡效应。在实证分析过程中,本部分尝试以 2017 年城市第一产业产值作为农业经济发展的初始水平,并将农业经济发展初始水平($AGDP$)与要素质量改善的交互项引入模型内,分析考虑到农业经济发展初始水平时,要素质量改善对农业碳排放影响的非均衡效应。其余模型的设定与要素质量改善的均衡效应部分一致。考虑到农业经济发展初始水平时,要素质量改善对农业碳排放影响的非均衡效应的估计结果如表 6-7 所示。

表 6-7　非均衡效应的估计结果

变量	农业碳排放			
	全国城市	富裕城市	中等城市	贫困城市
FQI	-0.0039^{***}	-0.4665^{***}	-0.0145^{***}	-0.0173^{**}
	(0.0011)	(0.0463)	(0.0048)	(0.0068)
$FQI \times AGDP$	-0.0563^{**}	-0.0334^{***}	-0.0469^{***}	-0.0037^{**}
	(0.0222)	(0.0086)	(0.0109)	(0.0015)
$Infor$	-0.0784	-0.2291	-0.0076	-0.0076
	(0.1393)	(0.3815)	(0.0083)	(0.0083)
HC	-0.1217	-1.3448	-0.2441^{***}	-0.2441^{***}
	(0.9003)	(2.4517)	(0.0484)	(0.0484)
Urb	-0.2530^{***}	-0.6633^{***}	-0.0012	-0.0015
	(0.0044)	(0.0121)	(0.0030)	(0.0030)
FD	-0.1353^{***}	-0.3763^{***}	-0.0106^{***}	-0.0106^{***}
	(0.0496)	(0.1325)	(0.0023)	(0.0023)
GI	-0.8788^{***}	-0.2008^{***}	-0.0415^{***}	-0.0428^{***}
	(0.0105)	(0.0029)	(0.0082)	(0.0077)
ID	-0.1651^{***}	-0.4262^{***}	-0.0222^{***}	-0.0221^{***}
	(0.0549)	(0.1496)	(0.0030)	(0.0030)
SC	-0.0956^{**}	-0.2049^{*}	-0.0036	-0.0036
	(0.0428)	(0.1170)	(0.0025)	(0.0025)
rho	-0.0038	-0.0076	-0.8985^{***}	-0.8985^{***}
	(0.0402)	(0.0410)	(0.0108)	(0.0108)
lambda	0.2098^{***}	-0.1271^{*}	-0.8537^{***}	-0.8537^{***}
	(0.0682)	(0.0688)	(0.0420)	(0.0420)

续　表

变量	农业碳排放			
	全国城市	富裕城市	中等城市	贫困城市
sigma2_e	0.3846***	0.2890***	0.0145***	0.0145***
	(0.0045)	(0.0034)	(0.0002)	(0.0002)
Pseudo R^2	0.7821	0.8091	0.8193	0.7901
Log	−782.981	−780.673	727.872	719.872
N	840	279	282	279

注:排名在 93 位及以前的城市为富裕城市,排名在 93 位以后的城市为贫困城市,其余为中等城市。

表 6-7 显示了不同农业经济发展条件下,要素质量改善对农业碳排放的影响差异。针对要素质量改善对农业碳排放影响的非均衡效应的分析具体如下:

第一,分析要素质量改善对农业碳排放影响的非均衡效应。由表 6-7 的估计结果可以看出,考虑到农业经济发展初始水平时,要素质量改善对农业碳排放的影响为负,且通过了显著性水平检验。说明无论在什么条件下,要素质量改善都会降低农业碳排放,再次验证了假设 1。但将表 6-7 中要素质量改善与表 6-6 中要素质量改善的估计系数进行对比,可以发现,考虑到农业经济发展初始水平时要素质量改善的估计系数低于没有考虑到农业经济发展初始水平时要素质量改善的估计系数,说明要素质量改善对不同地区农业碳排放的影响存在显著的差异,可能的解释是地区农业发展存在着差异,这种差异会影响要素质量改善的经济效应。

第二,分析要素质量改善对农业碳排放影响的差异。由表 6-7 的估计结果可以看出,要素质量改善与农业经济发展初始水平的交互项(以下简称交互项)对农业碳排放的影响为正,且通过了显著性水平检验。说明与贫困城市相比,要素质量改善更能够降低富裕城市的农业碳排放。可能的解释是:农业经济发展水平较高地区的农业经济需要转型升级,土地要素质量改善直接完善了农业要素投入结构,随着农业要素投入结构的完善,农业碳排放也会随之降低;农业经济发展水平相对较低地区,与土地要素质量改善相比,其更需要增加农业要素投入,因此提升土地要素质量对农业经济发展水平相对较低地区的农业碳排放的影响相对较小。

第三,分析要素质量改善对农业经济发展水平不同的地区的影响差异。为了进一步分析要素质量改善对农业经济发展水平不同的地区农业碳排放的影响差异,本部分尝试以城市 2017 年第一产业增加值为标准划分样本数据。由表 6-7 贫富差异的估计结果可以看出,要素质量改善对贫困、中等和富裕城市农业碳排放的影响均为正,且均通过了显著性水平检验。本部分还尝试进行组间差异检验,发现富裕、中等和贫困城市的要素质量改善存在显著差异。通过对比要素质量改善对贫富城市农业碳排放的影响差异可以看出,要素质量改善对富裕城市农业碳排放的影响大于对贫困城市农业碳排放的影响。再次验证了与贫困城市相比,要素质量改善主要降低富裕城市农业的碳排放。可能的解释是:富裕城市农业经济发展水平相对较高,在农业期望产出一定的情况下,改善土地要素质量会通过降低农业非期望产出的方式促进农业绿色发展;贫困城市农业要素投入相对不足,土地要素质量的改善会增加农业要素投入,进而增加农业非期望产出。综上所述,由于贫困城市农业要素投入相对不足,与贫困城市农业相比,土地要素质量改善更能够降低富裕城市农业的碳排放。

四、异质性分析

由前文实证分析可知,与西部地区相比,要素质量改善更能够降低东部地区农业碳排放。东中西部地区之间不仅存在经济发展的差异,而且存在地形条件的天然差异。基于东中西部地形条件差异的实际,本部分尝试将城市划分为平原地区、丘陵地区和山地地区①,以探究要素质量改善对不同地形农业碳排放的影响差异。其余模型的设定与基准回归部分的设定一致。不同地形条件下,要素质量改善对农业碳排放影响的差异如表 6-8 所示。

表 6-8 地形差异下要素质量改善对农业碳排放的影响

变量	平原地区	丘陵地区	山地地区
FQI	-0.7170^{***} (0.0478)	-0.1319^{***} (0.0005)	-0.0505^{***} (0.0179)
$Infor$	-0.0205 (0.0169)	-0.0174^{***} (0.0065)	-0.0451^{***} (0.0164)
HC	-0.1612 (0.1542)	-0.0076 (0.0083)	-0.7434^{***} (0.0190)

———————

① 由于中国城市主要分布在东部平原地区,山地城市数量相对较少,平原型城市、丘陵型城市和山地型城市的数量与传统所认知的"三山六水一分田"并不一致。本部分平原地区、丘陵地区和山地地区划分的具体标准为:平原、丘陵和山地三者占比最大的部分为基准确定县域类型。以山西省朔州市为例,全市山地面积占总面积的 26.5%,丘陵面积占总面积的 34.3%,平原面积占总面积的 39.2%,本部分就将朔州市确定为平原地区。

变量	平原地区	丘陵地区	山地地区
Urb	−0.0015	−0.2461***	0.0123***
	(0.0022)	(0.0510)	(0.0002)
FD	−0.0074	−0.0012	−0.0015
	(0.0065)	(0.0030)	(0.0030)
GI	−0.1329**	−0.0108***	0.0152***
	(0.0678)	(0.0025)	(0.0004)
ID	−0.0108*	−0.0415***	−0.0428***
	(0.0056)	(0.0082)	(0.0077)
SC	−0.0111**	−0.0221***	−0.1100***
	(0.0048)	(0.0031)	(0.0071)
rho	−0.7813***	−0.0036	0.0161***
	(0.0863)	(0.0025)	(0.0003)
lambda	−0.9413***	−0.8984***	−0.8983***
	(0.0146)	(0.0108)	(0.0108)
sigma2_e	0.0092***	−0.8538***	0.0145***
	(0.0002)	(0.0420)	(0.0002)
Pseudo R^2	0.6931	0.7903	0.8083
Log	730.0937	767.8012	770.091
N	390	174	276

　　由表 6-8 的估计结果可以看出,要素质量改善对平原、丘陵和山地地区的农业碳排放影响存在着显著的差异。将表 6-8 要素质量改善的估计系数进行对比,可以发现,要素质量改善对平原地区农业碳排放的影响系数最大,对丘陵地区农业碳排放的影响系数次之,对山地地区农业碳排放的影响系数最小。说明在平原地区改善要素质量更能够降低农业碳排放,而山地地区要素质量改善对农业碳排放影响的效果相对较弱。可能的解释是:我国平原地区地势平坦,农业生产的自然条件相对优越,要素质量改善即补齐农业生产短板,优化了农业要素投入结构,进而减少了平原地区农业的碳排放;山地地区的坡度相对较大,地形对农业发展的限制也相对较大,虽然提升农业要素质量能够补齐农业发展短板,但受制于地形条件的要素质量改善对农业碳排放的影响也会相对较小。

第六节　进一步讨论

一、内生性讨论

前文实证分析发现,要素质量改善对农业碳排放的影响在一定程度上可能会受到农业经济发展初始水平的影响。因此要素质量改善与农业碳排放之间可能存在着内生性,即农业碳排放水平较高(低)的地区,其要素质量改善的动力就越高(低)。因此如果不讨论要素质量改善与农业碳排放的内生性,则前文分析的要素质量改善与农业碳排放的关系仅为统计意义上的关系,并非因果关系。基于此,本部分尝试寻找要素质量改善的工具变量来讨论要素质量改善与农业碳排放之间的内生性。借鉴 Daniel et al. (2020)选取工具变量的方式,本章尝试以城市农业部门公布的高标准农田建设文件的数量为工具变量讨论要素质量改善对农业碳排放的影响。本部分尝试对工具变量的有效性进行检验,发现伪 R^2 为 0.6756,即说明工具变量对要素质量改善拟合度的贡献较大,表明不存在弱工具变量的问题。

表 6-9 是以高标准农田建设文件数量作为工具变量,分析得到的要素质量改善对农业碳排放影响的估计结果。由表 6-9 内生性部分可以看出,要素质量改善对农业碳排放的影响为负,且通过了显著性水平检验。验证了要素质量改善对农业碳排放影响的稳健性。将表 6-9 内生性讨论中要素质量改善的系数与表 6-6 中的估计系数进行对比,发现工具变量的估计系数低于表 6-6 中要素质量改善的估计系数。这也从另一面证实了要素质量改善与农业碳排放之间内生性的存在,如果忽视要素质量改善与农业碳排放之间的内生性,则可能会高估要素质量改善对农业碳排放的影响。

表 6-9　要素质量改善对农业碳排放的影响的进一步讨论

变量	工具变量	作用机制分析		
		(1)	(2)	(3)
FQI	−0.0021*** (0.0002)	0.0235*** (0.0020)		−0.0148*** (0.0042)

续　表

变量	工具变量	作用机制分析		
		(1)	(2)	(3)
AIS			-0.0240^{*}	-0.0338^{***}
			(0.0130)	(0.0107)
Infor	-0.0016	-0.0057	-0.0067	-0.0087
	(0.0199)	(0.0078)	(0.0090)	(0.0088)
HC	-0.1104	-0.2161^{***}	-0.3180^{***}	-0.2520^{***}
	(0.0901)	(0.0455)	(0.0566)	(0.0598)
Urb	-0.1076^{***}	-0.0021	-0.0032	-0.0039
	(0.0295)	(0.0023)	(0.0028)	(0.0028)
FD	-0.0051	-0.0097^{***}	-0.0135^{***}	-0.0078^{**}
	(0.0060)	(0.0022)	(0.0030)	(0.0036)
GI	-0.0316^{**}	-0.0445^{***}	-0.0449^{***}	-0.0411^{***}
	(0.0160)	(0.0059)	(0.0066)	(0.0066)
ID	-0.0114^{**}	-0.0197^{***}	-0.0228^{***}	-0.0218^{***}
	(0.0047)	(0.0028)	(0.0034)	(0.0036)
SC	-0.0388^{***}	-0.0039^{*}	-0.0025	-0.0033
	(0.0138)	(0.0024)	(0.0027)	(0.0027)
rho	-0.8371^{***}	-0.9303^{***}	-0.7166^{***}	0.3567^{***}
	(0.0192)	(0.0076)	(0.0193)	(0.0767)
lambda	-0.6175^{***}	-1.6936^{***}	-0.0696^{*}	0.0296^{***}
	(0.0738)	(0.0693)	(0.0400)	(0.0094)
sigma2_e	-0.0152^{***}	0.0459^{***}	0.0123^{***}	0.0896^{***}
	(0.0003)	(0.0062)	(0.0002)	(0.0018)
Pseudo R^2	0.6756	0.5474	0.5227	0.6111
Log	255.4166	733.8183	728.3806	721.6807
N	840	840	840	840

二、作用机制分析

由前文理论分析可知,要素质量改善不仅会直接减少农业碳排放,而且会以促进农业经济结构转型的方式减少农业碳排放。为了验证要素质量改善对农业碳排放的作用机制,本部分尝试以农业产业结构为中介变量进一步分析要素质量改善对农业碳排放的影响。本部分首先讨论要素质量改善对农业产业结构的影响,其次讨论农业产业结构对农业碳排放的影响,最后讨论要素质量改善和农业产业结构对农业碳排放的影响。模型的其余设定与基准回归的设定方式一致,要素质量改善对农业碳排放的作用机制具体如表6-9作用机制部分所示。

表6-9给出了要素质量改善对农业碳排放的作用机制,其中模型一的被解释变量是农业产业结构(AIS);模型二和模型三的被解释变量是农业碳排放。要素质量改善对农业碳排放的作用机制具体分析如下:

第一,分析要素质量改善对农业产业结构的影响。由表6-9模型一的估计结果可以看出,要素质量改善对农业产业结构的影响为正,且通过了显著性水平检验。说明要素质量改善会促进农业产业结构转型。可能的解释:一是要素质量改善会优化农业要素投入结构,农业产业结构也会随之优化;二是由要素生产理论可知,要素质量改善还会提高单位要素产出效率,从而提高农业的产出,进而会优化农业的产业结构。

第二,分析农业产业结构对农业碳排放的影响。由表6-9模型二的估计结果可以看出,农业产业结构对农业碳排放的影响为负,且通过了显著性水平检验。说明农业产业结构转型也会降低农业碳排放。可能的解释:一是农业产业结构优化意味着传统农业逐步向现代农业过渡,这会减少传统农业的要素投入,农业碳排放量也会逐步减少;二是农业产业结构优化还会推动农业规模化经营,进而通过要素替代效应抑制农业劳动力投入不足带来的农用化学品过量施用行为,降低农业高碳排放要素的投入,从而降低了农业碳排放。

第三,分析要素质量改善和农业产业结构对农业碳排放的影响。由表6-9模型三的估计结果可以看出,要素质量改善和农业产业结构对农业碳排放的影响均为负,且通过了显著性水平检验。说明要素质量改善和农业产业结构转型均降低了农业碳排放。为进一步验证了前文要素质量改善对农业碳排放的降低作用,将表6-9模型三要素质量改善对农业碳排放影响的估计系数与表6-6要素质量改善对农业碳排放影响的估计系数进行对比,发现加入农业产业结构后,要素质量改善对农业碳排放影响的估计系数变小。说明要素质量改善还会以农业产业结构为中介变量对农业碳排放产生影响,验证了假设2。可能的解释:一是要素质量改善会对农业其他要素投入产生替代效应,要素质量改善不会带来农业碳排放的增加,随着对农业其他要素的替代,也会减少其他要素的碳排放,进而减少农业部门的碳排放,即农业生产要素再配置效应会对农业减碳产生促进作用;二是由于要素质量改善具有"趋粮化"特征,即在地区粮食作物种植比例低的地区,要素质量改善对农业产业结构"趋粮化"的促进作用更大,同时较低的粮食作物种植比例提升了要素质量改善的效果,因此要素质量改善的空间减碳效应也更明显。

第七节　结论与政策建议

为了改善农业要素质量,中国提出了"高标准农田建设",从土地要素质量角度对传统农业进行改造,促进了农业发展。在中国持续推进高标准农田建设的背景下,以"高标准农田建设"为代表的要素质量改善能否降低农业碳排放?为了回答这一问题,本章运用中国面板数据分析了要素质量改善对农业碳排放的影响。研究发现:要素质量改善与农业碳排放均存在着空间相关性;要素质量改善能够减少农业碳排放,同时要素质量改善还会对农业碳排放产生空间溢出效应;要素质量改善对东部地区农业碳排放的影响相对较大,对中西部地区农业碳排放的影响相对较小;与贫困地区相比,要素质量改善更能够降低富裕地区的农业碳排放;在平原地区提升要素质量更能够降低农业碳排放,而山地地区要素质量改善的效果相对较弱;内生性的存在会高估要素质量改善对农业碳排放的影响;要素质量改善还会以农业产业结构为中介变量间接地降低农业碳排放。

在改造传统农业背景下,本章从要素质量改善角度提出了降低农业碳排放的政策建议。一是提升要素质量是降低农业碳排放的路径。理论分析和实证分析发现,要素质量改善不仅会直接降低农业碳排放,而且会以农业产业结构为中介变量降低农业碳排放。因此应该积极出台农业要素质量改善的相关政策,不断提升农业要素质量,解决农业发展过程中市场失灵问题,推动农业绿色发展;同时农业产业结构转型也会降低农业碳排放,因此各地区应该继续推进传统农业向现代农业转型,进一步推进农业现代化,助推低碳农业发展。二是不同地区应该区别运用要素质量改善推动农业减碳。理论分析和实证分析发现,要素质量改善更能降低农业发达地区的农业碳排放,对发展中地区农业碳排放的影响相对较小。因此农业发达地区应该通过提升农业要素质量的方式,降低农业碳排放,推动农业绿色发展,最终为发展中地区提高要素质量、推进农业绿色发展提供经验借鉴。另外,从目前阶段来看,发展中地区运用要素质量改善的方式降低农业碳排放的路径很难实现。

第七章 绿色技术创新中介作用下环境信息公开对碳排放的影响

公众参与在环境治理中发挥着越来越重要的作用,本章利用中国城市的面板数据,考察了公众参与地区碳排放及地区碳强度之间的因果关系。得到以下结论:①公众参与显著降低了地区碳排放及地区碳强度,在经过一系列稳健性和内生性讨论后,结论依然稳健。②公众参与的碳减排效应在东部地区、人均收入较高地区、第三产业和人才集中地区表现较好。③将公众参与分为居民参与和环境非政府组织参与,居民参与具有良好的互动减排效果,居民参与同环境非政府组织参与之间存在良好的互动。④促进地区绿色技术创新是公众参与实现碳减排的重要机制。⑤公众参与同地区碳排放之间存在倒"U"形的非线性关系。研究结果不仅揭示了公众参与对于地区良好碳环境的重要性,也为非正式环境规制的推广提供了实证依据。

第一节 研究问题

全球变暖已经成为各国政府普遍关注的问题,气候变化给人们带来了普遍焦虑,也进一步加深了人们对环境的关注程度(Hoffmann et al., 2022)。大气变暖的主要原因是以二氧化碳为主的温室气体的排放,因此减少二氧化碳排放是抑制全球变暖的关键(Meinshausen et al., 2022)。中国已成为世界最大的二氧化碳排放国,因此减缓气候变暖,实现经济的低碳发展,是中国当下和未来的重要议题。作为负责任的大国,中国自 20 世纪 70 年代起就制定并实施了一系列控排政策(Zhang et al., 2020),多次在国际会议上承诺降低二氧化碳排放(Liu et al., 2021),譬如在 2015 年巴黎气候大会上,中国提出力争在 2030 年前实现碳达峰的计划;在 2020 年,中国政府提出了 2030 年前实现碳达峰、2060 年前实现碳中和的"双碳"目标。

环境规制作为解决环境问题的重要手段,在各国都得到了广泛的应用(Wang et al.,2022;Zhang et al.,2022)。环境规制可以划分为正式环境规制和非正式环境规制,正式环境规制对于碳排放的治理效果已经得到了许多学者的验证(Yu et al.,2021;Li et al.,2022),然而其本身也存在一定的局限。政府作为传统环境监管的唯一负责人(Shao et al.,2020),监管成本较高(Yang et al.,2021),对小而分散的污染源存在监管缺失问题(Tian et al.,2020)。从治理效果来看,正式环境规制在一定程度上取决于当地的执法力度,可能存在执法不严的漏洞(Chen et al.,2018)。因此,环境监管需要来自公众方面的力量,公众对环境的普遍关注能够在一定程度上弥补政府部门在环境污染治理过程中的不足(Li et al.,2022)。居民作为环境的直接接触者,相较于政府,往往更加了解一些真实的环境状况,可以给予政府监管以补充,形成良好的交互效应(Wu et al.,2020)。

由于正式环境规制的局限性,以公众参与为代表的非正式环境规制的环境治理效果越来越得到各国学者的认可(Perlaviciute et al.,2020;Ge et al.,2021;Wu et al.,2022)。在中国,越来越多的居民通过不同的方式参与环保行动,例如在政府网站上留言(Wu et al.,2021)、政协委员提出环境问题提案(Ge et al.,2021)、环境非政府组织参与相关活动(Zhang et al.,2022)和在网络社交平台发言(Shen et al.,2019)。公众参与环境治理根据参与的形式可以划分为居民参与和环境非政府组织参与。以往的研究中多采用环境非政府组织作为公众参与的代理变量进行研究(Tu et al.,2019;Zhang et al.,2022),然而两者之间存在诸多差异。相较于前者,环境非政府组织拥有更加广泛的横向网络体系,可以收集不同利益主体的环境需求,集中式地整合(Pien,2020)。同时,环境非政府组织相对个人,能够聚集更多环保专业力量,组织各类专家参与环境问题的研究与考量,使环境治理更加理性(Wu et al.,2020)。因此,专业化的环境非政府组织能够在很大程度上帮助居民更好地参与环保行动,组织与个人间可形成一种良性的交互作用。

地区碳排放作为污染物的重要组成部分之一,也一直是中国政府的长期治理对象。许多学者从这个角度研究了正式的环境规制。本章从公众参与的角度考察了非正式环境规制在碳减排中的作用。综上所述,我们已经了解到由政府实施的环境规制是有局限性的,这些限制导致正式环境规制的减排效果欠佳。然而,关于以公众参与为代表的非正式环境规制的碳减排效应的研究仍有待完成。因此,本章以地区碳排放为出发点,重点研究公众参与的环境绩效。此外,还试图探讨公众参与和政府监管的互动效应。

本章的研究实现了以下目标。第一,使用地级市"环境污染"的词频搜索指数作为公众参与的代理变量,调查了公众参与和地区碳排放之间的因果关系。结果表明,公众参与可以降低地区碳排放和碳强度。本章对研究结果进行了一系列的内生性和稳健性检验,涉及工具变量、系统 GMM(SYS-GMM)、模型平均、替换变量、倾向评分匹配(Propensity Score Matching,PSM)、固定效应和聚类水平的变化、控制变量滞后一期以及增加控制变量,以获得可靠的实验结果。第二,分别从地理位置、收入水平、人才集聚和产业集聚的角度讨论了公众参与减排效应的异质性。第三,将公众参与分为居民参与和环境非政府组织(Environmental Non-Governmental Organizations,ENGOs)参与,发现居民参与同正式环境规制和ENGOs 参与之间存在正的减排效应。第四,通过中介效应模型发现,推动绿色技术创新是公众参与实现地区碳减排的有效机制。第五,探讨了公众参与对减排的非线性效应,发现这种非线性关系是倒"U"形的。

本章可能存在的边际贡献如下:①以"环境污染"词频搜索指数作为公众参与的代理变量,在地级市层面丰富了公众参与减排效应的研究;②发现互联网普及度和政府工作报告中"环境规制类"词频可以作为良好的工具变量,得到了更为可靠的实证结果,其是对已有研究的补充,并提供了新的思路;③基于中观层面和微观层面,分别从产业集聚程度、人均收入水平和人才集聚程度方面对公众参与的环境治理效果进行了异质性讨论,丰富了已有研究,提供了新的视角;④分别探究了居民参与同政府管制和组织参与间存在的良好互动性,为进一步推广公众参与提供了证据;⑤探究了公众参与同地区碳排放的非线性关系,并进一步讨论了其传导途径。

本章的边际贡献如下。首先,有助于进一步丰富有关公众参与的文献。以往的研究倾向于关注环境非政府组织的参与(Zhang et al.,2022;Tu et al.,2019)或居民参与(Ge et al.,2021;Wu et al.,2021),很少把两者放在同一个框架下讨论。本章从更高的视角出发,确定了两者之间的良性互动。其次,我们是最早尝试调查公众参与对碳排放的影响的组织之一。许多学者在过去的研究中证实了公众参与的积极环境贡献(Ge et al.,2021;Wu et al.,2021;Zhang et al.,2022),然而,只有部分学者探讨了公众参与的减碳效应,本章研究在一定程度上填补了这一空白。我们发现居民参与和地方政府的正式环境规制之间存在正向互动效应,也验证了公众参与能够促进地区绿色技术创新。这些发现有助于激励未来的研究。

最后,我们寻找了两个合适的工具变量,以丰富现有的研究,并从实证的角度提出新的观点。

本章其余部分组织如下。第二节回顾相关领域文献。第三节介绍研究中使用的数据和估计模型。第四节介绍基准回归结果和一系列实证研究,并对结果进行了进一步分析。第五节对全章进行总结,并提出相关政策建议。

第二节　研究假说

一、正式的环境法规和碳排放

以往关于正式环境规制与地区碳排放的研究可以归纳为三个视角,即抑制理论、促进理论和复杂关系理论。首先,正式的环境监管减少了地区碳排放。由于政府执行的官方性质,正式环境规制对减少地区碳排放具有积极影响(Yu et al.,2021;Li et al.,2022)。其次,正式的环境监管增加了地区碳排放。由于地区间社会经济发展的差异,环境管制的政策效果可能会脱节,并可能增加地区碳排放。最后,两者之间可能存在更复杂的关系。一些研究表明,正式的环境监管与地区碳排放之间存在倒"U"形关系。当研究范围进一步缩小时,在城市一级也发现了类似的结果(Wang et al.,2022)。

虽然对正式环境规制的碳减排效果存在争议,但还是有越来越多的学者将注意力集中在正式环境规制的缺陷上。在传统的环境监管体系中,政府往往是唯一的责任主体。因此,政府背负着更高的监管成本(Yang et al.,2021),对小型和分散的污染者缺乏监管(Tian et al.,2022)。就治理效力而言,正式的环境监管在某种程度上取决于地方执法,可能出现执法不严的问题(Chen et al.,2018)。因此,政府的环境监管需要公众的支持,公众对环境的普遍关注可以在一定程度上弥补政府在环境治理方面的不足(Li et al.,2022)。

二、公众参与的环境绩效

由于信息技术的不断发展,公众现在比以往任何时候都更容易参与环境治理。公众对环境问题的关注将有助于决策者的环境治理工作(Kolcava et al.,2021)。

一些研究表明,公众参与可以通过提高环境技术的效率来抑制污染物排放(Tu et al.,2019)。而且降低能源消耗是实现污染控制的主要途径,公众参与可以通过降低能源消耗总量来提高能源利用效率(Bu et al.,2022)。

互联网因其透明性、便捷性和广泛性,具有传统公众参与方式不可替代的优势,这使它正逐渐成为监督环境问题的重要工具之一,并在一定程度上影响政府的环境行动(Shen et al.,2019;Wang et al.,2019)。根据媒体动员理论,媒体通过舆论动员实现了对全社会的广泛动员。强大的互联网和信息通信技术突破了传统媒体的局限,大幅降低了社会动员的成本。快速的信息传递、整合和传播会产生强烈的公众意愿,公众可以立即调整和纠正环境问题(Yang et al.,2019)。相对于更加专业化的环保组织,公众通过互联网对环境状况的关注,在一定程度上反映了更准确的公众参与水平。

三、公众参与同绿色技术创新

公众参与可以促进绿色技术创新。根据"波特假说",适当的环境规制可以促进排污主体的技术创新,从而降低污染物排放。在以往有关正式环境规制的研究中,许多学者对这种补偿机制进行了反复的验证(Wang et al.,2022;Cui et al.,2022)。公众参与作为非正式环境规制的代表,理应也可以将这种压力传导给被监督主体,督促其实现绿色技术创新。绿色技术创新作为一种环境友好型的技术进步,可以在提高生产效率的同时减少由此带来的环境污染,同时已经有许多学者验证了绿色技术创新的减碳效应(Fang et al.,2022;Sun et al.,2022;Shi et al.,2022)。因此,我们认为绿色技术创新是公众参与减少碳排放的重要机制。

四、公众参与的非线性表现

公众参与会提高被监督主体的"合规成本"(compliance cost)。在达到环境门槛成本较低时,被监督主体不会理会公众的环境呼声,甚至可能会导致环境的进一步恶化。伴随"合规成本"的上升,被监督主体才会逐步寻求技术上的创新以保证成本的下降,因此公众参与同环境绩效之间很可能存在一种非线性关系。尽管这点在以往有关正式环境规制的文章中已得到验证(Zhang et al.,2020;Wang et al.,2022),但对于以公众参与为代表的非正式环境规制而言,仍然存在讨论的必要。

第三节　研究设计

一、模型构建

参照以往的研究,本部分设定如下双向固定效应模型为基准回归模型(Ge et al.,2021;Yu et al.,2022)。双向固定效应(Two-Way Fixed Effects,TWFE)模型控制了随个体而非随时间变化、随时间而非随个体变化的省略变量问题,大大降低了内生性问题的程度。虽然省略变量问题仍然因人而异,随时间而变,但在后续的实证中,我们使用工具变量和 SYS-GMM 方法有效地缓解了这种内生性。

$$CE_{it} = \beta_0 + \beta_1 att_{it} + \beta_2 Control_{it} + \delta_i + \gamma_t + \varepsilon_{it} \tag{7-1}$$

$$CI_{it} = \theta_0 + \theta_1 att_{it} + \theta_2 Control_{it} + \delta_i + \gamma_t + \varepsilon_{it} \tag{7-2}$$

式中:下标 i 和 t 分别表示地区和年份;CE_{it} 和 CI_{it} 是因变量,为地区碳排放和地区碳强度;att 为核心解释变量,为公众环境关注度,作为公众参与的代理变量;$Control_{it}$ 表示影响碳排放且随 i 和 t 变动的控制变量,β_2 和 θ_2 为控制变量的系数;δ_i 表示城市固定效应,控制了影响碳排放和碳强度但不随时间变动的个体因素;γ_t 表示时间效应,控制了随时间变化影响所有地区的时间因素;ε_{it} 为扰动项。

二、变量和数据

(一)变量描述

因变量和核心解释变量:本部分的因变量是地区碳排放量(CE)和地区碳强度(CI)。前者以百万吨为单位,后者以百万吨/十亿为单位,两者都采用自然对数形式。核心解释变量是公众参与(att)。

控制变量:为了避免遗漏与碳排放、碳强度和公众参与相关的变量,有必要在回归中对它们进行控制。根据现有文献(Zhang et al.,2022;Tu et al.,2019;Li et al.,2018),控制变量包括产业结构指数(Zheng et al.,2020;Wang et al.,2021)、FDI 比率(Malik et al.,2020;Liu et al.,2021)、人口密度(Chen et al.,2021;Liu et al.,2021)、财政比率(Cheng et al.,2020;Cheng et al.,2021)、科研

支出比率(Zhang et al.，2018)、经济发展程度(You et al.，2022)、公共交通发展程度(Guo et al.，2022)和金融发展程度(Acheampong et al.，2020；Shahbaz et al.，2022)。这些变量反映了社会经济发展和污染排放的情况。控制变量的选取量基于文献，主要考虑碳排放和公众参与的相关性，以尽可能防止遗漏变量。具体定义如下：

产业结构指数(lnindus)：一个地区的碳排放与其产业结构密切相关。参考以前的文章(Zhang et al.，2022)，本章采用以下公式来衡量当地的产业结构。计算公式为：1×(第一产业占 GDP 的比例)+2×(第二产业占 GDP 的比例)+3×(第三产业占 GDP 的比例)。

FDI 比率(lnFDI)："污染天堂"假说认为，污染密集型产业将从监管更严格的地区转移到监管更薄弱的地区(Malik et al.，2020；Liu et al.，2021)。我们认为，地区碳排放也可能呈现这样的转移趋势。因此，本章采用实际利用外国直接投资与国内生产总值的地区比率来衡量 FDI 比率。

人口密度(lnpeople)：受生产和生活的影响，人口越多的地区越有可能消耗更多的要素，进而导致更多的碳排放。因此，我们使用地区年末住户人口与地区行政面积之比的自然对数作为该因素的替代变量。

财政比率(lnfis)：地方政府的财政行为与地区碳排放密切相关，这是由地方经济发展的程度决定的(Cheng et al.，2020；Cheng et al.，2021)。我们用地区总预算财政支出占 GDP 的比例的自然对数来衡量这一因素。

科研支出比率(lnsci)：技术进步有助于提高生产效率，这可能会减少地区碳排放(Zhang et al.，2018)。因此，我们用地区 S&T 支出与 GDP 之比的自然对数来衡量它。

经济发展程度(lnGDP)：根据环境库兹涅茨曲线理论，经济增长与环境污染之间存在倒"U"形关系。我们认为，经济发展和地区碳排放之间可能存在某种关联(You et al.，2022)。因此，我们引入地区生产总值的自然对数作为经济发展程度的代理变量。

公共交通发展程度(lnbus)：一方面，城市中的公共交通减少了私家车的碳排放；另一方面，过多的公共汽车带来了更多的碳排放。现有研究表明，可能存在非线性关系(Guo et al.，2022)。因此，在我们的研究中，这一因素用年底运行的公共汽车数量的自然对数来衡量。

金融发展程度(lnfin)：金融发展在经济增长和技术进步中发挥着重要作用，

其可能会显著影响地区碳排放（Acheampong et al.，2020；Shahbaz et al.，2022）。本部分采用年末金融机构贷款余额与 GDP 之比的自然对数来衡量金融发展程度。

（二）数据描述

本部分使用了 2011—2019 年中国 275 个城市的面板数据来评估公众参与对地区碳排放的影响。以往公众参与的相关研究多采用 ENGOs 作为代理变量（Tu et al.，2019；Zhang et al.，2022），但 ENGOs 的组织力度远高于普通居民，因此可能会在一定程度上造成研究结果的偏误。本部分的公众参与指标采用百度指数来衡量，百度指数在相当程度上可以反映普通居民对环境问题的关注程度，具体构建过程详见 Wu et al.（2022），该指数在以往的研究中也有一定的涉及（Li et al.，2021；Wu et al.，2022）。简单来说，就是按照互联网协议（Internet Protocol，IP）地址统计该地区公众一年内在百度上搜索"环境污染"等相关环境关键词的量，然后，除以过去一年的总搜索量，形成百度指数。

之前的大部分研究使用百度指数作为公众参与的替代变量，但这些研究往往只关注雾霾污染。这些研究基于雾霾污染和相关词的搜索量构建了变量（Wu et al.，2022；Li et al.，2021）。一些学者还将"雾霾污染"和"环境污染"结合起来衡量公众参与（Wu et al.，2022）。我们认为，这两种衡量标准都有一定程度的偏颇。前者仅限于雾霾污染，不能完全衡量公众参与环境治理的效果。后一种衡量方法将"雾霾污染"和"环境污染"放在同一水平上，仍然导致对公众参与的衡量有偏差。因此，本部分只采用"环境污染"及其相关词汇作为公众参与的替代变量是合理和可靠的。

本部分以地区碳排放量的对数作为因变量。碳排放是由能源消耗产生的，包括电力、煤气和液化石油气、交通运输和供暖（Wu et al.，2016）。同时，采用他们的计算公式，该公式里面汇总了这 4 个方面的碳排放量，得出了各个城市 2006—2019 年的碳排放量。具体来说，电力的碳排放量是根据联合国政府间气候变化专门委员会报告的地区基准排放系数和《中国城市统计年鉴》提供的用电量计算的。煤气和液化石油气的碳排放量是 IPCC 2006 年的换算系数和《中国城市统计年鉴》中煤气和液化石油气消耗量的乘积。交通运输的碳排放量是 IPCC 2006 年的换算系数和能源消耗数据的乘积，后者是根据《中国统计年鉴》中交通运输部门的能源消耗和《中国城市统计年鉴》中的货运量和客运量计算得到的。供暖的碳排放量是使用城市集中供暖的数据和 IPCC 2006 年的转换系数计算的。城市集中供热数据来自《中国城市建设统计年鉴》。政府工作报告取自各政府部门的官方网站，由人工编制和分析。地级市绿色专利数据来源于国家知识产权局。PITI 的数据摘自公众环境研究中心（Institute of Public and Environmental Affairs，IPE）网站上的 PITI 年度报告。其他变量数据来自《中国城市统计年鉴》和《中国统计年鉴》。我们的数据显示在表 7-1 中。

表 7-1　描述性统计

变量	（1）样本量	（2）均值	（3）标准差	（4）最小值	（5）最大值
lnCE	2474	1.689	1.097	−2.154	4.603
lnCI	2198	−5.690	0.765	−8.397	−2.342
att	2474	2.265	2.440	0	14.04
$att2$	2474	11.08	24.72	0	197.0
ln$indus$	2456	5.480	0.0563	5.312	5.626
lnFDI	2118	−6.365	1.423	−15.25	−3.375
ln$people$	2462	−2.793	0.911	−6.688	−0.193
lnfis	2456	−1.823	0.477	−4.584	0.994
lnsci	2456	12.19	0.980	8.001	15.43
lnGDP	2459	15.65	1.104	12.45	19.41
lnbus	2454	6.568	1.075	3.367	10.56
lnfin	2444	0.174	0.502	−2.123	2.283
att_phone	2474	0.948	1.452	0	8.442
PCE	2473	−4.175	1.143	−7.920	−0.0593
$green$	2469	0.353	0.823	0.00100	12.16
$raindus$	2474	−1.615	0.989	−7.589	5.332
$Internet$	2452	92.03	96.64	1	782
ER	2464	0.350	0.144	0	1.239
att_PITI	906	198.2	194.9	0	1,069
$PITIscore$	906	45.54	16.27	8.300	85.30
att_gov	2351	9.978	10.72	0	60.68
ln$wscl$	2351	4.443	0.197	2.907	4.605

第四节 实证分析

一、基准回归

表 7-2 呈现的是碳排放的基准回归结果。其中：第（1）列为初步回归的结果，核心解释变量在 1% 的统计水平上显著为负，说明公众参与对地区碳排放存在显著的抑制作用。第（2）列呈现的是面板随机效应的回归结果，系数有所缩小但仍然显著。第（3）列呈现的是双向固定效应模型下的结果，核心解释变量在 5% 的统计水平上显著为负，说明公众参与可以降低地区碳排放。第（4）列是 DK 标准误下的结果，第（5）列是 Bootstrap 抽样 1000 次的回归结果，系数和显著性都与双向固定效应模型下的结果相同，证明了本部分结论的稳健。

表 7-2 碳排放的基准回归结果

变量	（1）	（2）	（3）	（4）	（5）
	CE_OLS	CE_RE	CE_FE	CE_DK	CE_BS
att	-0.077^{***} (-7.76)	-0.029^{**} (-2.48)	-0.029^{**} (-2.24)	-0.029^{**} (-2.23)	-0.029^{**} (-2.16)
控制变量	是	是	是	是	是
城市固定	否	否	是	是	是
年份固定	否	否	是	是	是
样本量	2093	2093	2093	2093	2093
R^2	0.699	0.689	0.641	0.641	0.641

注：t/z 值在括号内。

以上结果说明，公众参与确实减少了地区碳排放，但我们得到了一个比正式环境规制的碳减排效果更小的系数（Liu et al.，2021；Yu et al.，2021；Tu et al.，2022）。可以理解，公众参与缺乏政府法规的组织严密性和强制性，因此在治理上不如正规的环境法规有效。然而，公众参与的成本较低，而且与政府的正式环境规制互动良好（Wu et al.，2020）。

表 7-3 呈现的是碳强度的基准回归结果。其中：第（1）列为初步回归的结果，

核心解释变量在1%的统计水平上显著为负,说明公众参与对地区碳强度存在显著的抑制作用。第(2)列呈现的是面板随机效应的回归结果,系数有所缩小但仍然显著。第(3)列呈现的是双向固定效应模型下的结果,核心解释变量在1%的统计水平上显著为负,说明公众参与可以降低地区碳排放。就回归结果中的各系数而言,碳强度系数的绝对值大于碳排放,说明公众参与对地区碳强度的降低作用更为明显。第(4)列是DK标准误下的结果,第(5)列是Bootstrap抽样1000次的回归结果,系数和显著性与双向固定效应下的结果相同,证明了本部分结论的稳健。碳强度的基准回归结果与碳排放的接近,但系数相差较大。相比之下,公众参与对碳强度显示出更强的抑制作用,这可能是由于促进清洁生产的技术得到发展。

表 7-3 碳强度的基准回归结果

变量	(1)	(2)	(3)	(4)	(5)
	CI_OLS	CI_RE	CI_FE	CI_DK	CI_BS
att	−0.170*** (−15.24)	−0.076*** (−7.10)	−0.042*** (−3.29)	−0.042*** (−2.62)	−0.042*** (−3.29)
控制变量	YES	YES	YES	YES	YES
城市固定	NO	NO	YES	YES	YES
年份固定	NO	NO	YES	YES	YES
样本量	1865	1865	1865	1865	1865
R^2	0.206	0.164	0.373	0.373	0.373

注:t值在括号内。

二、内生性检验

(一)工具变量

现有关于公众参与的研究多采用代理变量的形式进行衡量,但由于各种指标的测算和衡量存在误差,很容易造成内生性问题。此外,为了进一步完善可能存在的遗漏变量问题,本部分根据以往研究的经验以互联网普及度和地级市政府工作报告中"环境规制类"词频作为工具变量(Shi et al.,2021;Feng et al.,2021;Wu et al.,2022)。互联网以其便捷性和透明性,为公众参与环境监督提供了极大的帮助。理论上,互联网普及度越高,公众参与环境监督的可能性也就越大(Wu et al.,2022),呈现一个正向的相关性;目前并没有证据证明互联网普及度与地区碳排放及碳强度间有必然联系。政府工作报告中提及"环境规制类"的词频越高,说明地方政府更加重视环境保护,因此污染排放程度也就越低,呈现一个负向的相关性;作为词频本身,其与地区碳排放及碳强度间没有必然联系。本部分考虑到结果可视性,将词频数据放大了100倍,基于工具变量(IV)法的回归结果如表7-4所示,其中工具变量结果通过了外生性检验、过度识别检验以及弱工具变量检验。

表7-4　基于工具变量法的估计结果

变量	(1)	(2)	(3)	(4)
	第一阶段 att	第二阶段 CE	第一阶段 att	第二阶段 CI
att		−0.0646** (−1.77)		−0.1236*** (−2.63)
互联网普及度	0.0051*** (4.53)		0.0046*** (4.13)	
ER	−0.5422*** (−3.63)		−0.5326*** (−3.26)	
控制变量	是	是	是	是
城市固定	是	是	是	是
年份固定	是	是	是	是
样本量	2062	2062	1836	1836
R^2		0.6384		0.3550
第一阶段 F 检验	17.94		14.38	
K-P LM 检验		38.609***		30.500***
P Wald F 检验		17.945		14.381
Hansen J 检验		1.943		1.060

注:t/z 值在括号内。

　　表 7-4 第(1)列和第(2)列呈现的是地区碳排放的回归结果。结果显示,在第一阶段中,互联网普及度与核心解释变量在 1% 的统计水平上显著为正,词频在 1% 的显著水平上显著为负;第二阶段中,核心解释变量与地区碳排放在 5% 的统计水平上显著为负。此外,第一阶段与第二阶段的 F 值分别为 17.94 和 17.945,均大于 10,说明本部分选取的工具变量是强工具变量;在 Hansen J 检验中接受原假设,说明工具变量具有外生性。总之,回归结果说明了在解决模型内生性问题后

基准回归结果仍然稳健。第（3）列和第（4）列呈现的是地区碳强度的回归结果，分析与地区碳排放大致相同，同样证明了基准回归结果的稳健性。

表中第（2）列和第（4）列由两阶段最小二乘法（Two Stage Least Square，2SLS）估计的核心变量系数的绝对值大于基线结果。这表明，在消除遗漏变量和测量偏差问题后，实际公众参与的碳减排效果更加稳健。我们的结论仍然可靠。

为了进一步保证 IV 方法选择的外生性，我们将部分代入模型（1）和（2）进行回归，可以看出，没有一个 IV 显示出显著性。因此，本章选取的工具变量可以认为是充分外生的。

（二）系统 GMM

除了 IV，为了进一步减少模型的潜在内生性问题，我们还使用系统 GMM，进行一阶段常规正交化处理。在一年的优选滞后的长度下，测试结果表明，没有二阶序列自相关。Hansen J 检验结果也显示，模型中使用的仪器没有过度识别。因此，通过模型的拟合可以可靠地做出推论。

（三）稳健性检验

1. 模型平均化

为了避免模型中与被解释变量、核心解释变量关系不大的控制变量在回归中占据过高的份额，进而影响回归结果，本部分采取了模型平均化的策略，给予关联性更强的控制变量以更高的权重，保证回归结果的稳健性。结果如表 7-5、表 7-6 所示。

具体来说，模型平均化可以使用各种信息标准，通过为不同的指标赋予权重来解决可能的模型不确定性问题（Steel et al.，2020）。我们在 aic、bic、$aicc$ 和 $noic$ 信息标准的筛选下再次进行多元回归。bma 和 $wals$ 是由 Magnus 等人设计的命令变量（Magnus et al.，2010），用来拟合基于贝叶斯估计量和加权平均最小二乘估计量的经典线性回归。

表 7-5　CE 的模型平均化

变量	(1)	(2)	(3)	(4)	(5)
	bma	$wals$	aic	bic	$aicc$
att	-0.031^{***}	-0.063^{***}	-0.077^{***}	-0.077^{***}	-0.077^{***}
	(-2.78)	(-6.18)	(-7.46)	(-7.45)	(-7.46)

续　表

变量	(1)	(2)	(3)	(4)	(5)
	bma	*wals*	*aic*	*bic*	*aicc*
控制变量	是	是	是	是	是
城市固定	否	否	否	否	否
年份固定	否	否	否	否	否
样本量	2093	2093	2093	2093	2093

注:t 值在括号内。

表 7-6　CI 的模型平均化

变量	(1)	(2)	(3)	(4)	(5)	(6)
	bma	*wals*	*aic*	*bic*	*aicc*	*noic*
att	−0.168*** (−12.90)	−0.157*** (−13.25)	−0.170*** (−13.90)	−0.168*** (−12.90)	−0.170*** (−13.90)	−0.107* (−1.60)
控制变量	是	是	是	是	是	是
城市固定	否	否	否	否	否	否
年份固定	否	否	否	否	否	否
样本量	1865	1865	1865	1865	1865	1865

注:t 值在括号内。

在根据不同信息准则赋予有关控制变量更高权重后,核心解释变量的系数有所提高,但仍然显著为负,说明上文的结果稳健。

碳强度的回归在经过模型平均化后,系数和显著性都没有发生明显改变,同样证明了上文结果的稳健性。

2. 排除其他干扰策略

考虑到同期仍然有一些针对碳排放和碳强度的环境治理政策,这些政策很有可能会对被解释变量产生相应的影响,从而对本章回归结果产生一定的偏误。本章主要排除的环境政策和干扰报告有碳交易市场试点政策和 IPE 发布的 PITI 报告。前者对本章产生影响的主要是自 2013 年起的深圳市、广东省碳交易市场,以及自 2014 年起的湖北省和福建省碳交易市场;后者对本章产生影响的是自 2011 年起的 108 个城市(包括东莞市、中山市、临汾市等城市)和自 2013 年起的 7 个城市(镇江市、三门峡市、自贡市、德阳市、南充市、玉溪市、渭南市)。本章在基准模型中分别加入了两个政策虚拟变量,再次进行回归,结果如表 7-7 所示。

表 7-7　排除其他干扰策略和替换变量的估计结果

变量	(1)	(2)	(3)	(4)	(5)
	CE	CI	CE	CI	PCE
att	−0.029** (−2.20)	−0.043*** (−3.42)			−0.037** (−2.44)
att_phone			−0.028*** (−2.10)	−0.042*** (−3.27)	
PITI	−0.064 (−0.46)	−0.142 (−1.15)			
ETS	0.012 (0.20)	−0.035 (−0.62)			
控制变量	是	是	是	是	是
城市固定	是	是	是	是	是
年份固定	是	是	是	是	是
样本量	2093	1865	2093	1865	2093
R^2	0.641	0.374	0.641	0.374	0.620

注:t 值在括号内。

表 7-7 的回归结果显示,第(1)列针对碳排放的回归,其系数和显著性均未发生改变,仍然显著为负。第(2)列呈现的是对碳强度的回归,系数有所上升。上述结果说明,在剔除其他干扰政策后,公众参与仍然对地区碳排放及地区碳强度存在显著的抑制作用,其他干扰性政策并不触发这种碳减排效应。

3.替换变量

手机因其便捷性已成为使用最为广泛的互联网终端,为了降低公众环境关注度特定的核算方法带来的偏误,本章采用手机端的百度环境污染搜索指数作为核心解释变量,将其代入模型(1)(2)进行回归,结果如表 7-7 第(3)(4)列所示。不同城市间的经济发展状况和产业结构存在差异,这将在一定程度上影响碳排放总量和碳排放强度的回归结果,可能带来一定的回归偏误。因此,本章用人均碳排放量代替地区碳排放和地区碳强度进行回归,结果如表 7-7 第(5)列所示。第(3)和(4)列中的结果显示仍然显著为负,核心解释变量替换为手机端的公众环境关注度后系数大小保持不变。第(5)列中的结果表明人均碳排放量的回归仍然显著为负,其系数介于碳排放总量和碳强度之间,证明了公众参与碳排放量、碳排放强度和人均碳排放量 3 个不同方面对碳排放有显著的抑制作用。

4.倾向评分匹配

各样本城市间个体特征如开放程度、科学技术水平等的不同可能会导致实验结果的不同。本章在该部分根据核心解释变量的数值中位数,将全样本划分为实验组与对照组。将 InFDI 和 Insci 作为特征变量,分别采用最近邻匹配法。卡尺匹配法和核匹配法,将匹配后的样本重新代入模型(1)(2)中回归,结果如表 7-8 所示。

表 7-8　倾向评分匹配的估计结果

变量	(1)	(2)	(3)	(4)	(5)	(6)
	CE_neigh	CI_neigh	CE_radius	CI_radius	CE_kernel	CI_kernel
att	−0.029** (−2.13)	−0.038*** (−2.97)	−0.030** (−2.29)	−0.043*** (−3.37)	−0.030** (−2.29)	−0.043*** (−3.39)
控制变量	是	是	是	是	是	是
城市固定	是	是	是	是	是	是
年份固定	是	是	是	是	是	是
样本量	1932	1689	2073	1847	2073	1848
R^2	0.644	0.381	0.643	0.373	0.643	0.373

注:t 值在括号内。

表 7-8 中第(1)(3)(5)列分别呈现的是针对地区碳排放的最近邻匹配、卡尺匹配和核匹配的回归结果,较表 7-4 第(3)列的基准回归结果来看,符号保持不变,系数并没有发生较大改变,说明本章基准结果的稳健性。同理,表中第(2)(4)(6)列呈现的是针对地区碳强度的回归结果,同样是符号保持不变,系数并未发生较大变化,证明了上文基准回归结果的稳健性。

5.多维固定效应和聚集标准误差

为了减轻其他维度上不可测量因素的影响,本章参考 Chen et al.,(2022)的做法,在该部分保留城市和年份的固定效应及城市层面的聚类,尝试分别加入了省份、省份与年份交互、省份及省份与年份交互的固定效应,以及分别加入了省份、城市与年份交互、省份与城市交互、省份与年份交互的标准误差进行聚类。地区碳排放和地区碳强度的回归结果分别如图 7-1 所示。

表中的线段代表 95%置信区间,中间点代表回归系数,垂直线代表基线 0 值。上述 14 个回归集的核心解释变量的置信区间与基线 0 值不同,因此可以假设上述结果仍然稳健。

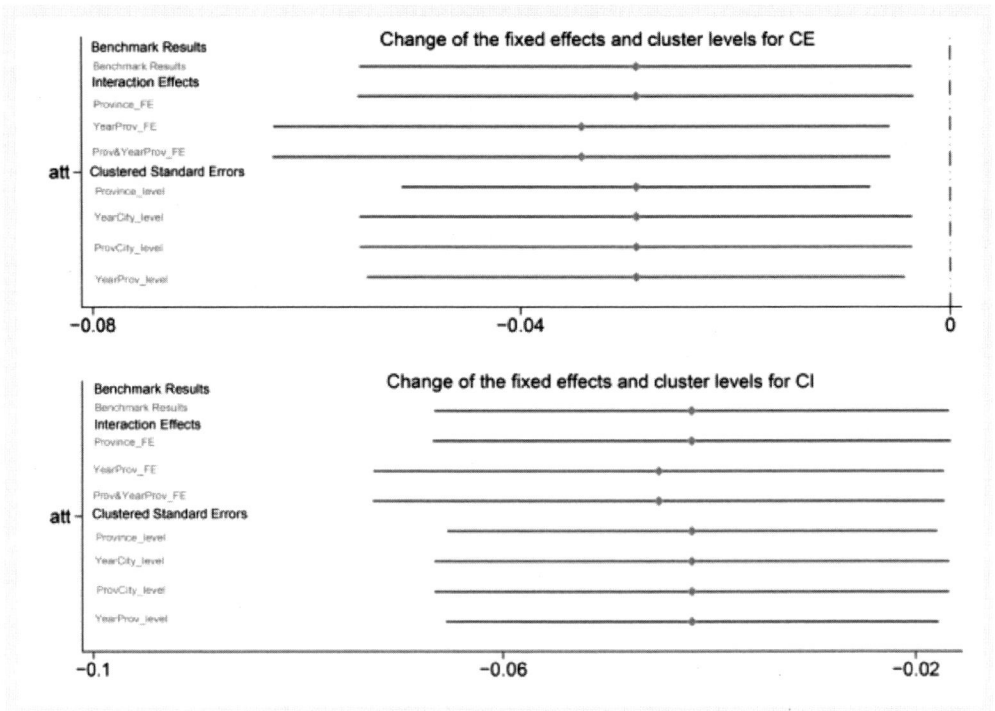

图 7-1　改变 CE、CI 的固定效应和聚类级别

6. 控制变量滞后一个周期

考虑到在 CI 的变量构造中使用了 GDP，而在我们的控制变量选择中仍然选择了 GDP 及其相关指标。这可能导致严重的共线性和内生性问题。因此，我们采用控制变量滞后一个周期的策略来处理这个问题。结果发现我们的核心解释变量在我们滞后控制变量一个周期后仍然显著，表明本章的结论仍然成立。

7. 添加控制变量

虽然 IV 的应用在一定程度上弥补了遗漏的变量，但为了增强结果的稳健性，本章增加了控制变量。本章将环保支出加入基准回归，以地级市环保支出的自然对数形式进行测算。数据可从地区统计年鉴中获得。我们发现在加入 $\ln EnvExp$ 后，核心解释变量的系数和显著性基本保持不变。这表明我们的结论仍然是可靠的。

三、异质性检验

(一)地理位置的子样本回归

由于中国幅员辽阔,各地区间在经济发展程度、政策执行力度方面都有着较大差异,这在很大程度上会影响公众参与对地区碳排放及碳强度的治理效果。依据全国人大八届五次会议的划分规定,本章将样本划分为东部地区、中部地区和西部地区,回归结果如表 7-9 所示。

表 7-9 地理位置的异质性检验

变量	(1)	(2)	(3)	(4)	(5)	(6)
	CE_E	CI_E	CE_C	CI_C	CE_W	CI_W
att	-0.045^{**} (-2.39)	-0.065^{***} (-3.55)	-0.004 (-0.18)	-0.007 (-0.33)	-0.054 (-1.62)	-0.069^{*} (-1.88)
控制变量	是	是	是	是	是	是
城市固定	是	是	是	是	是	是
年份固定	是	是	是	是	是	是
样本量	839	746	935	832	319	287
R^2	0.644	0.365	0.692	0.464	0.622	0.384

注:t 值在括号内。

表 7-9 的第(1)(2)列分别呈现的是东部地区子样本对地区碳排放及地区碳强度的回归结果,系数显著为负。与全样本回归时相比,其系数更大,说明在东部地区,公众参与对地区碳排放和地区碳强度的抑制作用要更为显著。第(3)(4)列呈现的是中部地区的回归结果,第(5)(6)列呈现的是西部地区的回归结果,第(6)列在 10% 的统计水平上显著为负,说明在西部地区子样本中,公众参与在一定程度上可以抑制地区碳强度,其余结果均不存在统计意义。一种可能的解释是,东部地区的经济发展水平高于中西部地区,存在大量的产业集聚,为了进一步打造更优良的营商环境,东部地区更加重视公众反馈的环境问题,并且更集中的产业集聚也便于政府治理污染问题。因而,东部地区样本中公众参与对地区碳排放及地区碳强度的抑制作用更为显著,这也与以往的研究结论相一致(Wu et al.,2021;Wu et al.,2022)。

(二)产业集聚的子样本回归

地区间存在显著的产业发展不平衡问题,产业结构发展的侧重点不同在一定程度上会决定政府对污染是否采取宽松的政策。以高污染、高排放产业为发展重心的城市,政府在财政税收上依赖这些产业,因此会对这些企业的污染行为采取较为灵活的态度,在经济发展和环境保护的权衡中选择忽视地区的碳排放及碳强度(Zhong et al.,2022)。本章根据"第三产业产值在 GDP 中的占比"将全样本划分为 5 份,取 1、3、5 作为低、中、高子样本分别进行回归,结果如表 7-10 所示。

表 7-10　产业集聚的异质性检验

变量	(1) CE_H	(2) CI_H	(3) CE_M	(4) CI_M	(5) CE_L	(6) CI_L
att	-0.080^{***} (-3.58)	-0.080^{***} (-3.52)	0.019 (0.43)	-0.019 (-0.35)	0.042 (1.02)	0.071 (1.18)
控制变量	是	是	是	是	是	是
城市固定	是	是	是	是	是	是
年份固定	是	是	是	是	是	是
样本量	387	346	443	394	423	378
R^2	0.588	0.320	0.695	0.482	0.641	0.422

注:t 值在括号内。

表 7-10 第(1)(2)列分别呈现了第三产业集聚程度较高的子样本中公众参与对地区碳排放及地区碳强度的回归结果,回归系数均在 1% 的统计水平上显著为负,系数远大于基准回归,说明在第三产业集聚程度较高的子样本中,公众参与对地区碳排放及地区碳强度的抑制可以取得更好的表现。第(3)(4)列和第(5)(6)列分别呈现了中等集聚程度子样本和低等集聚程度子样本的回归结果,可以发现它们都不具备统计意义,即公众参与的治理有效性不足。

(三)收入水平的子样本回归

根据"环境库兹涅茨曲线",当人均收入到达一定阶段后,公众会越来越关注自身居住环境的环保程度。在这种认知下,我们可以认为高收入地区的公众参与效果优于欠发达地区。本章按照"人均收入水平"将全样本划分为 5 份,取 1、3、5 作为低、中、高子样本分别进行回归,结果如表 7-11 所示。

表7-11 收入水平的异质性检验

变量	(1)	(2)	(3)	(4)	(5)	(6)
	CE_H	CI_H	CE_M	CI_M	CE_L	CI_L
att	-0.046^{***} (-2.78)	-0.057^{***} (-2.81)	0.030 (0.97)	0.017 (0.50)	-0.061 (-1.02)	-0.087 (-1.20)
控制变量	是	是	是	是	是	是
城市固定	是	是	是	是	是	是
年份固定	是	是	是	是	是	是
样本量	447	400	446	397	346	310
R^2	0.646	0.357	0.698	0.503	0.706	0.466

注:t值在括号内。

表7-11第(1)(2)列展示了高收入地区子样本对地区碳排放及地区碳强度的回归结果,结果在1%的统计水平上显著为负,说明在高收入地区,公众参与的治理效果表现更为良好,与以往的研究相符(Yao et al.,2019)。

(四)人才集聚的子样本回归

现有研究普遍认为受教育程度与环保行为及意愿存在较强的正相关性(Suárez-Perales et al.,2021)。因此,当一个地区拥有大量受教育水平较高的人才,这种人才集聚优势就会自发形成环境监督的正向机制,促进地区的环境保护。本章按照"地区教育支出"将全样本划分为5份,取1、3、5作为低、中、高子样本分别进行回归,结果如表7-12所示。

表7-12 人才集聚的异质性检验

变量	(1)	(2)	(3)	(4)	(5)	(6)
	CE_H	CI_H	CE_M	CI_M	CE_L	CI_L
att	-0.088^{***} (-4.03)	-0.092^{***} (-4.14)	-0.010 (-0.17)	-0.023 (-0.36)	0.056 (0.60)	0.023 (0.22)
控制变量	是	是	是	是	是	是
城市固定	是	是	是	是	是	是
年份固定	是	是	是	是	是	是
样本量	455	407	408	363	371	329
R^2	0.728	0.464	0.814	0.614	0.471	0.242

注:t值在括号内。

表 7-12 第(1)(2)列报告了高人才集聚水平子样本的回归结果,回归结果均在 1‰ 的统计水平上显著为负,说明在人才集聚的地区,公众参与对地区碳排放及地区碳强度的抑制效果更好。而人才集聚水平较低的子样本中,这种更为显著的抑制作用在统计意义上并不存在。

(五)进一步分析

1. 与政府和非政府组织的互动

(1)ENGOs。以往的研究中常常采用 ENGOs 作为公众参与的代理变量(Tu et al.,2019;Zhang et al.,2022),然而 ENGOs 在组织力度、关系网络和财力精力方面都与普通居民之间有着显著的差异,这种差异会导致排放主体对呼吁解决的环境问题的处理方式存在一定的区别,因此本章将公众参与细分为居民参与和 ENGOs 参与(Wu L et al.,2020)。ENGOs 参与的数据采用 IPE 发布的 2011—2018 年地级市 PITI 得分,目前已经得到广泛使用(Zhu et al.,2021)。本章构造了 PITI 得分与公众环境关注度的交互项代入模型(1)(2)进行回归,结果如表 7-13 中第(1)(2)列所示。

可以发现,PITI 得分与公众环境关注度的交互项均系数显著为负,说明居民参与同 ENGOs 参与之间存在一种良好的交互关系,这种交互关系能够有效降低地区碳排放及地区碳强度。可见,居民参与能够在更基层的维度帮助 ENGOs 更好地反映公众面临的环境问题。

表 7-13　与政府和非政府组织的互动、机制分析及非线性讨论

变量	(1)	(2)	(3)	(4)	(5)	(6)	(7)
	CE	CI	CE	CI	green	CE	CI
att_PITI	-0.001^* (-1.85)	-0.001^{**} (-2.57)					
att_gov			-0.111^* (-1.68)	-0.143^{**} (-2.03)			
att2						-0.011^{***} (-4.92)	-0.008^{***} (-3.31)
att	0.028 (1.12)	0.022 (1.02)	0.482 (1.62)	0.616^* (1.93)	0.235^{***} (4.74)	0.097^{***} (3.29)	0.053 (1.58)
PITIscore	0.004^{**} (2.30)	0.004^{**} (2.32)					

续　表

变量	(1)	(2)	(3)	(4)	(5)	(6)	(7)
	CE	CI	CE	CI	green	CE	CI
ln*wscl*			0.206 (1.56)	0.185 (1.26)			
控制变量	是	是	是	是	是	是	是
城市固定	是	是	是	是	是	是	是
年份固定	是	是	是	是	是	是	是
样本量	809	709	2005	1793	2091	2093	1865
R^2	0.609	0.341	0.657	0.400	0.371	0.648	0.379

注：t 值在括号内。

（2）政府。政府在长久以来一直被视作环境问题的唯一负责人（Shao et al.，2020），来自政府的环境力量存在成本较高（Yang et al.，2021）、监督缺失（Tian et al.，2020）、效果取决执法力度（Chen et al.，2018）等局限性。公众参与作为公民自发的环保行为，可以基于较低成本的监督行为督促污染主体控制排放，在一定程度上给予政府监管补充（Li et al.，2022）。本章采用"污水集中处理率"取对数作为政府环境规制的代理变量（Xu et al.，2022），将其与公众环境关注度构建交互项代入模型（1）（2）进行回归，结果如表 7-13 第（3）（4）列所示。

可以发现，政府规制与公众环境关注度的交互项系数均显著为负，说明公众参与同政府规制之间存在一种良好的交互关系，这种交互关系可以实现地区碳排放及地区碳强度的有效降低，即公众参与确实在一定程度上起到了补充政府环境规制的作用（Wu et al.，2020）。此外，可以发现公众环境关注度与政府规制的交互项系数远大于与 ENGOs 的交互项系数，这也很好理解，即便是组织力度较大的 ENGOs 参与也同样缺乏官方背书的组织严密性和法规强制性，在治理效果层面上无法做到与政府环境规制接近。

2. 机制分析

环境规制针对受限主体会形成一定的环境门槛，成本压力会迫使受限主体寻求绿色技术上的创新以抵消经济上的损失（Li et al.，2022；Wang et al.，2022）。本章选取地级市绿色专利申请量之和作为绿色技术创新的代理变量，考虑到结果可视化，将变量缩小到了原来的 1/1000，回归结果如表 7-13 第（5）列所示。

由表 7-13 的回归结果可知，公众参与在 1% 的统计水平上对城市绿色技术创新存在正向促进作用。以往的研究已经证实了绿色技术创新对地区碳排放及地区碳强度存在显著的抑制作用(Fang et al.，2022；Sun et al.，2022)。因此,本章认为推动地区的绿色技术创新是公众参与降低地区碳排放及地区碳强度的一条传导路径。

3. 非线性关系分析

考虑到公众参与施加的环境治理压力与环境治理效果之间存在一定的动态关系,本章认为公众参与同地区碳排放及地区碳强度之间可能存在一定的非线性关系,这种非线性的关系在以往有关正式环境规制对地区碳排放的影响的文章中已经被证实(Zhang et al.，2020；Wang et al.，2022)。本章构建了核心解释变量的二次项加入回归模型,结果显示在表7-13第(6)(7)列中。

从回归结果中我们发现,针对地区碳排放和地区碳强度的回归,其二次项在1%的统计水平上显著为负,因此呈现出倒"U"形的影响轨迹。此外,本章通过STATA 17.0的utest命令发现,核心解释变量的极值点为4.615594,这包含在核心解释变量的取值区间之内,因此我们可以认为这种倒"U"形的非线性关系存在。这也说明,公众在参与环境监督时需加大呼吁力度,避免产生适得其反的效果。

第五节　结论与政策建议

公众参与能够降低地区碳排放及地区碳强度吗？对于这一问题的验证,对于中国落实"碳达峰""碳中和"目标,进而将这种经验推广至全球都具有重要意义。空气污染事关公共健康和福利(Gautam et al.，2019；Kumar et al.，2022),为了捕捉公众参与的减碳效应,我们使用百度平台上的"环境污染"搜索指数作为代理变量,探讨公众参与地区碳排放和地区碳强度之间的因果关系。我们采用TWFE模型来估计2011—2019年中国275个城市的公众参与对地区碳排放的影响。然后,我们基于地理位置、收入水平、人才集聚和产业集聚分析了公众参与对碳减排效应的异质性影响。此外,我们将公众参与分为居民参与和ENGOs参与,并探讨了居民参与同政府和ENGOs参与之间的互动关系。同时,以绿色技术创新为中介变量,探讨公众参与对地区碳排放的影响机制。最后,我们试图验证公众参与同地区碳排放和地区碳强度之间的潜在非线性关系。主要调查结果如下：

第一，公众参与可以显著降低地区碳排放和地区碳强度。一方面，一般环境监督迫使污染者减少排放，提升环境效率（Zhang et al.，2023）。另一方面，公众更加了解自然环境状况，这可以消除政府在环境治理方面的一些局限性（Wu et al.，2020；Wu et al.，2021）。

第二，公众参与在收入高、人才集聚、第三产业集聚的东部地区实现了较好的碳减排效果。这些地区拥有更好的经济表现、人口素质和商业环境，我们认为这可能是公众参与表现出更好的碳减排效果的原因（Wu et al.，2022；Suárez et al.，2021；Yao et al.，2019）。

第三，正式环境规制下的居民参与和非政府组织的参与之间存在正向的互动碳减排效应。以前的研究很少进一步划分公众参与。我们在同一框架下分析了居民参与和ENGOs参与，以实证验证这种合作性碳减排治理的可能性。

第四，推动绿色技术创新是公众参与降低地区碳排放和地区碳强度的重要机制。本章发现公众参与同地区绿色技术创新之间存在显著的正相关关系。一种可能的解释是，公众参与提高了污染者的生产成本，他们在经济上有促进技术创新的动机（Fang et al.，2022）。许多先前的研究已经证实了绿色技术创新的碳减排效应（Fang et al.，2022；Sun et al.，2022；Shi et al.，2021）。

第五，公众参与同地区碳排放和地区碳强度之间存在倒"U"形非线性关系。公众参与提高了污染者的合规成本。当这个成本低于低碳所需的额外成本时，污染者将继续他们原来的生产方式。随着合规成本的增加，污染者会转向低碳生产，从而形成倒"U"形关系（Wang et al.，2022；Zhang et al.，2020）。

本章的研究设计如下：

我们将TWFE模型设定为基准回归模型，在一定程度上有效规避了内生性。此外，我们选择了IV和SYS-GMM来缓解内生性问题。我们采用模型平均化、替换变量、控制变量滞后一个周期、增加控制变量等方法减少特定控制变量对研究结果的影响。同时，在排除其他干扰策略、PSM及改变固定效应和聚类级别的情况下，我们得到了更加稳健的结论。

总的来说，本章与以往关于正式环境规制对地区碳排放作用的影响的文献基本一致（Yu et al.，2021；Li et al.，2022），但本章以公众参与为切入点，为关于非正式环境规制在地区碳排放及地区碳强度领域的作用的研究填补了一定程度的空白，为公众参与能够有效降低地区碳排放和地区碳强度的结论提供了令人信服的证据。尽管本章以中国城市作为研究主体，但其结论可以推广至目前面临发展和环保两难困境的广大发展中国家。

具体而言,本章提出了以下几点政策建议:①进一步畅通公共信息反馈渠道,提升公众环保意识加强健康知识普及,大力推行公众参与环境监督,发挥公众在环境保护中的重要作用;②在有意愿营造更优营商环境、第三产业集聚、收入水平较高以及人才聚集的地区更应该推广公众参与方式,在这些地区公众参与的环境绩效表现更为优秀;③支持 ENGOs 发展,拓宽其信息传递通道,政府应通过立法和提供必要的财政和政策支持来保护 ENGOs 的建立和运作,发挥 ENGOs 参与同居民参与的良好交互作用;④完善政府环境监管法律法规,在提高政府监管力度和效率的同时,发挥出政府监管与公众参与的良好交互作用;⑤在推广公众参与以降低地区碳排放及地区碳强度的同时,应着重关注地区受限主体的绿色技术创新发展水平;⑥提高公众参与的力度与广度,避免公众参与同地区碳排放、地区碳强度间的倒"U"形关系造成适得其反的治理效果。

本章存在一些限制也可作为未来研究的方向。①由于数据限制,公众参与数据自 2011 年开始,碳排放数据截止于 2019 年,因此本章的实验结果建立在 2011—2019 年数据的基础上,未来可根据更完善的数据进行研究;②本章诸多变量数据来自《中国城市统计年鉴》《中国统计年鉴》,其中部分数据存在缺失,本章为保证结果稳健性并未采用插值法补充,导致本章均采用非平衡面板回归;③本章公众参与数据的获取参考以往学者做法,未来可用基于机器学习方法的舆情分析进行更深层次的情绪学习以获取更加稳健的实验结果。

第八章 绿色技术创新中介作用下公众环境关注对碳排放的影响

以公众参与为代表的非正式环境规制在环境治理中发挥着越来越重要的作用。本章利用 2003—2017 年中国 285 个城市的面板数据,采用 DID 法和工具变量法研究了以 ENGOs 为代表的公众参与对区域碳排放的因果影响。实证结果表明,公众参与降低了地区碳排放,经过一系列内生性和稳健性检验,这一结论仍然成立。本章证明了公众参与强度与区域碳排放之间存在倒"U"形非线性关系。此外,本章还论证了促进区域绿色技术创新和加强正式环境规制是公众参与促进区域碳减排的主要机制。最后,本章探讨了城市间的异质性治理效应,发现样本的治理效应在东部城市、非资源型城市、大城市和省会城市更为明显。本章的研究结果揭示了公众参与地区碳减排的重要性,并为加强非正式环境规制提供了实证依据。

第一节 研究问题

全球变暖已经引起了全世界的关注,而二氧化碳等温室气体的排放是导致气候变暖的主要原因(Wang et al. , 2017)。二氧化碳的过量排放加剧了气候变化,阻碍了经济的可持续发展。随着生态退化,许多发展中国家已经意识到减少碳排放的必要性(Chen et al. , 2018)。目前中国已经成为世界上主要的温室气体排放国,而且多年来粗放式的经济发展模式给中国造成了严重的环境污染和生态破坏(Xu et al. , 2021)。面对减少二氧化碳排放、实现高质量生态发展的压力,中国从 20 世纪 70 年代起制定并实施了一系列环境政策(Zhang et al. , 2020),并在多个国际会议上承诺降低二氧化碳排放强度(Liu et al. , 2021)。

在环境治理的基础上,世界上许多国家都实施了环境规制(Leng et al. , 2022;Wang et al. , 2022)。约束性环境规制更倾向于指法令法规等强制性政策,要求利益相关者严格遵守(Farooq et al.，2022)。以市场为基础的环境规制涉及使用环境税和排放交易等市场工具，对区域环境绩效起作用，并通过经济激励措施间接改善环境质量，增加污染者支付的财务成本(Williams，2012)。非正式环境规制，又称自愿性环境规制，包括信息公开、环境协议、公众参与、环境教育等(Ren et al.，2018)。

以碳排放权交易市场试点政策和低碳城市试点政策为代表的正式环境规制，对减少区域碳排放具有积极的作用(Yu et al.，2021；Li et al.，2022)。然而，正式环境规制的有效性在很大程度上取决于地方行政部门的执法力度，因此在具体实施中可能存在执法不严的现象(Chen et al.，2018)。而且正式的环境规制具有较高的监管成本，过度的环境规制具有负面的社会经济影响(Song et al.，2021；Zhang et al.，2022)。包括区域碳减排在内的环境治理越来越需要非正式环境规制的力量，非正式环境规制对环境治理的促进作用已得到各国学者的认可(Jamalpuria，2013；Zhang et al.，2022；Han et al.，2022)。近年来，环保组织和其他利益相关者越来越多地参与到地方环境监测中。但是有关非正式环境规制对地区碳减排贡献的研究相对较少，如 Molthan et al. (2020)、Motoshita et al. (2015)从碳信息披露的角度考察环境教育等。本章试图通过对公众参与的分析来填补这一领域的空白。

公众参与为公民诉求的表达和政府行为的纠正提供了合法性，在一定程度上加强了正式环境规制的效果。已有的研究表明，公众的抱怨提醒政府政策执行过程中存在问题(James et al.，2006)。因为公众直接接触环境，所以公众往往更了解一些最直接的环境信息，这些信息可能比政府获得的更真实(King et al.，1998)。同时，公众参与可以显著改善政府监管的不足。

理论上，公众参与作为非正式环境规制的一个方面，主要通过压力传递来促进区域环境治理效率和绿色发展(Jamalpuria，2013；Liao et al.，2018；Anshelm et al.，2011；Hasan et al.，2018)。具体来说，政府很高兴倾听公众在环境问题上的声音，并积极建立相应的规章制度，防止环境污染，维护社会稳定。

本章研究可能的边际贡献如下：①以区域碳排放为切入点，丰富了有关地级公众参与的环境治理效应的研究。②发现互联网普及率和区域湿度是较好的工具变量，得到了较为可靠的实证结果，补充了已有研究，提供了新的思路。③从地理位置、资源禀赋、城市规模、城市级别等方面探讨了公众参与的碳减排效应的异质性，丰富了现有研究，并提供了新的视角。④发现加强正式环境规制和促进绿色技术创新是公众参与实现碳减排的有效传导渠道,为进一步促进公众参与提供了依据。⑤验证了公众参与同区域碳排放之间的非线性关系,为进一步推进公众参与提供了帮助。

　　本章其余部分的组织如下:第二节综述相关领域的文献;第三节介绍研究中使用的识别策略、数据和变量;第四节介绍实证结果和相关检验;在第五节进行进一步分析;第六节总结全文并提出相关政策建议。

第二节　研究假说

一、环境规制与碳排放

　　以往对正式环境规制与区域碳排放的研究基本基于抑制理论、促进理论和复杂关系理论3个视角。首先,正式环境规制具有减少碳排放的效果。正式环境规制基于政府实施的官方性质对区域碳排放的减少具有积极作用,如以低碳城市试点政策为代表的命令性环境规制和以碳交易试点政策为代表的市场化环境规制(Yu et al.,2021;Li et al.,2022)。其次,正式的环境监管促进了区域碳排放。由于地区间社会经济发展的差异,环境规制的政策效应会不连贯,有可能增加区域碳排放(Hassan et al.,2022)。最后,两者之间的关系更为复杂。Zhang et al.(2020)利用中国省级层面的面板数据发现,环境规制与区域碳排放之间存在倒"U"形关系;当样本进一步缩小(Wang et al.,2022)时,地级层面的结果相似。在此基础上,有学者进一步证实了它们之间存在倒"N"形非线性关系(Zhang et al.,2022)。

　　非正式环境规制包括公众监督、环境组织监督、环境教育和信息公开,针对其与碳排放的关系,学者主要有抑制论和无关论两种观点。非正式的环境监管将有效减少区域碳排放。公众参与在城市治理中发挥着重要作用,有助于提高政府治理能力和公信力,促进低碳城市建设(Sun et al.,2021)。与个人参与相比,环境组织参与具有更广泛的横向网络,可能具有更实质性的社会影响(Wu et al.,2020)。Zhang et al.(2022)以PITI名单为基础,论证了环境信息公开可以提高环境治理效率,包括对工业二氧化碳的治理。他们的发现部分解释了环境信息披露的减碳效应。人们通常在心理上远离气候变化;教育工作者的努力可以缩短这一距离,促进环境保护行为。一项针对美国工科学生的调查也证实了环境教育在促进区域碳减排方面的潜在作用(Milovanovic et al.,2022)。日本的消费者碳信息披露表明,责任意识和行动意愿会促使消费者在信息披露的刺激下进行低碳消费行为(Motoshita et al.,2015)。此外,一些学者认为,非正式的环境规制并没有达到减少碳排放的效果。Bali et al.(2020)从 1996 年到 2011 年,研究了 58 个国家非正式政府组织的一系列治理行为对全球和地方污染物的影响。他们发现,非正式政府组织的治理行为对碳排放和人均碳排放等没有显著影响。

二、公众参与的环保绩效

由于信息技术的日益发展,公众参与环境治理有了前所未有的便利。公众对环境问题的关注有助于决策者进行环境治理(Kolcava et al.,2021)。公众参与同政府治理之间存在着良好的互动关系,对环境治理具有积极作用(Chen et al.,2019)。PITI 报告由 IPE 发布,因为环保组织的参与可以有效减少污染物排放(Li et al.,2018)。考虑到 2013 年新增的 7 个城市,这一结论仍然成立(Zhang et al.,2022;Zhu et al.,2021)。抑制污染物排放和提高环境技术效率是公众参与最可行的途径(Tu et al.,2019)。降低能源消耗是实现污染控制的主要途径,公众参与可以通过降低总能源消耗(Bu et al.,2022)来提高能源利用效率。此外,公众参与可以刺激区域绿色技术创新(Du et al.,2021)。与宏观层面的研究不同,微观层面的研究证明公众参与环境监管不会增加工业企业的出口规模(Fang et al.,2019)。

目前,中国的推进机制不仅考虑到中央政府的评价,还直接接受地方公众的监督和评价。由于生态环境是一种典型的公共产品,地方政府的环境保护动机较弱。公众参与可以有效弥补中央与地方关系中激励和监督的不足,促使地方政府在环境事务中有所作为。随着网络技术的发展,舆论发挥着越来越重要的作用。地方政府瞒报,会造成严重的政治问题,甚至导致官员辞职。因此,有强烈的环保推进意愿的地方政府,会更倾向于广泛吸收舆论,通过积极开展沟通反馈活动,塑造负责任的形象,增强公众信任。广泛的环境信息公开是政府环境责任的体现,反映了地方政府在处理环境问题上很积极,也可以增强公众对环境的知情权,从而提升地方公众参与(Chang et al.,2022)的水平。

三、公众压力与环境治理效率

公众对生态环境建设的压力往往会影响地方环境治理的效率。从"环境库兹涅茨曲线"可以看出,在经济增长的低阶段,经济发展与环境污染呈正相关。随着收入水平的提高,这种关系逐渐变为负向关系。在追求经济发展的过程中,公众和企业往往对环境污染采取"灵活"的态度和措施。随着收入的增加,公众的需求逐渐从只关注经济增长转向促进生态质量,开始要求政府控制污染,减少制造实体的污染物排放。因此,政府实施了环保法规。根据"波特假说",适当的环境规制可以促进企业创新,减少排放,实现绿色生产。在公众压力下,污染物排放将减少,政府的生态环境治理效率将提高。压力的动态变化是环境性能非线性影响的关键节点和核心机制。综上所述,本部分提出第一个假设。

假设 1a:公众参与可减少区域碳排放。

假设 1b:公众参与可对碳排放的影响是非线性的。

四、公众参与的相关机制

绿色技术创新是建立在环境友好型创新理念之上的(Khan et al.,2022)。"波特假说"提出了环境和经济的"双赢"。环保法规会直接增加企业的经营成本,间接减少企业的生产收入(Zhao et al.,2016)。在这种经济压力下,企业会试图通过创新来抵消环境规制带来的损失,提高企业的竞争力,这在不同类型的环境规制中得到了验证(Zhao et al.,2016;Peng et al.,2021)。企业为了自身的社会正当性和可持续盈利,会更在意公众的认知度,尤其是污染密集型企业,对这一问题的态度更加积极(Lopez et al.,2018)。因此,本部分提出第二个假设。

假设 2:公众参与通过促进绿色技术创新降低区域碳排放。

正式环境规制的实施存在执行不严(Chen et al.,2018)和成本过高的问题(Song et al.,2021;Zhang et al.,2022)。为满足公众对优良生态环境的需求,迫切需要大量财政支出。

因此,地方政府的环境治理紧迫感和财政资源的严重不足会导致环境治理的偏离。由于中国政府特殊的推进机制,经济增长在政绩中的优先级远远高于环境保护(Shi et al.,2020)。在绩效压力的驱动下,地方政府往往不能将中央的环境督察任务落实到位(Tu et al.,2019;Wu et al.,2021)。此外,竞争的压力促使地方政府担心落后于周围的司法管辖区。考虑到这些,部分省级政府选择追求"灵活性",放松环境规制,对一些污染企业视而不见。而这一选择过程影响其环境规制的力度。非正式环境规制借鉴了政府之外的力量,建立的多元环境治理体系考虑了不同主体的共同利益,提高了环境治理能力(Chen et al.,2019)。但也有学者认为,非正式环境规制缺乏政府实施的官方性质,对环境绩效的影响存在时滞(Li et al.,2018)。为了树立负责任的形象和增强公众信任,政府会广泛倾听公众的环境要求,因此正式环境规制也会受到非正式环境规制(Feres et al.,2011)的显著影响。以前的许多研究都对比了正式环境规制与非正式环境规制,涉及公众参与(Chen et al.,2019;Xiong et al.,2020)、环境组织(Wu et al.,2020)和社区组织(Feres et al.,2011)。碳排放环境作为一种典型的环境公共产品,具有非竞争性和非排他性。由于非排他性的存在,一般环境利益不能简单地依靠市场机制来实现有效规制的结果。中央政府作为公共产品的管理者和公共服务的提供者,有责任制定环境法律法规,维护公众环境利益。然而,正规环境规制存在弊端,这使公众参与在环境规制中起着补充作用。公众参与可以在一定程度上加强正式环境规制的效果。因此,本部分提出了第三个假设。

假设3:公众参与通过加强区域正式环境规制的政策效应降低区域碳排放。

第三节   研究设计

一、政策背景

中国的环境信息公开在法律层面上起步较晚,2008年同时实施的《环境信息披露办法》和《政府信息披露条例》标志着环境信息披露制度的开始。鉴于环保组织(Wu et al.,2020)的社会影响力更广,其对环境信息公开水平的评估为公众参与环境监测提供了依据。其中,最具代表性的是 IPE 和自然资源保护协会(Natural Resources Defense Council,NRDC)于 2008 年发布的 PITI 报告,并且该报告被不断更新。本部分将 PITI 名单作为一个外生冲击来考察公众参与对区域碳排放的影响。PITI 名单的制作可分为两个阶段:第一阶段,2008—2012 年,对 113 个城市的环境信息公开水平进行评估;在第二阶段,从 2013 年开始,对 120 个城市的环境信息进行评估。

二、模型设定

在以往的研究中,双重差分法被认为是准自然实验的最佳方法(Slaughter et al.,2001;Acemoglu et al.,2001)。该实验分为"前"和"后"两个时间段,包含"处理组"和"对照组"两个样本组。政策干预的增量结果是通过组内差异和组间差异获得的。双向固定效应双重差分法(Two-Way Fixed Effects Difference in Differences,TWFEDID)包含更多的个体信息和时间信息,可以得到更真实的政策效果(Goodman et al.,2021)。

2013年的城市名单在113个城市的基础上增加了7个城市(镇江、三门峡、自贡、德阳、南充、玉溪、渭南),共确定了120个城市。因此,采用交错双重差分进行检验(Zhang et al.,2022;Tu et al.,2019)。其中,上榜城市为实验组,未上榜城市为对照组。通过比较不同的群体来检验公众参与对碳排放的影响。具体模型设置如下:

$$Carbon_{it} = \beta_0 + \beta_1 did_{it} + \beta_2 Control_{it} + \delta_i + \gamma_t + \varepsilon_{it} \quad (8-1)$$

式中:下标 i 和 t 分别表示地区和年份。因变量为区域碳排放量。did_{it} 为核心解释变量,$did_{it} = treat_{it} \times time_{it}$,其中:$treat_{it}$ 代表了城市是否是一个实验组,如果一个城市在 PITI 列表中,则变量 $treat$ 的值为 1,否则,其值为 0。$time_{it}$ 表示策略实现的时间,即 2008—2012 年上榜的 113 个城市,2008 年后设为 1,2013 年新增的 7 个城市,2013 年后设为 1;否则,它们被指定为 0。$Control_{it}$ 表示影响碳排放并随 i 和 t 变化的控制变量。δ_i 表示城市固定效应,γ_t 表示时间固定效应,控制影响所有样本的因素。ε_{it} 是随机扰动项。

三、变量和数据

(一)变量描述

本部分的因变量为区域碳排放量(ln$Carbon$),其形式为区域碳排放量的自然对数,核心解释变量(did)是公众是否参与环境监督。

根据文献(Zhang et al.,2022;Li et al.,2018;Tu et al.,2019),控制变量包括金融机构贷款比率(lnFin)(Acheampong et al.,2020;Shahbaz et al.,2022;Sheraz et al.,2022)、产业结构指数(ln$indus$)(Avenyo et al.,2022;Sinha et al.,2019;Olabi et al.,2022)、技术支出比率(lnsci)(Leslie et al.,2022;Hailemariam et al.,2022)、人口密度(ln$people$)(Rehman et al.,2021;Rehman et al.,2022)、

FDI 比率($\ln FDI$)(Malik et al.，2020；Udemba et al.，2021；De et al.，2022)、金融支出比率($\ln Fin$)(Galinato et al.，2016；Mohan et al.，2022)、人均 GDP($\ln perGDP$)(Akalpler et al.，2019；Safar，2022；Ehigiamusoe et al.，2022)。这些变量反映了社会经济发展水平和污染排放水平。控制变量的选择以文献为基础，主要考虑碳排放和公众参与的相关性，尽可能减少遗漏变量的问题。具体说明请参见表 8-1。

表 8-1 主要变量和相关的定义

变量	定义
被解释变量	
$\ln Carbon$	用区域碳排放量的自然对数来衡量
核心解释变量	
did	确定一个地区的公众是否参与环境监察，参与为 1，否则为 0
中介变量	
$Green$	以绿色专利申请量占区域专利申请量的比例衡量
$\ln SO_2$	用区域二氧化硫排放量占 GDP 的比例的自然对数来衡量
控制变量	
$\ln Fin$	用地区金融机构年末贷款余额与 GDP 之比的自然对数来衡量
$\ln indus$	计算公式为：1×(第一产业占 GDP 比重)+2×(第二产业占 GDP 比重)+3×(第三产业占 GDP 比重)
$\ln sci$	以地区科技支出与 GDP 之比的自然对数来衡量
$\ln people$	用地区总人口与该行政区域面积之比的自然对数来衡量
$\ln FDI$	用地区当年实际使用外资与 GDP 之比的自然对数来衡量
$\ln FIN$	用地区一般预算财政支出与 GDP 之比的自然对数来衡量
$\ln perGDP$	以年底 GDP 与地区家庭人口之比的自然对数来衡量

同时，本部分参考 Li et al.（2018）和 Tu et al.（2019），引入资本比率($\ln CLR$)作为一个城市的特征变量，用区域固定资产投资占就业的比例的自然对数来衡量，以辅助实证检验。为了使回归结果更加直观，PITI 确切分数($score$)减少到了原来的 1/100。

（二）数据说明

本章利用 2003—2017 年中国 285 个城市的面板数据，对区域公众参与的碳减排效果进行评价。PITI 数据摘自 IPE 网站的 PITI 年度报告，碳排放数据来自 CEAD(Chen et al.，2020)。以往相关研究中使用的碳排放数据大多是基于能源消耗数据计算的。由于缺乏能源数据(Zhang et al.，2022)，以往估计的碳排放数据可能存在较大误差，可能不连续。Chen et al.(2020)利用卫星图像数据拟合夜间灯光数据，反演了 1997—2017 年的碳排放量。由于控制变量的限制，研究的时间尺度为 2003—2017 年。城市平均相对湿度(hlw)来自中国气象网，地级市绿色专利数据来自国家知识产权局，其他变量数据来自《中国城市统计年鉴》和《中国统计年鉴》。表 8-2 描述研究中使用的主要变量。

表 8-2 描述性统计

变量	样本量	均值	标准差	最小值	最大值
ln$Carbon$	4240	2.893	0.815	0.425	5.441
did	4240	0.275	0.446	0	1
lnFin	4128	−2.442	3.985	−10.83	2.185
ln$indus$	4137	5.46	0.0626	4.604	5.635
lnsci	4137	9.084	3.876	−0.665	14.47
ln$people$	4158	−3.485	0.915	−7.663	−0.25
lnFDI	3644	−8.566	4.331	−24.46	−3.092
lnFIN	4141	−4.492	3.965	−12.55	0.261
ln$perGDP$	4141	12.96	4.478	7.518	22.37
lnCLR	3753	2.08	0.781	−1.39	4.253
$Green$	4035	0.103	0.0541	0	1
sd	4240	45.43	33.45	0	88.35
hlw	4135	4.859	4.896	0	17.76
lnSO_2	4063	−2.135	4.466	−19.12	4.091
$score$	1052	0.42	0.166	0.083	0.853
$score2$	1052	0.204	0.148	0.00689	0.728

第四节　实证分析

一、基准回归

表 8-3 显示了基准回归的结果。第(1)列为未添加控制变量的初步回归结果。相互作用项的系数在 5％水平上具有统计学意义(Coef. ＝－0.039,P 值＝0.015),说明公众参与环境监察可以有效降低区域碳排放。此外,为缓解可能遗漏变量的问题,在模型中加入区域层面的控制变量后,相互作用项的系数增大。然而,相互作用项系数符号保持不变且仍具有显著性(Coef. ＝－0.025,P 值＝0.077)。上述结果表明,与未上榜城市相比,公众参与将有效降低区域碳排放。这一结论有力地表明,公众参与是现阶段实现"碳峰值"和"碳中和"目标的有效手段。由此,假设 1a 成立。与以往正式的环境规制文献(Yu et al.,2021;Wang et al.,2022)相比,相互作用项的系数较小。这也很容易理解,公众参与缺乏政府的组织严密性和强制性,在治理效果上无法接近正式的环境规制。然而,公众参与同正式的环境规制之间的互动十分活跃,会对环境治理产生积极影响(Chen et al.,2019)。本部分的基准回归结果与以往相关文献的结果相似,即公众参与不仅可以减少二氧化硫等污染物的排放,还可以减少区域碳排放(Zhang et al.,2022)。这说明公众参与的环境绩效是广泛存在的。

个别特征的差异,例如样本内城市之间的经济和开放程度,可能会随着时间的推移而改变其趋势,从而导致估计结果的偏差。在参考前人研究(Zhang et al.,2022;Li et al.,2018)的基础上,本部分进一步采用广义 PSM-DID 进行检验,限制样本,提供无偏的效应估计,并进行高效适当的匹配。本部分以 $\ln people$、$\ln FDI$ 和 $\ln CLR$ 为城市特征变量,采用最近邻匹配法(1∶4)、卡尺匹配法和核匹配法进行倾向评分匹配。然后在匹配样本的基础上进行实验组和对照组的无差异分组。从表 8-3 第(3)至(5)列的结果可以看出,在 1％的统计水平上,相互作用项仍然显著为负(Coef. ＝－0.020,P 值＝0.001;Coef. ＝－0.022,P 值＝0.000;Coef. ＝－0.022,P 值＝0.000),表明我们的基准结果具有稳健性。

表 8-3　基准回归结果

变量	DID	DID	PSM-DID	PSM-DID	PSM-DID
did	−0.039** (−2.37)	−0.025* (−1.77)	−0.020*** (−3.30)	−0.022*** (−3.66)	−0.022*** (−3.65)
lnFin		0.048*** −3.66	0.050*** −7.66	0.052*** −8.41	0.052*** −8.42
lnindus		−0.035 (−0.34)	−0.084 (−1.20)	−0.002 (−0.05)	−0.001 (−0.02)
lnsci		0.014*** −2.95	0.015*** −5.1	0.014*** −4.87	0.014*** −4.91
lnpeople		0.118 −1.31	0.248*** −5.89	0.229*** −5.86	0.229*** −5.87
lnFDI		−0.005* (−1.71)	−0.003 (−1.49)	−0.004** (−2.31)	−0.004** (−2.35)
lnFIN		0.033** −2.48	0.032*** −4.07	0.034*** −4.68	0.034*** −4.65
lnperGDP		0.129*** −4.96	0.133*** −14.89	0.135*** −15.87	0.135*** −15.86
Constant	2.294*** −271.81	1.609** −2.29	2.279*** −5.54	1.771*** −5.37	1.764*** −5.35
控制变量	否	是	是	是	是
城市固定	是	是	是	是	是
年份固定	是	是	是	是	是
样本量	4263	3625	2971	3265	3266
R^2	0.904	0.923	0.929	0.93	0.93

注:括号内值为 t 值。

二、稳健性检验

(一)动态时间窗口与反事实检验

为了提高结果的可信度,本部分对 1 年(Coef. = −0.023,P 值 = 0.103)、2 年(Coef. = −0.017,P 值 = 0.221)、3 年(Coef. = −0.014,P 值 = 0.339)和 4 年(Coef. = −0.012,P 值 = 0.328)的政策时间点进行了回归,结果如表 8-4 所示。可以发现,在先行政策时间点构建的交互条件均不显著,这再次证明了公众参与的碳减排效果。

表 8-4　动态时间窗口与反事实检查

变量	Carbon	Carbon	Carbon	Carbon
dt_1	−0.23 (−1.64)			
dt_2		−0.017 (−1.23)		
dt_3			−0.014 (−0.96)	
dt_4				−0.012 (−0.98)
控制变量	是	是	是	是
城市固定	是	是	是	是
年份固定	是	是	是	是

注:括号内值为 t 值。

(二)多周期多个体 DID 法下的平行倾向检验

DID 估计有效的前提之一是实验组和对照组在处理前都需要满足平行趋势假设。双向固定效应的交错 DID 模型假设对样本的处理是不变的,但这种假设在现实中往往不成立。为了解决这些问题,本部分采用了多周期、多个体的 DID 模型来检验双向固定效应的交错模型是否符合预期趋势的设置,结果如图 8-1 所示。

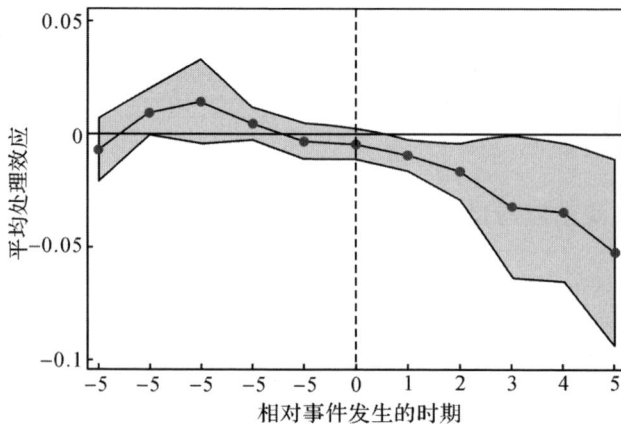

图 8-1　双向固定效应下交错 DID 的平行趋势检验

从图 8-1 可以看出,政策实施前 5 年的系数都在基线 0 附近,说明在政策时间点之前,实验组与对照组之间没有显著差异,满足平行趋势假设,本部分采用交错 DID 模型的策略是有效的。政策实施当年的系数仍然在基线 0 附近,但一年后显著为负。这说明政策的效果可能存在一定的时滞,要到一年后才能体现出来。

(三)安慰剂试验

为了避免特定处理组对回归结果的偏倚效应,本部分随机选取 120 个处理组,随机抽样过程重复 500 次和 1000 次,结果如图 8-2 所示。我们发现 P 值和系数都与基准回归结果有显著差异,说明表 8-4 的回归结果具有稳健性。

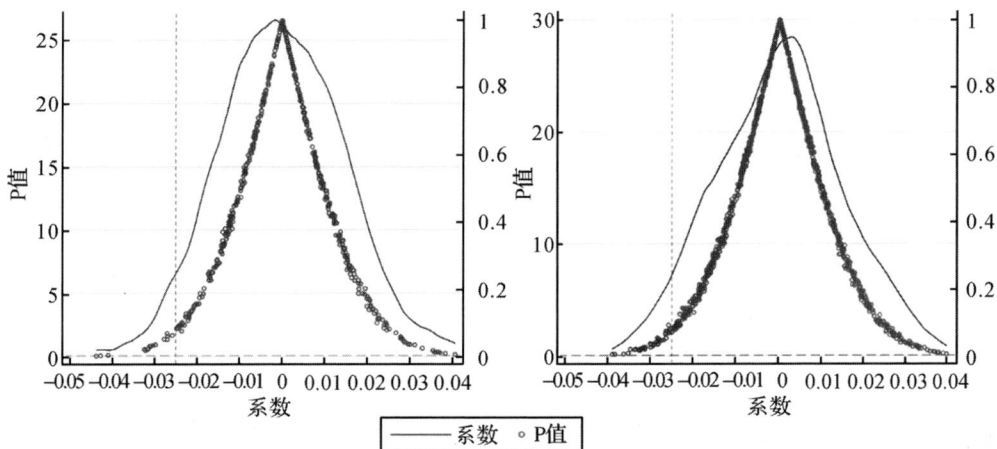

图 8-2 替代城市的安慰剂测试

(四)替换被解释变量

为了避免碳排放计算方法和碳排放时间尺度限制所带来的选择性错误,提高结论的稳健性,本部分采用了替换因变量的稳健性方法。由于 PITI 名单直到 2018 年才发布,本部分采用 Wu et al. (2016) 计算的 2006—2018 年碳排放数据,通过模型(1)进行回归,结果显示(如表 8-5 所示)交互项系数仍显著为负(Coef. = -0.136,P 值 $=0.001$)。因此,采用不同方法估计碳排放数据,避免了特定估计方法的误差,结果仍然显著,证明了上述结论的稳健性。

表 8-5　替换被解释变量和缩尾的稳健性检验结果

变量	替换被解释变量	缩尾处理
did	-0.136^{***} (-3.42)	-0.026^{*} (-1.73)
控制变量	是	是
城市固定	是	是
年份固定	是	是
样本量	2876	3625
R^2	0.530	0.918

注:括号内值为 t 值。

(五)排除异常值

为排除异常值,对因变量进行缩尾处理,使因变量在其分布两端的 1% 水平上为双赢残差,并采用模型(8-1)进行回归。如表 8-5 所示,回归在 10% 的统计水平显著(Coef.$=-0.026$,P 值$=0.084$)。

三、内生性检验

(一)工具变量法

现有的关于公众参与的研究多以代理变量作为测度,但受各种指标获取和测度误差的限制,容易产生内生性问题。在过去,有学者通过研究 PITI 这一同质事件的影响来避免错误。但是,IPE 可以根据城市的各种环境指标,选择纳入 PITI 名单的城市。例如,污染物排放量较高的城市可能会吸引更多 IPE 的关注。因此,我们得出结论,实验组城市存在潜在的非随机选择的内生性问题。在这种情况下,选择合适的工具变量并使用工具变量法进行估计是非常重要的。互联网作为蓬勃发展的新兴媒体,越来越多地承担着政府信息公开的任务,为公众参与提供了便利。互联网越普及,公众参与环境监督的可能性越大(Bu et al.,2022; Shi et al.,2021)。环境污染的自然属性使其适用于来自自然因素的工具变量。一个地区的环境污染状况往往会影响公众参与环境监督的程度,如逆温(Sager et al.,2019)、气流系数(Hering et al.,2014)、风向(Heyes et al.,2019)等。

因此,我们按照 Shi et al.(2021)和 Bu et al.(2022)的方法,分别将平均相对

湿度与时间的交互积($hlw \times time$ 和 $sd \times time$)作为工具变量来衡量互联网宽带接入用户数。一方面,一个地区的互联网宽带接入用户越多,居民在互联网上监测当地环境的可能性就越大,从而增加了该地区被纳入 PITI 城市名单的可能性,在这种情况下,具有较好的相关性。另一方面,区域互联网宽带接入用户数对区域碳排放影响不显著,且形成同质性。当一个地区的平均相对湿度较高时,该地区的空气污染水平会降低,因为高湿度会吸收和下沉空气中的污染物,因此该地区被纳入 PITI 城市名单的可能性会降低,具有较好的相关性。此外,区域平均相对湿度与区域碳排放量之间没有直接关系,且存在同质性。对这组工具变量进行回归,结果如表 8-6 所示。此外,工具变量还通过了同质性检验、过度识别检验和弱工具变量检验。

　　表 8-6 的第(1)列和第(2)列显示,第一阶段工具变量与核心解释变量之间的回归在 1% 的统计水平上显著,相关性建立(Coef. ＝ 0.1308,P 值 ＝ 0.000;Coef ＝ －0.0093,P 值 ＝ 0.000)。在第二阶段,核心解释变量与碳排放在 1% 的统计水平上也呈显著负回归(Coef. ＝ －0.0491,P 值 ＝ 0.000)。系数接近表 8-3 的基准回归系数。此外,第一阶段和第二阶段的 F 值分别为 42.75 和 257.606,远大于 10,说明工具变量选择通过了弱工具变量检验。Hansen 检验接受零假设,以证明工具变量集是齐次的。总之,结果表明,在解决模型的内生性问题后,我们的结果仍然是稳健的。本部分还对工具变量法替换的因变量进行了估计,结果如第(3)列和第(4)列所示。在回归的第二阶段,系数显著为负,接近表 8-3 中的系数。回归还通过了弱工具变量检验、过度识别检验和同质性检验,进一步验证了模型的稳健性。

表 8-6　工具变量法估计结果

变量	(1) 第一阶段 *did*	(2) 第二阶段 *Carbon*	(3) 第三阶段 *did*	(4) 第四阶段 *new_Carbon*
did		−0.0491*** (−4.22)		−0.1209*** (−2.33)
hlw×time	0.1308*** −16.28		0.1064*** −10.45	
sd×time	−0.0093*** (−6.25)		−0.0050*** (−2.62)	
控制变量	是	是	是	是

续　表

变量	(1) 第一阶段 *did*	(2) 第二阶段 *Carbon*	(3) 第三阶段 *did*	(4) 第四阶段 *new_Carbon*
城市固定	是	是	是	是
年份固定	是	是	是	是
样本量	3596	3596	2861	2861
R^2		0.9229		0.531
First-stage test statistic of F	42.75		42.75	
K-P LM statistic		257.606***		123.410***
K-P Wald F statistic		207.451		203.971
Hansen J statistic		0.182		0.046

注：括号内值为 t/z 值。

(二)处理效应检验

由于温室气体和污染物排放量较高的城市可能更受 IPE 的关注,可以认为 PITI 城市不是随机选择的,而是内生的,可能存在样本自选择偏差。本部分以平均相对湿度与时间($sd \times time$)的相互作用项作为齐次变量,采用处理效果模型来减小样本自选择引起的估计偏差。表 8-7 为回归结果。

表 8-7 的第(1)列和第(2)列显示了基于 MLE 法的回归结果,第(2)列是添加了稳健标准误差的回归结果。核心解释变量在 1% 的统计水平上仍显著为负,其系数为−0.446,接近基准回归的 18 倍,说明在不考虑自选择偏差的情况下,政策对区域碳排放的抑制作用被低估。第(3)列显示了一个两步估计治疗效果模型,lambda 在 1% 的统计水平上显著为正,表明模型具有不可忽略的自选择偏差。模型回归系数与 MLE 法估计的回归系数接近。然而,它们与基准回归结果有很大不同,表明在不考虑自我选择偏差的情况下,政策效果被大大低估了。第(4)列和第(5)列显示了手动两步估计方法的结果。虽然系数有所增加,显著性水平有所下降,但仍表明模型存在自选择偏差。

表 8-7 处理效应模型估计结果

变量	(1)	(2)	(3)	(4)	(5)
	MLE	MLE_r	TwoStep	First	Second
did			−0.371*** (−4.23)		−0.175** (−2.32)
1.*did*	−0.446*** (−9.71)	−0.446*** (−8.78)			
sd×time				0.022*** −16.87	
imr					0.094* −1.9
Constant	−5.208*** (−4.96)	−5.208*** (−4.01)	−4.561*** (−4.21)	−4.147*** (−10.09)	1.513** −2.08
athrho	1.026*** −16.84	1.026*** −14.47			
lnsigma	−0.395*** (−21.70)	−0.395*** (−19.40)			
hazard lambda			0.475*** −8.79		
控制变量	是	是	是	是	是
城市固定	是	是	是	是	是
年份固定	是	是	是	是	是
样本量	3618	3618	3618	3627	3618

注:括号内值为 t 值。

四、异质性讨论

(一)地理位置的子样本回归

由于中国地域广阔,不同地理位置的城市在经济结构和政策执行方面存在很大差异,这可能导致公众参与的有效性水平不同。因此,本部分根据第八届全国人民代表大会第五次会议的划分规定,将整个样本划分为东部、中部和西部 3 个地理单元。回归结果见表 8-8 第(1)—(3)列。

如表 8-8 所示,我们发现,东部城市的子样本在 1% 的统计水平上显著为负

(Coef. ＝－0.051,P 值＝0.005)。但是,在中西部地区的子样本中没有足够的证据证明公众参与的减碳效果。这可能是因为东部城市经济发展水平较高,人力资本较多,营商环境较好,产业集聚较集中。受教育程度较高的人力资本更倾向于积极参与公共环境治理。政府更注重环境需求的普遍反馈,创造良好的营商环境。在这种权衡下,地方政府更倾向于推广绿色发展理念。在这种被动效应与主动效应相结合的情况下,东部城市公众参与的减碳效果更好。本部分对于非正式环境规制的探讨得出了与以往正式环境规制一致的结论(Zhu et al.,2021;Tu et al.,2019),表明公众参与的适用条件与正式环境规制类似,值得地方政府进一步实施。

表 8-8　地理位置异质性与资源检验

变量	(1) 东部城市	(2) 中部城市	(3) 西部城市	(4) 资源型城市	(5) 一般城市
did	−0.051*** (−2.66)	0.01 −0.39	−0.011 (−0.42)	0.001 −0.05	−0.038** (−2.12)
控制变量	是	是	是	是	是
城市固定	是	是	是	是	是
年份固定	是	是	是	是	是
样本量	1442	1626	557	1355	2270
R^2	0.918	0.932	0.934	0.933	0.913

注:括号内值为 t 值。

(二)资源禀赋的子样本回归

与一般城市不同,资源型城市以能源开发和加工行业为主,产生大量的二氧化碳排放。因此,本部分将整个样本分为资源型城市和一般城市,其中资源型城市名单是基于《国家资源型城市可持续发展规划》确定的。回归结果见表 8-8 的第(4)列和第(5)列。

基于回归结果,公众参与的碳减排效应存在于一般城市子样本中(Coef.＝−0.038,P 值＝0.033),在资源型城市子样本中不存在。这与之前的研究结果一致(Wang et al.,2022;Zhang et al.,2022)。资源型城市的经济发展依赖于矿产能源开发产业,导致地方政府选择忽视区域碳排放,陷入"资源诅咒"的困境(Song et al.,2020),从而导致公众参与治理的有效性下降。

（三）城市规模的子样本回归

根据地区年终家庭人口,样本城市被分为三类:大城市、中等城市、小城市。回归结果见表 8-9 的第(1)—(3)列。

回归结果表明,大城市公众参与的碳减排效果更好(Coef. ＝－0.081,P 值＝0.006),中等城市效果次之(Coef. ＝－0.047,P 值＝0.090),小城市公众参与不存在碳减排效应。这可能是因为大城市人口和产业集聚较多,人们更难忍受恶劣的生活环境,这更容易激发公众参与环境监督。产业集聚效应可以集中调控高碳排放产业,因此大中城市可以更好地发挥公众参与的碳减排效应(Zhang et al.,2022;Song et al.,2020)。值得注意的是,本部分在中等城市也发现了这种良好的减排效果,这比之前的研究(Zhnag et al.,2022)更深一步。这表明,与二氧化硫等传统污染物相比,公众参与在区域碳排放治理中具有更好的表现。

表 8-9　城市规模异质性与城市行政等级检验

变量	(1)	(2)	(3)	(4)	(5)
	大城市	中等城市	小城市	省会城市和直辖市	一般城市
did	－0.081*** (－2.87)	－0.047* (－1.73)	0.03 －0.59	－0.197*** (－4.23)	－0.018 (－1.15)
控制变量	是	是	是	是	是
城市固定	是	是	是	是	是
年份固定	是	是	是	是	是
样本量	795	767	633	409	3209
R^2	0.931	0.939	0.902	0.884	0.931

注:括号内值为 t 值。

（四）城市行政级别的子样本回归

与以往主要关注地理位置和资源禀赋的研究相比,本部分还从城市行政等级的角度考虑了公众参与对碳减排效应的积极作用。中国省会城市和直辖市往往集中大量的社会资源和政策支持,这可能导致这些城市的公众参与治理效果与一般城市的治理效果存在显著差异。因此,将整个样本分为省会城市、直辖市和一般城市,回归结果如表 8-9 第(4)列和第(5)列所示。

从回归结果来看,在省会城市和直辖市子样本中,交互项的回归系数在 1％ 的统计水平上显著(Coef. =－0.197,P 值＝0.000),但在一般城市子样本中不显著。本部分在前人文献(Zhang et al.,2022;Tu et al.,2019)的基础上,试图对这种表现进行解释。省会城市和直辖市集聚了众多社会资源,经济发展、人力资源、营商环境等均优于一般城市。因此,省会城市和直辖市通过公众参与,可以更好地促进区域碳减排。

五、进一步分析

(一)传导机制分析

1. 绿色技术创新

到目前为止,本部分已经获得了明确的证据,表明公众参与显著降低了区域碳排放。然而,我们仍然需要建立一个潜在的传播机制。以往学者更多地关注公众参与环境治理,对公众参与如何影响污染物排放(Tu et al.,2019)的研究较少。本部分运用中介效应模型的分析思想,进一步探讨了公众参与促进区域碳减排的机制。

已有研究探讨了环境信息披露促进区域绿色技术创新的中介变量选择问题(Du et al.,2021;Peng et al.,2022;Yang et al.,2022)。本部分选取城市绿色专利占比作为绿色技术创新的代理变量。绿色专利是根据世界知识产权组织(World Intellectual Property Organization,WIPO)2010 年发布的"国际专利分类绿色清单"评选的。本部分结合"国际专利分类号"对企业绿色专利数据进行识别和提取,数据来自中国国家知识产权局。绿色专利数据按公司所在地级市计算,用绿色专利申请量除以该地级市年度专利申请总量,得到绿色专利占比。根据中介效应模型进行回归,结果如表 8-10 所示。

表 8-10 的第(1)列为绿色技术创新核心解释变量的回归结果。系数均显著为正,说明公众参与对区域绿色技术创新具有正向影响(Coef. ＝0.010,P 值＝0.011)。从系数上看,公众参与对绿色技术创新的影响小于正式的环境监管(Du et al.,2021)。这主要是由于公众参与作为一种非正式的环境规制,缺乏一定程度的强制。第(2)列为绿色技术创新对区域碳排放影响的回归结果,说明绿色技术创新对区域碳排放有明显的抑制作用,与前人的研究结果一致(Coef. ＝－0.084,P 值＝0.015)(Shan et al.,2021)。第(3)列为控制核心解释变量和中介变量时的回归结果。核心解释变量系数的绝对值小于总效应的核心解释变量系数的绝对值,说明绿色专利占比是一个局部中介变量。由上述可知,公众参与可以通过促进区域绿色技术创新来降低区域碳排放,证实了假设 2。

表 8-10　机理分析：绿色技术创新效应

变量	*Green*	*Carbon*	*Carbon*
did	0.010*** −3.59		−0.015*** (−2.70)
Green		−0.084** (−2.44)	−0.078** (−2.27)
控制变量	是	是	是
城市固定	是	是	是
年份固定	是	是	是
样本量	3487	3487	3487
R^2	0.046	0.930	0.930

注：括号内值为 t 值。

2. 正式环境规制

与以往研究相比，本部分的研究结果凸显了正式环境规制在促进公众参与方面的积极作用。本部分认为，公众参与作为一种非正式环境规制，可以与区域正式环境规制产生积极的互动作用（Wu et al.，2020；Chen et al.，2019）。正式环境规制对碳减排的作用已被许多研究证实（Wang et al.，2022；Zhang et al.，2022）。因此，本部分根据 Wang et al（Zhnag et al.，2022）的实践，选取工业二氧化硫占地区生产总值的比例，即工业二氧化硫排放强度作为正式环境规制的代理变量，探讨公众参与同正式环境规制的关系，结果如表 8-11 所示。

表 8-11　机制分析：正式环境规制的效果

变量	$lnSO_2$
did	−0.176*** (−2.76)
控制变量	是
城市固定	是
年份固定	是
样本量	3557
R^2	0.987

注：括号内值为 t 值。

回归结果显示,核心解释变量的系数显著为负(Coef. =−0.176,P 值=0.006),表明公众参与可以有效降低工业二氧化硫排放强度,公众参与可以加强正式的环境监管,从而降低区域碳排放。这也是公众参与减少区域碳排放的一种可能机制。因此,假设 3 得到了确认。以往的相关研究较少,本部分提供了一个新的视角来考察公众参与。

(二)公众压力的进一步讨论

其一,以往研究考虑到地方政府环境治理压力与公众参与的环境治理效果之间的动态关系,得知环境规制强度与碳排放之间存在非线性关系(Wang et al.,2022;Zhang et al.,2020)。其二,环境规制权力的不适当可能会对生态产生反效果,因此本部分还讨论了公众参与强度的碳减排效果。PITI 评分越高的地区,公众施加的环境压力越大,也就是说,来自公众的压力越大(Zhu et al.,2021)。因此,本部分采用 PITI 的准确评分作为衡量一个地区公众参与压力强度的指标。为了回归结果的可见性,PITI 分数减少到了原来的 1/100,因此确切分数的平方减少到了原来的 1/10000。我们用表示分数的变量($score$)和分数的二次项($score^2$)代替核心解释变量的交互项,将其代入模型(8-1)进行回归,结果如表 8-12 所示。

表 8-12   非线性讨论的估计结果

变量	Carbon
$score^2$	−0.377*** (−2.66)
$score$	0.344*** −2.68
控制变量	是
城市固定	是
年份固定	是

注:括号内值为 t 值。

从回归结果中我们发现,PITI 评分的一次项和二次项在 1%的水平上具有统计学意义。二次项的符号是负的(Coef. =−0.377,P 值=0.009),表明公众参与压力强度与区域碳排放确实存在倒"U"形关系。由此,假设 1b 被证实。这表明公众参与作为一种非正式的环境规制,也有类似的局限性(Zhang et al.,2020;

Wang et al.，2022）。因此，在进一步推动公众参与碳减排效益的同时，需要适当施加额外压力；否则，可能会适得其反。

第五节　结论与政策建议

公众参与能减少区域碳排放吗？这一答案对于中国实现"碳达峰"和"碳中和"目标，进而借鉴发达国家经验，将这一治理模式推广到全球绿色治理具有重要意义。本章基于 IPE 发布的 PITI 报告进行准自然实验，探讨公众参与同区域碳排放之间的因果关系。

基于 2003—2017 年中国 285 个城市的面板数据，结合 DID 法进行分析，结果表明，公众参与显著降低了区域碳排放。通过一系列的稳健性和内生性检验，这一结论仍然成立。本章进一步证明，促进区域绿色技术发展和加强政府环境控制是公众参与促进区域碳减排的主要机制。本章从公众压力的角度，讨论了公众参与压力强度与区域碳排放之间存在倒"U"形非线性关系。此外，在东部城市、一般城市、大城市、省会城市和直辖市子样本中，公众参与对区域碳排放的抑制作用更为明显。

总的来说，本章的结论与以往关于正式环境规制对碳排放影响的文献一致。它还填补了文献中关于非正式环境规制对区域碳排放的作用的部分空白。它为公众参与显著促进区域环境治理提供了更有说服力的证据。虽然我们的分析主要集中在中国，但结果可以推广到其他面临经济发展与环境保护之间矛盾的发展中国家，如印度、越南和巴西。具体而言，本章提出以下政策建议。①面临经济发展与环境保护两难困境的国家应积极推进以公众参与为代表的环境信息的公开。②在经济发展水平较高、人力资本优势较强的地区，应优先推动公众参与环境保护。③在污染密集型产业为主的地区，公众参与的减排效果一般，环境治理仍应以正式环境规制为主，以公众参与为代表的非正式环境规制为辅。④通过公众参与减少区域碳排放时，应关注区域绿色技术创新水平和正式环境规制的减排效果。⑤考虑到公众参与压力强度与减排效果呈倒"U"形关系，应加强公众参与强度以跨越门槛，避免产生相反的政策效应。

本章有以下几点可以启发未来的研究。①IPE 发布 PITI 城市名单的初衷并不是促进该地区实现碳减排,但榜单的发布却获得了意想不到的环境绩效。由于数据或其他未知原因,本章尚未充分探讨这一事件的积极环境绩效,建议在未来的研究中予以更多关注。②本章对 ENGOs 在碳减排作用方面的研究还存在一定的空白,建议未来对 ENGOs 的碳减排效果的研究可以进一步深化。

本章的一些局限性可能会启发未来的研究。第一,受数据限制,碳排放数据于 2017 年结束,PITI 城市名单截至 2018 年。本章基准回归的时间尺度限定在 2017 年。然而,本章采用 IPCC 法对时间尺度更大的碳排放数据进行稳健性检验,结果仍具有稳健性。因此,未来可以使用更新或更完整的碳排放数据来扩展结果。第二,《中国城市统计年鉴》中的部分数据被略去。为了提高结果的稳健性,本章没有采用插值法补充被略去的数据,而是采用了非平衡面板回归法。

第九章　政策建议

第一节　提升绿色技术创新水平的对策建议

一、强化战略规划与制度体系建设

一是加强顶层设计,将绿色技术创新及其应用纳入市、县(区)政府考核体系中。结合国家出台的《绿色发展指标体系》《生态文明建设考核目标体系》等政策,将绿色技术创新指标用于地方政府政绩考核,各地方政府可基于此建立绿色责任制和责任追究制度,选择有利于绿色技术创新的长期战略决策。二是提高科技政策与环境政策的协同性。强化各省区市的科学技术厅、自然资源厅、发展和改革委员会等部门之间的环境信息、绿色技术创新信息等的交流与分享,以便为各部门协同出台政策、提高政策的影响力度提供依据。三是健全绿色技术创新的知识产权保护机制。严厉打击盗版、侵权,限制竞争、谋求垄断,妨碍绿色技术创新和绿色技术进步的行为。不断加强反知识产权垄断限制,防范知识产权滥用行为,提高创新主体对绿色知识产权的综合运用能力。四是增加企业的环境违法成本。一旦发现企业有环境违规行为,应及时清查其所带来的各项利益,撤销企业的荣誉、税收优惠等,给予企业强有力的处罚。

二、依据对象的不同设置差异化和组合性的激励措施

一是解决中小企业的融资难题,强化绿色技术创新培训。通过政策性银行和经过授权的商业银行对绿色技术项目提供低息或无息贷款;或通过设立商业担保机构、互助性质的担保基金等,给予执行绿色技术项目的企业一定的政策优惠。广泛开展对企业管理人员、技术人员的创新意识培训,提高他们把握发展方向、凝练

技术需求、获取技术帮助、开展渐进式绿色技术创新的能力。二是针对大规模企业,尤其是上市公司,采用组合性政策工具。防止扭曲性扶持,促进其加强研发机构建设。多个由绿色技术创新形成的绿色产业尚不具备正常的优胜劣汰竞争机制,政府的强行干预,尤其是采用直接补贴的方式,使绿色行业成熟度得不到有效提升。三是政策工具侧重于绿色技术采用,并非绿色技术研发。政策工具在绿色技术创新的两个环节的应用并不均衡,绝大多数的政策工具应用于绿色技术采用阶段,绿色技术研发所应用的政策工具数量较少,其比例低于 20%。

三、健全绿色消费导向体系,带动绿色技术创新

一是完善对绿色消费产品的市场监管。加强对绿色产品生产销售的监管,严厉打击违法行为。二是根据不同年龄的消费者进行差别化引导绿色消费。比如:老年人生活比较节俭,可针对他们进行节水、节电等宣传;中年人是绿色产品的消费主体,可针对他们宣传使用节能环保产品、防止过度消费。同时,加强对绿色产品识别的宣传,减少一次性用品的使用,鼓励对节能节水认证产品的消费。三是充分发挥消费者协会的作用。消费者协会应多提供绿色产品信息和咨询服务,并有效解决绿色消费的相关投诉,依法维护消费者权益。

四、培育发展绿色技术创新咨询机构

一是提升绿色科技咨询服务能力。支持科技咨询机构在与绿色技术相关的项目管理、创新信息管理、科技园区管理、科技专业化会展服务、人才引进与培养等方面开展专业服务。特别是,提高集绿色技术信息网络平台、绿色技术创新咨询为一体的机构的服务能力,使企业可以直接从绿色技术创新咨询机构获得政府发布的科技和环境政策支持,帮助企业解决在绿色技术创新方面成本与效益该如何平衡的问题。二是扩大绿色科技咨询行业的影响力。支持科技咨询龙头企业开拓服务市场,加强宣传推介,塑造知名品牌;其他科技咨询企业依托龙头企业,在战略咨询、管理咨询等领域推动形成国内绿色科技咨询服务高地。三是充分发挥绿色科技咨询业协会等行业组织的作用,整合行业服务资源,开展服务规范和标准制定工作,例如,发布企业绿色技术创新指数,对企业进行排名,促使企业提高绿色技术创新水平。四是引导绿色技术创新方向,确定绿色产业与绿色技术口径范畴,定期发布绿色产业与绿色技术发展公告,预判绿色产业与绿色技术需求与趋势,强化绿色技术信息传播。

五、强化信息技术在企业生产过程中的应用，引导企业延伸产业链

一是有效利用信息技术，促进传统生产制造企业绿色转型升级。要求企业利用信息技术对生产过程各个环节的能耗、污染排放量等进行精确的测量。企业要科学合理地配置计量器具、设备设施，对生产的各个环节进行数据采集，对关键点进行反复测量，并运用数据挖掘和处理的方式找出最佳控制范围或操作方式。采集到的数据也可被用来与同行产品的能耗、物耗等相比，有针对性地对生产过程的不良环节进行优化。二是引导企业进行产业链的延伸。制造型企业除了通过产品创新对现有材料进行综合开发利用外，还应积极探索向"第一和第三产业"的转型方式，如发展旅游参观、博览展会等与制造相结合的服务型产业。同时，还应积极建立生态产业园、发展循环经济，将资源消耗限制在资源再生的阈值内，将污染排放限制在自然净化的阈值内。

六、加强对绿色技术创新人才的培养和引进

一是政府应该制定相关的政策措施，吸引和培养绿色技术创新人才。政府可以通过推出人才引进政策、设立专项基金、优化税收政策等方式，吸引国内外优秀的绿色技术创新人才。同时，政府还可以加大对绿色技术相关专业的支持力度，提高培养绿色技术人才的质量和效果。二是企业应该加强对绿色技术创新人才的培养和引进。企业可以通过设置专项人才培养计划、与高校合作共建绿色技术研发中心等方式，加强对绿色技术人才的培养和引进。同时，企业还应该制定具体的人才引进计划和措施，吸引国内外绿色技术创新人才。三是高校应该加强对绿色技术创新人才的培养和引进。高校可以通过建立绿色技术创新类专业，加强对绿色技术创新人才的培养。同时，高校还可以加强与企业、科研机构等的合作，提高绿色技术创新人才的实践能力。四是社会各界应该加强对绿色技术创新人才的关注和支持。各种社会组织可以通过举办绿色技术创新类论坛、培训班等活动，加强绿色技术创新人才间的交流和合作。同时，社会还应该加强对绿色技术创新人才的宣传和推广，提高社会对绿色技术创新的认知度和重视程度。

第二节　加快传统制造业绿色化改造的对策建议

一、弥补传统制造业领域关键技术短板，提高技术成熟度

一是加强传统制造业领域关键核心"低碳、零碳、负碳"技术研发。结合创新型省份建设，围绕"碳达峰、碳中和"，聚焦节能环保、清洁生产、清洁能源、城市绿色发展、大气污染治理、污水污泥处理、固体废弃物综合利用等重点领域布局一批研发项目，突破关键材料、仪器设备、核心工艺工业控制装置的技术瓶颈，推动研制一批具有自主知识产权、达到国际先进水平的关键核心"低碳、零碳、负碳"技术，切实提升传统制造业领域的技术供给能力。二是提高"低碳、零碳、负碳"技术的技术成熟度。引导科研人员继续进行后续试验、开发，补充实验数据，提高"低碳、零碳、负碳"技术成果成熟度；鼓励高校、科研院所、企业技术中心、重点实验室等对科技成果进行后续试验、工程化开发；进一步支持产业技术研究院、新型研究开发组织等机构进行共性技术研究开发，对科技成果进行熟化。

二、制定节能环保技术需求目录，搭建信息共享平台

一是制定传统产业节能环保技术需求目录。以改善大气环境质量为目标，环保部门、行业协会等，开展一次全国范围内的传统产业节能环保技术普查，形成《传统产业节能环保技术需求目录》。二是搭建节能环保技术信息共享和交易平台。以大数据、云计算等信息技术为手段，环保、发改、经信、科技等部门成立节能环保优势技术交易平台建设领导小组和顾问专家组，搭建节能环保优势技术共享交易平台，将节能环保企业逐步吸纳到平台上进行信息共享和实时交易。

三、创新绿色金融服务机制

一是建立和完善信息披露机制。强化发改、经信、财政、环保、土地、金融等部门及金融机构之间的沟通协同及信息共享，通过政银企座谈会、专题推介会等多种方式，引导更多的金融机构，积极参与传统制造业绿色化改造。二是丰富融资工具。推广特许经营权、未来收益权、收费权、排污权质押贷款，综合利用承兑、保理、

供应链等融资工具。积极协调世界银行、亚洲开发银行、国家开发银行等国内外金融机构，为传统制造型企业参与地区环境污染治理重大工程提供股权融资或贷款等金融服务。三是建立考评机制。出台金融机构支持传统制造业绿色化改造的考评奖励办法，做好项目的后续跟踪评价工作，及时筛选出不符合传统制造业绿色化改造的项目，并予以提示，及时兑现奖惩，以激励绿色金融发展。

四、健全绿色认证和监督管理机制

一是加强标准引领。建立绿色技术标准体系，以标准引领企业绿色技术创新，开展绿色技术通用标准、强制标准、重点领域技术标准研究。二是借助新技术，完善绿色消费体系。采用大数据、信息技术、物联网、云平台等高新技术手段，加强创新技术运用，畅通绿色产品生产地及质量验证追溯渠道，促进绿色消费市场体系的构建和完善。三是完善绿色认证和监督管理机制。采取定期或不定期抽检的形式检查市场上流通的绿色产品及生产或经营绿色产品的企业等，对非法使用绿色产品标志的产品或企业给予严厉的经济和法律制裁，形成规范化管理。

第三节　推动工业行业绿色低碳技术创新的对策建议

一、加强政策引导和支持

一是制定优惠政策。政府可以制定税收、融资、财政扶持等政策，鼓励企业在绿色低碳技术研发和应用上进行投资。同时，通过政策引导，促进企业将经济效益与环境效益结合起来，推动工业经济向绿色低碳方向转型。二是设立绿色产业基金。政府可以设立绿色产业基金，提供融资支持，鼓励企业在绿色低碳技术创新和产业化上进行投资。基金可以向企业提供股权投资、债权融资等多种形式的支持，推动企业研发和应用绿色低碳技术，实现可持续发展。三是建立技术创新支持机制。政府可以通过技术创新奖励、科技项目扶持、专利授权等方式，支持企业在绿色低碳技术研发和应用上进行创新。同时，政府可以鼓励企业建立创新型研发团队，提高技术创新能力和水平。四是加强知识产权保护。政府可以通过加强知识产权保护，鼓励企业进行绿色低碳技术创新。同时，政府可以通过法律手段保护企业的创新成果,防止技术盗窃和侵权行为,为企业提供更加稳定的发展环境。五是建立信息共享平台。政府可以建立信息共享平台,促进企业之间在绿色低碳技术创新和应用方面的交流和合作,提高整个产业链的创新能力和水平。同时,通过信息共享平台,政府可以了解到企业在绿色低碳技术方面的需求和问题,有针对性地制定政策和措施,推动产业转型升级。

二、积极推广智能制造和绿色生产

一是鼓励企业投资智能制造和绿色生产。政府可以通过财政补贴、税收优惠等方式,鼓励企业投资智能制造和绿色生产,提高其市场竞争力。二是建立智能制造和绿色生产标准体系。政府可以出台相应的标准,规范智能制造和绿色生产的相关要求,提高生产过程中的能源利用率、资源利用率和废物利用率等。三是提供技术咨询和培训。政府可以提供技术咨询和培训,帮助企业提高生产效率和资源利用效率;同时推广先进的智能制造和绿色生产技术,加快产业升级和转型。四是加强监管和执法。政府应该加强对企业生产过程的监管和执法,保障生产过程的环保和安全,减少污染物的排放,促进绿色低碳生产。五是鼓励企业开展合作。政府可以通过促进企业之间的合作,共享生产资源和技术,提高智能制造和绿色生产的效率和质量,降低生产成本,推进产业升级和转型。

三、尽快制定工业行业绿色低碳技术创新的标准化体系

一是制定行业标准和技术标准。政府可以牵头制定行业标准和技术标准,建立绿色技术创新的标准化体系,以此推动行业的绿色转型和可持续发展。这些标准可以是技术性的,如涉及能源消耗、环境影响等,也可以是社会性的,如涉及社会责任、公平竞争等。二是支持企业参与标准制定。政府可以鼓励和支持企业参与标准制定的过程,通过与其他企业、研究机构和政府机构的合作,确保制定的标准代表了行业整体的情况。同时,企业也可以通过参与标准制定,提高自身的技术水平和行业地位,增强企业的竞争力。三是加强标准推广和监督。政府应该加强对标准的推广和监督,确保标准得到广泛遵守。政府可以利用媒体宣传、培训和奖惩等方式来推广标准,同时加强对标准执行情况的监督和评估,及时发现和解决标准执行中存在的问题。四是加强与国际标准对接。与国际标准对接可以使政府与企业制定的标准更具可比性和可操作性,也可以促进行业间的交流和合作。政府可以加强与国际标准组织的合作和对接,确保国内标准与国际标准接轨,提高国内行业的竞争力和声誉。

四、推进工业行业科技创新平台建立

一是加强对科技创新平台建设的政策支持。政府可以制定相关政策,提供财政支持,鼓励企业、高校和科研机构积极参与科技创新平台建设,推进绿色低碳技术创新。二是建立开放式平台。科技创新平台应该是开放式的,以鼓励各方面人才和资源的集聚,促进交流和合作。同时,要充分发挥平台在技术创新、人才培养、科技成果转化等方面的作用,带动产业链各环节的协同创新。三是建立完善的管理机制。科技创新平台要建立健全管理机制,确保科研人员和企业能够充分发挥自身的优势和创新能力,提高技术创新的效率和质量,同时也要加强对科技成果的保护和管理,保障科技成果的产权。四是推进国际合作。绿色低碳技术创新是全球性的问题,需要加强国际合作,汇聚全球智慧和资源,推动技术创新和产业升级。政府可以加强国际交流与合作,推进国际科技创新平台的建设。

五、加大对工业行业绿色创新的宣传和推广力度

一是举办科技创新平台宣传活动。通过展览、演讲、论坛等形式宣传科技创新平台的重要性和成果,吸引更多企业和机构参与科技创新平台的建设和运营。二是利用网络和媒体宣传。通过各大媒体、行业网站等传媒平台发布科技创新平台的信息,让更多人了解到科技创新平台的存在和作用,提高科技创新平台的知名度和影响力。三是加强对相关政策的宣传。让企业和机构了解到政府对科技创新平台的支持力度,鼓励他们积极参与科技创新平台的建设和运营。四是开展专业培训和交流活动。组织专家学者、企业和机构代表等开展技术交流和研讨活动,提升他们的技术水平和创新能力,推动科技创新平台的发展和创新成果的转化。

第四节　推动能源行业绿色低碳技术创新的对策建议

一、大力支持绿色能源技术创新

一是加强政策引导和支持。政府可以制定更具针对性和可操作性的政策,如增加绿色能源产业的补贴,提高绿色能源技术创新的税收优惠额度,加大对绿色能

源技术创新项目的财政资助力度等,以推动绿色能源技术的发展。二是建立科技创新平台。建立以企业为主体,产学研一体的绿色能源技术创新平台,集聚行业内优秀的技术人才,推进技术研发与应用,提高绿色能源技术创新的整体水平。三是加强行业合作与交流。促进产学研之间的深度合作,引导企业加大技术创新投入和加强科技人才培养,增强行业内各方在技术创新方面的合作和交流,形成合力。四是提高技术创新的可持续性。在绿色能源技术创新中,注重技术的可持续性和环境效益,开展绿色能源技术的生命周期评价,促进技术的可持续发展。五是引导绿色消费。政府可以鼓励公众采用绿色能源产品,推广绿色能源知识,提高公众对绿色能源的认知度和使用率,推动绿色能源技术的普及和应用。

二、积极推动能源行业向绿色低碳方向转型

一是支持清洁能源发展。政府可以出台政策,推广清洁能源,例如太阳能和风能等。此外,政府还可以通过投入资金和税收优惠等方式,鼓励企业积极开发和应用清洁能源技术。二是加强节能减排。政府可以鼓励企业加强节能减排,降低能源消耗,减少碳排放。政府可以提供财政补贴,以帮助企业实现这一目标。同时,政府还可以加强监管,推动企业实施绿色生产,遵守环保法规。三是发展绿色技术。政府可以出台政策,支持和鼓励企业开发和应用绿色技术,例如燃料电池和生物质能等。政府可以提供资金和技术支持,促进技术创新和推广。四是推动能源行业转型。政府可以鼓励传统能源企业加强绿色转型,向清洁能源和绿色低碳方向发展。政府可以出台政策,鼓励企业进行技术改造和升级,以适应市场需求和环保要求。五是加强宣传推广。政府可以加强宣传推广,丰富公众对绿色能源和低碳生活的认识。政府可以通过媒体、广告等渠道,向公众传递环保理念和绿色生活方式,鼓励公众积极参与绿色低碳行动。六是建立标准化体系。政府可以制定标准化体系,规范能源行业的绿色低碳生产和管理。政府可以鼓励企业遵守标准,提高绿色生产的质量和效率,同时减少对环境的污染。

三、积极推动能源行业的协同发展

一是加强协同发展。促进煤炭、石油、天然气、核能等能源行业之间的协同发展,加强各领域技术创新与合作,降低能源生产成本,提高资源利用效率。二是推动能源与科技的融合。鼓励能源行业加强与科技企业的合作,共同开发绿色低碳技术,推动新能源、清洁能源、智能能源等领域的发展。三是加强政策引

导。政府制定有针对性的政策,鼓励企业加大对绿色技术创新的投入,支持新能源技术的研发和应用,引导企业向低碳经济转型。四是加强行业监管。建立健全行业监管机制,强化对能源行业的监管,加大对能源行业的环保和能效标准的监督检查力度,促进企业合规经营。五是推动能源国际合作。加强与国际能源组织、国际能源企业的合作,共同研发、推广绿色低碳技术,促进能源领域的国际合作与共赢。

第五节　推动农业行业绿色低碳技术创新的对策建议

一、建立政策支持体系

一是制定绿色低碳农业政策。制定鼓励和支持绿色低碳农业发展的政策,明确政府在农业绿色低碳转型中的引导和支持角色,推动农业生产方式和农产品质量提升。二是建立专项资金。政府可以建立农业绿色低碳发展专项资金,用于支持农业科技创新、农业绿色生产技术研发、农业绿色项目推广等方面。三是制定标准化体系。建立与农业绿色低碳有关的技术、管理、服务、评价等标准,为农业企业提供统一的规范和标准。四是提供财政支持。政府可以为农业企业提供财政支持,包括贷款、税收减免等方面,鼓励农业企业加强绿色低碳技术创新和应用,促进农业绿色低碳发展。

二、推广先进农业技术

一是提高农民的科技创新意识。加强对农民科技方面的教育和宣传,增强农民的科技创新意识,激发他们的创新热情。二是建立农业技术推广服务体系。建立覆盖全国各地的农业技术推广服务体系,提供全方位、多层次、个性化的技术服务。三是推广数字化农业技术。加强数字化农业技术的研究和应用,提高农业生产自动化、智能化水平,降低碳排放。四是加强农业废弃物资源化利用。推广农业废弃物资源化利用技术,开发废弃物再利用的新途径,实现农业废弃物"减量化、资源化、无害化"。

三、大力推广循环农业模式

一是大力发展绿色种植和养殖。引导农民采用绿色种植和养殖技术,例如有机农业、无农药种植、光伏养殖等,减少化肥、农药、饲料等对环境的污染,提高农业的生产效益和质量。二是出台政策法规。政府可以通过出台有关循环农业的政策法规,鼓励农民实施循环农业模式,支持农业科技创新,提高农业生产的科技含量,促进循环农业技术的研发和应用。三是建立示范基地。通过建立示范基地、推广优秀经验等方式,加强对农民循环农业技术的培训和指导,提高农民的循环农业技能,同时可以激发农民的创新意识,进一步促进循环农业技术的创新。四是推广有机农资应用。可以推广有机肥料的应用,减少化肥的使用量,同时加强对生物农药和物理防治技术的研究和推广,降低农业对化学农药的依赖,推动绿色、健康、有机的农业生产方式。五是推进农业多元化发展。可以引导农民开展农业旅游、休闲农业等多元化经营方式,形成新的收入来源,同时提高农民的环保意识和可持续发展意识,进一步促进循环农业的发展。

四、加强科技创新平台建设

一是加大对科技平台的财政投入。政府应加大投入,建设更多的科技创新平台,提高科研设施的现代化水平,吸引更多的专家学者和科技人才参与到绿色低碳技术的研发中。二是完善知识产权保护机制,农业行业绿色低碳技术的创新和推广离不开知识产权的保护。政府应加强知识产权保护,鼓励和支持企业对绿色低碳技术进行申请和注册专利,促进技术的转化和推广。三是促进产学研合作。政府可以出台相关政策,加强产学研合作,鼓励企业与高等院校、研究所等科研机构合作,开展共同研发,加速绿色低碳技术的创新和推广。四是支持企业自主创新。政府可以通过一系列措施,如减税降费、优惠贷款等,为企业提供良好的创新环境和资金支持,鼓励企业在绿色低碳技术领域进行自主创新,推动农业行业向绿色低碳方向转型。五是加强人才培养。政府应加强对农业绿色低碳技术人才的培养和引进,鼓励和支持高校与职业教育机构加强对绿色低碳技术人才的培养,从而形成一批高素质的农业绿色低碳技术人才,为农业行业的绿色低碳发展提供人才保障。

五、积极推进行业协同合作

一是建立行业联盟。建立农业绿色低碳技术创新联盟,吸引政府、企业、高校、科研机构等各方力量参与,共同推动农业行业的绿色低碳发展。联盟可以制定行业标准、推广绿色技术、整合资源等。二是支持农业产业化龙头企业。政府可以加大对农业产业化龙头企业的扶持力度,支持它们对绿色低碳技术创新方面的投入和应用,同时加强龙头企业与农户之间的协作,推广优质绿色农产品的生产和销售。三是加强农业科技创新。政府可以鼓励企业和科研机构在农业绿色低碳技术方面的创新研发,支持先进的绿色农业技术的推广应用,以提高农业生产效率和农产品质量。四是加强信息化建设。政府可以借助信息化手段,建立农业生产信息化管理平台,推广现代化农业技术和绿色低碳生产方式,提高农业生产效率和生产质量。五是增强行业协同意识。政府可以通过组织行业论坛、交流会等形式,加强农业生产者之间的沟通交流,增强他们的行业协同意识,推进绿色低碳生产模式的共同发展。

第六节 推动建筑行业绿色低碳技术创新的对策建议

建筑行业是全球温室气体排放的重要来源之一,绿色技术创新是推动建筑行业减排的重要手段之一。以下是一些针对建筑行业绿色技术创新的政策建议。

一、支持绿色建筑材料的研发和应用

一是鼓励绿色建筑材料的研发。政府可以鼓励企业加大对绿色建筑材料的研发力度,如通过专项资金、税收优惠等措施,激励企业进行技术创新,推动绿色建筑材料行业不断发展。二是提供财政支持。政府可以提供财政支持,通过资金扶持、贷款优惠等方式,鼓励企业采用绿色建筑材料,推广绿色建筑。三是建立绿色建筑材料认证制度。政府可以加强对绿色建筑材料的监管,建立绿色建筑材料认证制度,通过认证机构对材料的环保性能进行评估和认证,提高绿色建筑材料的可信度和市场占有率。

二、加强财政支持，推动建筑行业绿色技术创新可持续发展

一是设立专项资金。政府可以设立专项资金，用于支持绿色建筑材料的研发、生产、销售和应用。这些资金可以通过招标、竞争性谈判等方式发放，以鼓励企业进行技术创新，推动绿色建筑材料行业的不断发展。二是提供贷款优惠。政府可以通过财政部门、银行等机构，为使用绿色建筑材料的企业提供贷款优惠，减轻企业的财务压力，降低企业的贷款成本，促进绿色建筑材料的应用。三是给予税收优惠。政府可以针对使用绿色建筑材料的企业实施税收优惠政策，降低企业的税负，鼓励企业采用绿色建筑材料，推广绿色建筑。四是实施奖励制度。政府可以实施奖励制度，对使用绿色建筑材料的企业给予奖励，鼓励企业加大对绿色建筑材料应用和推广的力度。五是支持绿色建筑节能评估。政府可以支持绿色建筑节能评估机构的建立和发展，为企业提供绿色建筑节能评估和咨询服务，促进绿色建筑材料的应用和推广。

三、建立绿色建筑材料认证制度

一是制定相关标准。政府可以制定绿色建筑材料认证标准，明确绿色建筑材料的性能要求和认证程序。这些标准应该综合考虑环保性、资源利用效率、能源效率、健康性等方面的因素，确保绿色建筑材料的性能和质量。二是建立认证机构。政府可以建立绿色建筑材料认证机构，负责对绿色建筑材料进行认证和监督。认证机构应该具备专业的认证能力和资质，能够对绿色建筑材料的环保性、资源利用效率、能源效率、健康性等方面进行评估和认证。三是实施认证制度。政府可以通过实施认证制度，对符合绿色建筑材料认证标准的企业和产品进行认证，并在产品包装和宣传材料中标注认证标志。这将有助于消费者和建筑业者选择符合环保要求的绿色建筑材料，推动绿色建筑材料的应用。四是加强监督和管理。政府应该加强对绿色建筑材料的监督和管理，确保绿色建筑材料认证的真实性和可靠性。政府可以通过检查、抽查、投诉、处理等方式，对认证机构和认证企业进行监督和管理，维护市场秩序和消费者权益。

四、加大绿色建筑材料的宣传和推广力度

一是建立宣传平台。政府可以建立绿色建筑材料的官方网站或微信公众号，发布相关政策和信息，提供绿色建筑材料的相关知识、案例和产品信息，引导公众

和建筑业者关注绿色建筑材料和绿色建筑。二是开展宣传活动。政府可以组织绿色建筑材料的宣传推广活动,如绿色建筑材料展览、绿色建筑论坛等,吸引公众和建筑业者参与,加深他们对绿色建筑材料的了解和认识。三是提供培训服务。政府可以提供绿色建筑材料的培训服务,包括绿色建筑材料的知识、使用方法、维护保养等方面的培训,提高建筑业者的专业水平和技能。四是开展示范工程。政府可以支持建设绿色建筑示范工程,如公共建筑、住宅小区等,展示绿色建筑材料的应用和效果,引导公众和建筑业者学习和推广。五是制定奖励政策。政府可以制定奖励政策,鼓励企业和个人在绿色建筑材料领域的创新和应用,提高绿色建筑材料的市场份额和影响力。

五、加快制定绿色建筑材料标准化体系

一是制定绿色建筑材料标准。政府可以组织相关专家、学者和业界人士,制定符合国家、行业和地方实际情况的绿色建筑材料标准,涉及绿色建筑材料的质量、环境、安全等方面。二是完善检测认证机制。政府可以建立完善的绿色建筑材料检测认证机制,确保绿色建筑材料符合标准要求。同时,鼓励企业自愿进行第三方检测认证,提高绿色建筑材料的可信度和市场竞争力。三是加强对标准的宣传普及。政府可以通过各种途径,如官方网站、微信公众号、宣传册、宣传片等,加强对标准的宣传普及,提高绿色建筑材料标准的知晓度和应用率。四是鼓励企业参与标准制定。政府可以鼓励企业参与绿色建筑材料标准制定工作,组织相关企业参与对标准制定的研究、讨论和评审,提高标准的可操作性和可持续性。五是建立标准档案。政府可以建立绿色建筑材料标准档案,完善标准的管理、维护和更新,确保标准的可靠性和时效性。

第七节 环境信息公开促进碳减排的对策建议

一、完善环境信息公开的法规和政策

一是政府应该积极与企业和社会组织合作,共同制定和完善有关环境信息公开的法规和政策。政府需要充分了解企业和社会组织的需求和意见,确保制定的

法规和政策具有可操作性和有效性，并且能够得到各方的认可和支持。二是政府应该加强监督和评估工作，确保企业能够按照要求公开环境信息，并且环境信息公开的质量和可靠性有保障。政府可以建立监管机制，对违规企业进行处罚，同时对合规企业进行表扬和奖励，促使企业更加重视环境信息公开工作，确保环境信息公开的真实性和可信度。三是政府可以通过提供技术支持和培训，帮助企业提高环境信息公开的能力和水平。政府可以组织专家和学者，为企业提供数据收集和处理、信息发布等方面的技术支持和指导，并为企业提供相关的培训和教育，提高企业对环境信息公开的认识和理解。四是政府可以通过建立多渠道的反馈机制，了解公众和利益相关者对环境信息公开的看法和建议，并根据反馈意见对环境信息公开的法规和政策进行优化和完善，从而促进环境信息公开工作的不断发展和完善。

二、加强对环境信息公开的技术支持

一是政府可以通过建立技术支持平台或研发中心，提供技术支持和指导。平台或研发中心可以汇聚相关领域的专家和学者，建立技术交流和研发平台，为企业提供技术咨询、技术指导、技术培训等服务，帮助企业提高环境信息公开的能力和水平。二是政府可以鼓励和支持企业采用先进的信息技术手段，提高环境信息公开的效率和质量。例如，政府可以鼓励企业采用云计算、大数据、人工智能等技术手段，提高数据收集、分析和发布的效率，同时确保数据的准确性和可靠性。三是政府可以加强对环境信息公开相关技术的研发和应用，推动技术创新和发展。例如，政府可以组织专家和学者，开展相关技术的研究和开发，提高技术的可靠性和实用性，同时促进技术的产业化和推广应用。四是政府可以建立环境信息公开的技术标准和规范，统一技术要求和评价标准。通过建立技术标准和规范，可以提高环境信息公开的标准化水平，降低技术门槛，促进技术的推广和应用。同时，政府还可以建立技术评价和认证体系，对符合标准和规范的技术进行认证和评价，提高技术的可信度和公信力，促进技术的广泛应用。

三、主动发挥社会组织的作用

一是政府应该积极引导和支持社会组织参与环境信息公开工作。政府可以通过鼓励社会组织参与相关决策和规划、设立奖励机制等方式，激发社会组织参与环境信息公开工作的积极性和主动性，同时提高其对环境信息公开工作的关注度和关注质量。二是政府应该加强与社会组织的沟通和协作，建立健全合作机制。政府可以通过定期召开座谈会、开展现场调研、建立工作组等方式，加强与社会组织的沟通和交流，了解社会组织对环境信息公开工作的看法和建议，同时协同社会组织共同推动环境信息公开工作的不断发展和完善。三是政府可以加强对社会组织的培训和能力建设，提高其对环境信息公开工作的理解和执行能力。政府可以组织专家和学者，为社会组织提供相关的培训和教育，提高其对环境信息公开工作的理解和认识，同时提高其数据收集和处理、信息发布等方面的能力和水平。四是政府可以加强对社会组织的监督和评估工作，确保其参与环境信息公开工作的合法性和规范性。政府可以建立社会组织登记制度、组织机构审批制度等，规范社会组织的组织形式和活动范围。同时，政府可以建立社会组织考核机制，对社会组织参与环境信息公开工作的质量和效果进行评估，确保其参与环境信息公开工作的规范性和有效性。

四、积极建立碳排放权交易市场

一是政府应该建立健全相关法律法规和政策，明确碳排放权交易市场的运行机制和规则。政府可以参考国际先进经验，制定具有可操作性和可控性的法规和政策，规范市场参与主体的行为，保障交易的公平、公正和透明。政府可以依托国家绿色低碳发展基金、环境保护基金等，为企业提供必要的经费和政策支持，促进企业的健康发展。二是政府应该加强对碳排放数据的收集、统计和公开，为市场参与主体提供可靠的数据支撑。政府可以依托现有的环保机构和科研机构，建立完善的碳排放数据收集和统计系统，定期发布碳排放数据，提高数据的可靠性和准确性。政府可以将公开的碳排放数据纳入市场交易规则，促进市场的稳定和健康发展。三是政府可以加强对市场参与主体的培训和能力建设，提高其对碳排放权交易市场的理解和执行能力。政府可以组织相关专家和学者，为市场参与主体提供相关的培训和教育，提高其对碳排放权交易市场的理解和认识，同时提高其数据收集和处理、信息发布等方面的能力和水平。四是政府可以加强市场监管和风险防控工作，确保市场的稳定和安全。政府可以建立碳排放权交易市场的监管机制，加强市场的监管和风险防控工作，及时发现和处理市场交易中的不正当行为和违规操作，保障市场的公平、公正和透明。同时，政府可以建立市场风险评估和预警机制，预防市场的异常波动和风险事件的发生，保障市场的稳定和健康发展。

五、提高公众参与环境信息公开的积极性

一是政府应该加强对环境信息公开的宣传教育工作,提高公众对环境信息公开的认识和意识。政府可以通过各种渠道和媒体,向公众普及环境信息公开的重要性、方法和途径,引导公众关注环境信息公开的进展和成果,鼓励公众积极参与环境信息公开。二是政府应该完善环境信息公开的渠道和平台,提高公众获取信息的便捷性和准确性。政府可以建立和完善各种环境信息公开的渠道和平台,如网站、微信公众号、APP 等,让公众可以通过多种方式获取相关环境信息,提高公众对环境信息的认知和理解。同时,政府应该加强对环境信息公开的监督和管理,确保信息的真实、准确和及时性。三是政府应该积极开展针对环境信息公开的问询和听证工作,充分听取公众意见和建议。政府可以组织相关部门和机构,定期开展环境信息公开的问询和听证工作,让公众有机会表达对环境信息公开的看法和意见,提高公众的参与度和满意度。同时,政府应该及时回应公众关注的环境问题,为公众提供更多的信息和服务。

第八节　推动可降解替代产业发展的对策建议

一、尽快制定可降解替代品标准,推进替代品检测认证平台建设

制定以生物降解率为主要参数的国家级可降解替代材料及制品标准,以标准规范可降解替代产品质量。支持高校、科研机构及龙头企业筹建可降解替代品检验检测中心及认证机构,加速破解各省份企业可降解替代产品检测难、认证难等痛点问题,夯实可降解替代产业发展基础。制定国家级可降解替代品标准,推进替代品检测认证平台建设是推动可降解替代产业发展的另一项重要举措。标准的制定可以统一替代品的生产和使用标准,促进行业规范化发展,保障消费者健康和环境安全。检测认证平台的建设可以提高替代品的质量和可靠性,增强替代品的市场竞争力。具体来说,应采取以下政策措施:首先,加强政策引导,推进标准制定和检测认证平台建设。政府可以出台鼓励政策,引导企业制定可降解替代品标准,并给予适当的资金支持,推动检测认证平台的建设和发展。其次,加强标准化工作,推

进标准制定和实施。政府可以加强对标准制定工作的指导和协调,鼓励企业积极参与标准制定工作,确保标准的科学性、可行性和有效性。最后,建设替代品检测认证平台,提高替代品的质量和可靠性。政府可以支持企业和科研机构建设检测认证平台,提供技术和经费支持,加强替代品的检测和监管,保障替代品的质量和安全。

二、强化产学研合作,加快核心技术研发

支持现有行业龙头企业与相关科研机构、高校、省级重点企业研究院、企业技术中心、创新中心等创新平台合作,开展可降解原料合成催化剂、全降解购物袋低成本配方、以纸代塑等关键共性技术攻关,提升我国可降解替代品的核心技术水平。技术创新是可降解替代产业发展的重要驱动力之一。在这个领域,企业可以加大对可降解替代品技术研发的投入,不断提高产品的品质和性能,以满足市场需求。技术创新的重点包括原材料研发、工艺改进、生产设备升级等方面。首先,通过研究开发更加环保、高效的生物材料,不断提高可降解替代品的品质和性能,满足不同行业的需求。其次,通过不断改进生产工艺,提高生产效率和产品品质,降低生产成本,增强可降解替代品的市场竞争力。最后,通过引进更加先进的生产设备,提高生产自动化水平,提高生产效率和产品品质,进一步降低生产成本,增强可降解替代品的市场竞争力。总之,技术创新是可降解替代产业发展的重要驱动力之一,企业应加大对技术创新的投入,不断提高产品的品质和性能,满足市场需求。

三、实施一批可降解替代产业化示范项目,支持骨干企业做大做强

推动实施一批技术成熟的可降解材料和生物基、全生物降解等替代品的补链和扩能项目,培育一批可降解替代产业的单项冠军和隐形冠军,打造可降解材料产业集群,保障和拓展市场供给。实施一批可降解替代产业化示范项目,并支持骨干企业做大做强是推动可降解替代产业发展的重要举措之一。示范项目可以提高可降解替代品的知名度和市场占有率,引领行业发展方向;骨干企业的做大做强可以加快可降解替代产业的整合和优化,推动企业向产业链上游延伸,提高企业综合实力和市场竞争力。具体来说,应采取以下政策措施:首先,鼓励政府和企业投入资金,支持可降解替代产业化示范项目的实施。政府可以通过出台优惠政策、提供补贴等方式,鼓励企业开展示范项目,促进可降解替代产业的发展。同时,政府还可以加强对示范项目的监管和评估,确保项目取得预期效果。其次,加强对骨干企业的扶持和引导,鼓励企业做大做强。政府可以通过提供税收优惠、给予资金支持等方式,鼓

励企业加大投入,推进技术创新和产业升级,提高企业核心竞争力和市场占有率。最后,加强产业协同,实现产业链优化和协同发展。政府可以通过鼓励企业开展联合研发、共享资源等方式,推动产业链的协同发展,降低生产成本,提高市场竞争力。

四、加强禁限塑宣传和执法,为可降解替代产业发展营造环境

持续开展禁限塑宣传和普及教育,充分运用报纸、广播、电视、微信、短视频等传统和新型媒体,提高全社会知晓率、参与度。加强禁限塑领域执法检查,重点聚焦商场、超市、药店、书店、农贸市场、餐饮等场所,定期开展专项监督检查,严格按照禁限规定期限停止使用不可降解塑料袋,确保塑料污染治理工作落实到位。环保宣传是推动可降解替代产业发展的重要手段之一。通过加强环保宣传,可以提高公众的环保意识,促进可降解替代品的推广和应用,进一步推动可降解替代产业的发展。具体来说,环保宣传可以实现以下几个方面的目标:首先,加强对可降解替代品的宣传,提高公众对可降解替代品的认识和了解。可以通过多种宣传方式,如网络、海报、广告等,向公众传递可降解替代品的优点、应用范围和环保价值等信息,提高公众对可降解替代品的认识和接受程度。其次,宣传环保理念,引导公众积极参与环保行动。可以通过开展环保活动、组织环保志愿者、推广环保知识等方式,向公众传递环保理念,引导公众积极参与环保行动,共同为环保事业做出贡献。最后,加强环保监督,防止不良环保行为的发生。可以通过宣传环保法律法规、普及环保知识等方式,加强对环保行为的监督,防止不良环保行为的发生,保护环境和生态系统。

五、加强政策支持,推动可降解替代产业持续发展

政策支持是推动可降解替代产业发展的重要手段之一。政府可以通过制定相关政策和法规,如税收减免、资金扶持等,鼓励企业发展可降解替代产业。此外,政府还可以加强对可降解替代品生产和销售的监管,保障市场的公平竞争,防止不良竞争行为的发生,推动产业健康有序发展。政策支持还可以促进可降解替代品产业与其他相关产业的协同发展,形成完整的产业链,提高整体产业的竞争力和经济效益。此外,政府也可以加强对可降解替代品技术创新和标准化的支持,推动行业技术水平的提高,提高产品品质和性能,增强可降解替代品的市场竞争力。总之,政策支持是推动可降解替代品产业发展的重要保障和促进因素,政府和企业应共同努力,加强政策支持和产业合作,推动可降解替代品产业的持续发展。

参考文献

[1] 安英莉,戴文婷,卞正富,等.煤炭全生命周期阶段划分及其环境行为评价:以
徐州地区为例[J].中国矿业大学学报,2016,45(2):293-300.

[2] 白俊红,王钺,蒋伏心,等.研发要素流动、空间知识溢出与经济增长[J].经济
研究,2017,52(7):109-123.

[3] 曹淑艳,谢高地.中国产业部门碳足迹流追踪分析[J].资源科学,2010,32(11):
2046-2052.

[4] 陈菡,陈文颖,何建坤.实现碳排放达峰和空气质量达标的协同治理路径[J].
中国人口·资源与环境,2020,30(10):12-18.

[5] 陈艳春,韩伯棠,张宏雷.绿色技术溢出内在动力与影响因素研究[J].河北工
业大学学报,2012,41(6):105-110.

[6] 丛建辉,朱婧,陈楠,等.中国城市能源消费碳排放核算方法比较及案例分析:
基于"排放因子"与"活动水平数据"选取的视角[J].城市问题,2014(3):5-11.

[7] 方放,王道平,张志东.跨越低碳技术"死亡之谷"公共部门与私有部门投资者
协同创新研究:基于信息不对称视角[J].中国软科学,2016(1):138-145.

[8] 冯灵,余翔.中国高铁破坏性创新路径探析[J].科研管理,2015,36(10):77-84.

[9] 傅京燕,原宗琳.中国电力行业协同减排的效应评价与扩张机制分析[J].中国
工业经济,2017(2):43-59.

[10] 高庆先,高文欧,马占云,等.大气污染物与温室气体减排协同效应评估方法
及应用[J].气候变化研究进展,2021,17(3):268-278.

[11] 高文静.中国工业部门碳生产率研究[D].太原:山西财经大学,2012.

[12] 顾阿伦,滕飞,冯相昭.主要部门污染物控制政策的温室气体协同效果分析与
评价[J].中国人口·资源与环境,2016,26(2):10-17.

[13] 杭雷鸣.我国能源消费结构问题研究[D].上海:上海交通大学,2007.

[14] 何建坤,刘滨.作为温室气体排放衡量指标的碳排放强度分析[J].清华大学
学报(自然科学版),2004(6):740-743.

[15] 何艳秋.行业完全碳排放的测算及应用[J].统计研究,2012,29(3):67-72.

[16] 贺红兵. 我国碳排放影响因素分析[D].武汉:华中科技大学,2012.

[17] 胡中华,周振新.区域环境治理:从运动式协作到常态化协同[J].中国人口·资源与环境,2021,31(3):66-74.

[18] 李艳梅,张雷,程晓凌.中国碳排放变化的因素分解与减排途径分析[J].资源科学,2010,32(2):218-222.

[19] 林春培,张振刚,薛捷.破坏性创新的概念、类型、内在动力及事前识别[J].中国科技论坛,2012 (2):35-41.

[20] 刘明达,蒙吉军,刘碧寒.国内外碳排放核算方法研究进展[J].热带地理,2014,34(2):248-258.

[21] 刘仁厚,王革,黄宁,等.中国科技创新支撑碳达峰、碳中和的路径研究[J].广西社会科学,2021(8):1-7.

[22] 刘卫先,李诚.中国温室气体与大气污染物控制协同规划及其保障[J].中国人口·资源与环境,2022,32(12):1-10.

[23] 刘燕娜,洪燕真,余建辉.福建省碳排放的因素分解实证研究[J].技术经济,2010,29(8):58-61,87.

[24] 刘亦文,欧阳莹,蔡宏宇.中国农业绿色全要素生产率测度及时空演化特征研究[J].数量经济技术经济研究,2021,38(5):39-56.

[25] 刘宇,吕郢康,周梅芳.投入产出法测算 CO_2 排放量及其影响因素分析[J].中国人口·资源与环境,2015,25(9):21-28.

[26] 刘竹,耿涌,薛冰,等.城市能源消费碳排放核算方法[J].资源科学,2011,33(7):1325-1330.

[27] 马晓哲,王铮,唐钦能,等.全球实施碳税政策对碳减排及世界经济的影响评估[J].气候变化研究进展,2016,12(3):217-229.

[28] 毛显强,邢有凯,胡涛,等.中国电力行业硫、氮、碳协同减排的环境经济路径分析[J].中国环境科学,2012,32(4):748-756.

[29] 蒙少东,张世英.生产函数理论研究的进展探析[J].华侨大学学报(哲学社会科学版),2003(2):29-32.

[30] 戚聿东,杜博,叶胜然.知识产权与技术标准协同驱动数字产业创新:机理与路径[J].中国工业经济,2022(8):5-24.

[31] 秦阿宁,孙玉玲,王燕鹏,等.碳中和背景下的国际绿色技术发展态势分析[J].

世界科技研究与发展,2021,43(4):385-402.

[32] 邱实.政府职责视角下应急管理协同机制的困点阐析及优化进路:基于南京市的案例分析[J].公共管理学报,2023,20(2):1-20.

[33] 孙晓华,王昀,郑辉.R&D溢出对中国制造业全要素生产率的影响:基于产业间、国际贸易和FDI三种溢出渠道的实证检验[J].南开经济研究,2012(5):18-35.

[34] 孙学涛,于婷,于法稳.数字普惠金融对农业机械化的影响:来自中国1869个县域的证据[J].中国农村经济,2022(2):76-93.

[35] 田云,尹忞昊.技术进步促进了农业能源碳减排吗?:基于回弹效应与空间溢出效应的检验[J].改革,2021(12):45-58.

[36] 王行风,汪云甲,李永峰.基于生命周期理论的煤矿区土地利用演化模拟[J].地理研究,2009,28(2):379-390.

[37] 吴力波,杨眉敏,孙可哿.公众环境关注度对企业和政府环境治理的影响[J].中国人口·资源与环境,2022,32(2):1-14.

[38] 杨宇飞.中国工业行业间R&D技术溢出及其对碳排放的影响[D].合肥:合肥工业大学,2018.

[39] 张超正,杨钢桥.农地整治何以促进农户收入增加:基于整治模式和地貌类型的异质分析[J].自然资源学报,2021,36(12):3114-3130.

[40] 张锁江,张香平,葛蔚,等.工业过程绿色低碳技术[J].中国科学院院刊,2022,37(4):511-521.

[41] 张屹山,胡茜.要素质量、资源错配与全要素生产率分解[J].经济评论,2019(1):61-74.

[42] 张瑜,孙倩,薛进军,等.减污降碳的协同效应分析及其路径探究[J].中国人口·资源与环境,2022,32(5):1-13.

[43] 赵菲菲,敬莉.中国能源碳排放行业差异及主要影响因素分析[J].山东工商学院学报,2016,30(1):48-55.

[44] 赵晶,迟旭,孙泽君."协调统一"还是"各自为政":政策协同对企业自主创新的影响[J].中国工业经济,2022(8):175-192.

[45] ABEBE H, KRIS I, RATBEK D. Does R&D investment in renewable energy technologies reduce greenhouse gas emissions? [J]. Applied energy,2022,327:120056.

［46］ ACHEAMPONG A O,AMPONSAH M,BOATENG E. Does financial development mitigate carbon emissions? evidence from heterogeneous financial economies ［J］. Energy economics,2020,88:104768.

［47］ ADNER R. When are technologies disruptive? a demand-based view of the emergence of competition［J］. Strategic management journal,2002,23(8): 667-688.

［48］ AKALPLER E,HOVE S. Carbon emissions,energy use,real GDP per capita and trade matrix in the Indian economy-an ARDL approach［J］. Energy, 2019,168:1081-1093.

［49］ ALI U,LI Y,YANEZ MORALES V P,et al. Dynamics of international trade,technology innovation and environmental sustainability:evidence from Asia by accounting for cross-sectional dependence［J］. Journal of environmental planning and management,2021,64(10):1864-1885.

［50］ ANG B W. Decomposition of aggregate energy intensity of industry with application to China,Korea and Taiwan［J］. Energy & environment,1997,8(1).

［51］ ANG B W. The LMDI approach to decomposition analysis:a practical guide ［J］. Energy policy,2005,33(7):867-871.

［52］ ANSHELM J,HANSSON A. Climate change and the convergence between ENGOs and business:on the loss of utopian energies［J］. Environmental values,2011,20(1):75-94.

［53］ ASIF R,ALMAGUL T. Dynamic impacts of economic growth,energy use, urbanization,agricultural productivity,and forested area on carbon emissions: New insights from Kazakhstan［J］. World development sustainability,2022, 1:100019.

［54］ AVENYO E K,TREGENNA F. Greening manufacturing:technology intensity and carbon dioxide emissions in developing countries［J］. Applied energy, 2022,324:119726.

［55］ BABBITT C W,LINDNER A S. A life cycle comparison of disposal and beneficial use of coal combustion products in Florida-Part 1:Methodology and inventory of materials,energy,and emissions［J］. International journal of life cycle assessment,2008,13(3):202-211.

[56] BAI C,FENG C,YAN H,et al. Will income inequality influence the abatement effect of renewable energy technological innovation on carbon dioxide emissions? [J]. Journal of environmental management,2020,264.

[57] BAI Y,DENG X,GIBSON J,et al. How does urbanization affect residential CO2 emissions? an analysis on urban agglomerations of China[J]. Journal of cleaner production,2019,209:876-85.

[58] BALDWIN R E,MARTIN P,OTTAVIANO G I P. Global income divergence, trade,and industrialization:the geography of growth take-offs[J]. Journal of economic growth,2001,6(1):5-37.

[59] BASTIANONI S,PULSELLI R M,PULSELLI F M. Models of withdrawing renewable and non-renewable resources based on Odum's energy systems theory and Daly's quasi-sustainability principle[J]. Ecological modelling,2009,220 (16):1926-1930.

[60] BENTZEN J. Estimating the rebound effect in US manufacturing energy consumption[J]. Energy economics,2004,26(1):123-134.

[61] BERKHOUT P H G,MUSKENS J C,VELTHUIJSEN J W. Defining the rebound effect[J]. Energy policy,2000,28(6):425-432.

[62] BERRONE P,FOSFURI A,GELABERT L,et al. Necessity as the mother of "green" inventions:Institutional pressures and environmental innovations [J]. Strategic management journal,2013,34(8):891-909.

[63] BEUUSéJOUR L,LENJOSEK G,SMART M. A CGE Approach to modelling carbon dioxide emissions control in Canada and the United States[J]. World economy,1995,18(3):457-488.

[64] BOGGS T E,FRIEDMAN J S,GROSS J B. Alterations to cavefish red blood cells provide evidence of adaptation to reduced subterranean oxygen[J]. Scientific reports,2022,12(1):1-10.

[65] BORG S. Social networks and health:models,methods,and applications[J]. JAMA:The journal of the American medical association,2012,307(11):1203.

[66] BROOKES L G. Energy policy,the energy price fallacy and the role of nuclear energy in the UK[J]. Energy policy,1978,6(2):94-106.

[67] BROWN M A. Market failures and barriers as a basis for clean energy policies

[J]. Energy policy,2001,29(14):1197-1207.

[68] BU C,ZHANG K,SHI D,et al. Does environmental information disclosure improve energy efficiency? [J]. Energy policy,2022,164.

[69] BURTRAW D, KRUPNICK A, PALMER K, et al. Ancillary benefits of reduced air pollution in the US from moderate greenhouse gas mitigation policies in the electricity sector[J]. Journal of environmental economics and management,2003,45(3):650-673.

[70] CAKAR N D,GEDIKLI A,ERDOGAN S,et al. Exploring the nexus between human capital and environmental degradation:the case of EU countries[J]. Journal of environmental management,2021,295:113057.

[71] CARA S D,JAYET P-A. Emissions of greenhouse gases from agriculture: the heterogeneity of abatement costs in France[J]. European review of agricultural economics,2000,27(3):281-303.

[72] CHANG D,GAO D,WANG X,et al. Influence mechanisms of the National pollution source census on public participation and environmental consciousness in China[J]. Journal of cleaner production,2022,363:132397.

[73] CHASTAS P,THEODOSIOU T,BIKAS D. Embodied energy in residential buildings-towards the nearly zero energy building:a. literature review[J]. Building and environment,2016,105:267-282.

[74] CHEN H,HAO Y,LI J,et al. The impact of environmental regulation, shadow economy,and corruption on environmental quality:theory and empirical evidence from China[J]. Journal of Cleaner Production,2018,195:200-214.

[75] CHEN J,GAO M,CHENG S,et al. County-level CO_2 emissions and sequestration in China during 1997—2017[J]. Scientific data,2020,7(1).

[76] CHEN J,WANG B,HUANG S,et al. The influence of increased population density in China on air pollution[J]. Science of the total environment,2020, 735:139456.

[77] CHEN Y,ZHANG J,TADIKAMALLA P R,et al. The relationship among government,enterprise,and public in environmental governance from the perspective of multi-player evolutionary game[J]. International journal of environmental research and public health,2019,16(18):3351.

[78] CHEN Z,XIE G. ESG disclosure and financial performance:moderating role of ESG investors[J]. International review of financial analysis,2022,83:102291.

[79] CHEN Z,ZHANG X,CHEN F. Do carbon emission trading schemes stimulate green innovation in enterprises? evidence from China[J]. Technological forecasting and social change,2021,168:1.

[80] CHENG C,REN X,DONG K,et al. How does technological innovation mitigate CO_2 emissions in OECD countries? heterogeneous analysis using panel quantile regression[J]. Journal of Environmental Management,2021,280.

[81] CHENG C,ZENG L,LI X,et al. research on nexus among carbon mission, environmental gulation and technology innovation[J]. Fresenius environmental bulletin,2021,30(6A):7127-7135.

[82] CHENG S,CHEN Y,MENG F,et al. Impacts of local public expenditure on CO_2 emissions in Chinese cities:a spatial cluster decomposition analysis[J]. Resources conservation and recycling,2021,164:105217.

[83] CHENG S,FAN W,CHEN J,et al. The impact of fiscal decentralization on CO_2 emissions in China[J]. Energy,2020,192:116685.

[84] CHERYL SIMRELL KING K M F,BRIDGET O'NEILL SUSEL. The question of participation:toward authentic public participation in public administration [J]. Public administration review,1998,58(4):317-326.

[85] CHOI K-H,ANG B W. Decomposition of aggregate energy intensity changes in two measures:ratio and difference[J]. Energy economics,2003,25(6).

[86] CHRISTENSEN C M. The ongoing process of building a theory of disruption [J]. Journal of product innovation management,2006,23(1):39-55.

[87] CHRISTENSEN C M,BOWER J L. Customer power,strategic investment, and the failure of leading firms[J]. Strategic management journal,1996,17 (3):197-218.

[88] CUI J,DAI J,WANG Z,et al. Does environmental regulation induce green innovation? a panel study of Chinese listed firms[J]. Technological forecasting and social change,2022,176:121492.

[89] DAKPO K H,JEANNEAUX P,LATRUFFE L. Greenhouse gas emissions and efficiency in French sheep meat farming:a non-parametric framework of

pollution-adjusted technologies[J]. European review of agricultural economics, 2017,44(1):33-65.

[90] DANNEELS E. Disruptive technology reconsidered: a critique and research agenda[J]. Journal of product innovation management,2004,21(4):246-258.

[91] DAUDA L,LONG X,MENSAH C N,et al. The effects of economic growth and innovation on CO_2 emissions in different regions[J]. Environmental science and pollution research,2019,26(15):15028-15038.

[92] DE B F, DEWAELHEYNS N, SCHOUBBEN F, et al. The influence of environmental regulation on the FDI location choice of EU ETS-covered MNEs [J]. Journal of environmental management,2022,321:115839.

[93] DECHEZLEPRETRE A,GLACHANT M. Does foreign environmental policy influence domestic innovation? evidence from the wind industry[J]. Environmental & resource economics,2014,58(3):391-413.

[94] DELRE S A,JAGER W,BIJMOLT T H A,et al. Will it spread or not? the effects of social influences and network topology on innovation diffusion[J]. Journal of product innovation management,2010,27(2):267-282.

[95] DEMIRCAN C N,GEDIKLI A,ERDOGAN S,et al. A comparative analysis of the relationship between innovation and transport sector carbon emissions in developed and developing mediterranean countries[J]. Environmental science and pollution research,2021,28(33):45693-45713.

[96] DONG Z,XIA C Y,FANG K,et al. Effect of the carbon emissions trading policy on the co-benefits of carbon emissions reduction and air pollution control [J]. Energy policy,2022,165:112998.

[97] DRISCOLL J C,KRAAY A C. Consistent covariance matrix estimation with spatially dependent panel data[J]. The review of economics and statistics, 1998,80(4):549-560.

[98] DRUCKMAN A,CHITNIS M,SORRELL S,et al. Missing carbon reductions? exploring rebound and backfire effects in UK households[J]. Energy Policy, 2011,39(6):778.

[99] DU K,CHENG Y,YAO X. Environmental regulation,green technology innovation, and industrial structure upgrading: the road to the green transformation of

Chinese cities[J]. Energy economics,2021,98:105247.

[100] DU K,LI P,YAN Z. Do green technology innovations contribute to carbon dioxide emission reduction? empirical evidence from patent data[J]. Technological forecasting and social change,2019,146:297-303.

[101] DU Q,DENG Y,ZHOU J,et al. Spatial spillover effect of carbon emission efficiency in the construction industry of China[J]. Environmental science and pollution research,2022,29(2):2466-2479.

[102] DUAN H,ZHOU S,JIANG K,et al. Assessing China's efforts to pursue the 1. 5 degrees C warming limit[J]. Science,2021,372(6540):378.

[103] DUAN X,DAI S,YANG R,et al. Environmental collaborative governance degree of government,corporation,and public[J]. Sustainability,2020,12(3).

[104] DUBEY A,LAL R. Carbon footprint and sustainability of agricultural production systems in Punjab,India,and Ohio,USA[J]. Journal of crop improvement, 2009,23(4):332-350.

[105] EHIGIAMUSOE K U,DOGAN E. The role of interaction effect between renewable energy consumption and real income in carbon emissions: evidence from low-income countries[J]. Renewable & sustainable energy reviews, 2022,154:111883.

[106] ERDOGAN S. Dynamic nexus between technological innovation and building sector carbon emissions in the BRICS countries[J]. Journal of environmental management,2021,293:112780.

[107] ERDOGAN S,YILDIRIM S,YILDIRIM D C,et al. The effects of innovation on sectoral carbon emissions: evidence from G20 countries [J]. Journal of Environmental Management,2020,267:110637.

[108] FAN J,ZHOU L,ZHANG Y,et al. How does population aging affect household carbon emissions? evidence from Chinese urban and rural areas [J]. Energy economics,2021,100:105356.

[109] FANG G,GAO Z,WANG L,et al. How does green innovation drive urban carbon emission efficiency?: evidence from the Yangtze River economic belt [J]. Journal of Cleaner Production,2022,375:134196.

[110] FANG J,LIU C,GAO C. The impact of environmental regulation on firm

exports:evidence from environmental information disclosure policy in China [J]. Environmental science and pollution research,2019,26(36):37101-37413.

[111] FAROOQ U,AHMED J,AKHTER W,et al. Environmental regulations and trade credit activities of corporate sector:a new panel data evidence[J]. Journal of cleaner production,2022,363:132307.

[112] FAVELA L H,RILEY M A,SHOCKLEY K,et al. Perceptually equivalent judgments made visually and via haptic sensory-substitution devices[J]. Ecological Psychology,2018,30(4):326-345.

[113] FENG Y,CHEN H,CHEN Z,et al. Has environmental information disclosure eased the economic inhibition of air pollution? [J]. Journal of Cleaner Production,2021,284:125412.

[114] FERES J,REYNAUD A. Assessing the impact of formal and informal regulations on environmental and economic performance of brazilian manufacturing firms [J]. Environmental & resource economics,2012,52(1):65-85.

[115] FU L, YI Y, WU T, et al. Do carbon emission trading scheme policies induce green technology innovation? new evidence from provincial green patents in China[J]. Environmental science and pollution research,2022,30 (5):13342-13358.

[116] GALINATO G I,GALINATO S P. The effects of government spending on deforestation due to agricultural land expansion and CO_2 related emissions [J]. Ecological economics,2016,122:43-53.

[117] GANDA F. The impact of innovation and technology investments on carbon emissions in selected organisation for economic Co-operation and development countries[J]. Journal of cleaner production,2019,217:469-483.

[118] GAO P,YUE S,CHEN H. Carbon emission efficiency of China's industry sectors:from the perspective of embodied carbon emissions[J]. Journal of cleaner production,2021,283:124655.

[119] GAUTAM S,PATRA A K,KUMAR P. Status and chemical characteristics of ambient PM2. 5 pollutions in China:a review[J]. Environment development and sustainability,2019,21(4):1649-1674.

[120] GE T, HAO X, LI J. Effects of public participation on environmental

governance in China:a spatial durbin econometric analysis[J]. Journal of cleaner production,2021,321.

[121] GODIL D I,YU Z,SHARIF A,et al. Investigate the role of technology innovation and renewable energy in reducing transport sector CO_2 emission in China:a path toward sustainable development[J]. Sustainable development, 2021,29(4):694-707.

[122] GOODMAN-BACON A. Difference-in-differences with variation in treatment timing[J]. Journal of econometrics,2021,225(2):254-277.

[123] GUO M,CHEN S,ZHANG J,et al. Environment Kuznets curve in transport sector? s carbon emission:evidence from China[J]. Journal of cleaner production, 2022,371:133504.

[124] GUO X,DENG C,WANG D,et al. International comparison of the efficiency of agricultural science,technology,and innovation:a case study of G20 countries [J]. Sustainability,2021,13(5):2769.

[125] GUO Y,XIA X,ZHANG S,et al. Environmental regulation,government R&D funding and green technology innovation:evidence from china provincial data[J]. Sustainability,2018,10(4):940.

[126] Haken H. Synergetics-interdisciplinary approach to phenomena of self-organization [J]. Geoforum,1985,16(2):205-211.

[127] HABTAY S R. A Firm-level analysis on the relative difference between technology-driven and market-driven disruptive business model innovations [J]. Creativity and innovation management,2012,21(3):290-303.

[128] HAN Y,KOU P,JIAO Y. How does public participation in environmental protection affect air pollution in China? a perspective of local government intervention[J]. Polish journal of environmental studies,2022,31(2):1095-107.

[129] HANSEN B E. Sample splitting and threshold estimation[J]. Econometrica, 2000,68(3):575-603.

[130] HASAN M A,NAHIDUZZAMAN K M,ALDOSARY A S. Public participation in EIA:a comparative study of the projects run by government and non-governmental organizations[J]. Environmental impact assessment review, 2018,72:12-24.

[131] HASSAN T,KHAN Y,HE C,et al. Environmental regulations,political risk and consumption-based carbon emissions:evidence from OECD economies [J]. Journal of environmental management,2022,320.

[132] HASSAN T,KHAN Y,HE C,et al. Environmental regulations,political risk and consumption-based carbon emissions:Evidence from OECD economies [J]. Journal of environmental management,2022,320:115893.

[133] HE G,XIE Y,ZHANG B. Expressways,GDP,and the environment:the case of China[J]. Journal of development economics,2020,145:102485.

[134] HERING L,PONCET S. Environmental policy and exports:Evidence from Chinese cities[J]. Journal of environmental economics and management, 2014,68(2):296-318.

[135] HEYES A,ZHU M. Air pollution as a cause of sleeplessness:social media evidence from a panel of Chinese cities[J]. Journal of environmental economics and management,2019,98.

[136] HOFFMANN R,MUTTARAK R,PEISKER J,et al. Climate change experiences raise environmental concerns and promote green voting[J]. Nature climate change,2022,12(2):148-155.

[137] HUANG L,KRIGSVOLL G,JOHANSEN F,et al. Carbon emission of global construction sector[J]. Renewable & sustainable energy reviews,2018,81: 1906-1916.

[138] HUANG Y,SU Y,LI R,et al. Study of the spatio-temporal differentiation of factors influencing carbon emission of the planting industry in Arid and Vulnerable Areas in Northwest China[J]. International journal of environmental research and public health,2020,17(1):187.

[139] IMAI K,KEELE L,YAMAMOTO T. Identification,inference and sensitivity analysis for causal mediation effects[J]. Statistical Science,2010,25(1): 51-71.

[140] INDICATED N A. Review of the laws of imitation[J]. Psychological review,1903,10(6).

[141] JAMALPURIA A. On information dissemination as an informal environmental regulation[J]. Environment and development economics,2013,18(6):

749-772.

[142] JAMES O,JOHN P. Public management at the ballot box:performance information and electoral,support for incumbent english local governments [J]. Journal of public administration research and theory,2006.

[143] JEROME D,AMANI E. Effects of a carbon tax in the United States on agricultural markets and carbon emissions from land-use change[J]. Land use policy,2021,103.

[144] JIANG T,LI S,YU Y,et al. Energy-related carbon emissions and structural emissions reduction of China's construction industry:the perspective of input-output analysis[J]. Environmental science and pollution research, 2022,29(26):39515-39527.

[145] JIANG Z,WANG Z,ZENG Y. Can voluntary environmental regulation promote corporate technological innovation? [J]. Business strategy and the environment,2020,29(2):390-406.

[146] JOSEPH E S,PARTHA S D. Market structure and resource depletion:a contribution to the theory of intertemporal monopolistic competition[J]. Journal of economic theory,1982,28(1):128.

[147] KAZI U A. The variable elasticity of substitution production function:a case study for indian manufacturing industries[J]. Oxford economic papers, 1980,32(1):163-175.

[148] KELLER W. International technology diffusion[J]. Journal of economic literature,2004,42(3)

[149] KHAN A,MUHAMMAD F,CHENGGANG Y,et al. The impression of technological innovations and natural resources in energy-growth-environment nexus:a new look into BRICS economies[J]. Science of the total environment, 2020,727:138265.

[150] KHAN M A S,DU J,MALIK H A,et al. Green innovation practices and consumer resistance to green innovation products:moderating role of environmental knowledge and pro-environmental behavior[J]. Journal of innovation & knowledge,2022,7(4):100280.

[151] KHATTAK S I,AHMAD M,KHAN Z U,et al. Exploring the impact of

innovation,renewable energy consumption,and income on CO_2 emissions: new evidence from the BRICS economies[J]. Environmental Science and Pollution Research,2020,27(12):13866-13881.

[152] KHAZZOOM J D. Economic implications of mandated efficiency in standards for household appliances[J]. The energy journal,1980,1(4):21-40.

[153] KIM S E,XIE Y,DAI H,et al. Air quality co-benefits from climate mitigation for human health in South Korea[J]. Environment international,2020, 136:105507.

[154] KOLCAVA D,RUDOLPH L,BERNAUER T. Citizen preferences on private-public co-regulation in environmental governance: evidence from Switzerland [J]. Global environmental change-human and policy dimensions,2021, 68:102226.

[155] KOONDHAR M A,UDEMBA E N,CHENG Y,et al. Asymmetric causality among carbon emission from agriculture,energy consumption,fertilizer,and cereal food production-a nonlinear analysis for Pakistan[J]. Sustainable energy technologies and assessments,2021,45:101099.

[156] KUMAR R P,PERUMPULLY S J,SAMUEL C,et al. Exposure and health:a progress update by evaluation and scientometric analysis[J]. Stochastic environmental research and risk assessment,2023,37(2):453-65.

[157] KUMAR S,MADLENER R. CO_2 emission reduction potential assessment using renewable energy in India[J]. Energy,2016,97:273-282.

[158] KUNAPATARAWONG R,MARTINEZ-ROS E. Towards green growth: how does green innovation affect employment? [J]. Research policy,2016, 45(6):1218-1232.

[159] LAI X,LU C,LIU J. A synthesized factor analysis on energy consumption, economy growth,and carbon emission of construction industry in China[J]. Environmental science and pollution research,2019,26(14):13896-13905.

[160] LAVAN H,KATZ M. Logit model to predict outcomes of litigated employee obesity cases[J]. Journal of business and psychology,2011,26(3):325-337.

[161] LEE S,CHONG W O. Causal relationships of energy consumption,price, and CO_2 emissions in the US building sector[J]. Resources conservation

and recycling,2016,107:220-226.

[162] LENA D,PASURKA C A,CUCCULELLI M. Environmental regulation and green productivity growth:evidence from Italian manufacturing industries [J]. Technological forecasting and social change,2022,184:121993.

[163] LEONARD B,PARKER D P,ANDERSON T L. Land quality,land rights, and indigenous poverty[J]. Journal of development economics,2020,143 (C) 102435.

[164] LI C,MA X,FU T,et al. Does public concern over haze pollution matter? evidence from Beijing-Tianjin-Hebei region,China[J]. Science of the total environment,2021,755:142397.

[165] LI G,HE Q,SHAO S,et al. Environmental non-governmental organizations and urban environmental governance:evidence from China[J]. Journal of environmental management,2018,206:1296-1307.

[166] LI G,HE Q,SHAO S,et al. Environmental non-governmental organizations and urban environmental governance:evidence from China[J]. Journal of environmental management,2018,206:1296-1307.

[167] LI L,HONG X,WANG J. Spatial effects of technology innovation on energy-related carbon emissions:a spatial panel approach[J]. Fresenius environmental bulletin,2018,27(12):8053-8061.

[168] LI M,GAO X. Implementation of enterprises' green technology innovation under market-based environmental regulation:an evolutionary game approach [J]. Journal of environmental management,2022,308.

[169] LI R,RAMANATHAN R. Exploring the relationships between different types of environmental regulations and environmental performance: evidence from China[J]. Journal of cleaner production,2018,196:1329-1340.

[170] LI W,ULLAH S. Research and development intensity and its influence on renewable energy consumption:evidence from selected Asian economies[J]. Environmental science and pollution research,2022,29(36):54448-54455.

[171] LI X,HU Z,CAO J,et al. The impact of environmental accountability on air pollution:a public attention perspective[J]. Energy policy,2022,161.

[172] LI X-J,LAI J-Y,MA C-Y,et al. Using BIM to research carbon footprint

during the materialization phase of prefabricated concrete buildings:a China study[J]. Journal of cleaner production,2021,279:123454.

[173] LI Z,WANG J. Spatial spillover effect of carbon emission trading on carbon emission reduction:empirical data from pilot regions in China[J]. Energy, 2022,251:123906.

[174] LIAO X,SHI X. Public appeal,environmental regulation and green investment: evidence from China[J]. Energy policy,2018,119:554-562.

[175] LIN B,MA R. Green technology technology innovations,urban innovation environment and CO₂ emission reduction in China:fresh evidence from a partially linear functional-coefficient panel model[J]. Technological forecasting and social change,2022,176:121434.

[176] LIN S,SUN J,MARINOVA D,et al. Evaluation of the green technology innovation efficiency of China's manufacturing industries:DEA window analysis with ideal window width[J]. Technology analysis & strategic management, 2018,30(10):1166-1181.

[177] LIU D,ZHU X,WANG Y. China's agricultural green total factor productivity based on carbon emission:an analysis of evolution trend and influencing factors[J]. Journal of cleaner production,2021,278:123692.

[178] LIU J-Y,ZHANG Y-J. Has carbon emissions trading system promoted non-fossil energy development in China? [J]. Applied energy,2021,302:117613.

[179] LIU X,WAHAB S,HUSSAIN M,et al. China carbon neutrality target: revisiting FDI-trade-innovation nexus with carbon emissions[J]. Journal of environmental management,2021,294:113043.

[180] LOPEZ-NAVARRO M A,TORTOSA-EDO V,CASTAN-BROTO V. Firm-local community relationships in polluting industrial agglomerations:how firms' commitment determines residents' perceptions[J]. Journal of cleaner production,2018,186:22-33.

[181] LUO Q,MIAO C,SUN L,et al. Efficiency evaluation of green technology innovation of china's strategic emerging industries:an empirical analysis based on malmquist-data envelopment analysis index[J]. Journal of cleaner production,2019,238:117782.

[182] MA R,LI F,DU M. How does environmental regulation and digital finance affect green technological innovation:evidence from China[J]. Frontiers in environmental science,2022,10.

[183] MAGNUS J R, POWELL O, PRUFER P. A comparison of two model averaging techniques with an application to growth empirics[J]. Journal of econometrics,2010,154(2):139-153.

[184] MALIK M Y,LATIF K,KHAN Z,et al. Symmetric and asymmetric impact of oil price, FDI and economic growth on carbon emission in Pakistan: Evidence from ARDL and non-linear ARDL approach[J]. Science of the total environment, 2020,726:138421.

[185] MARKIDES C. Disruptive innovation:in need of better theory[J]. Journal of Product Innovation Management,2006,23(1):19-25.

[186] MEINSHAUSEN M, LEWIS J, MCGLADE C, et al. Realization of paris Agreement pledges may limit warming just below 2 degrees C[J]. Nature, 2022,604(7905):304-309.

[187] MILOVANOVIC J,SHEALY T,GODWIN A. Senior engineering students in the USA carry misconceptions about climate change:Implications for engineering education[J]. Journal of cleaner production,2022,345.

[188] MITCH L. Construction industry innovation takes aim at reducing carbon emissions[J]. Engineering,2022,19:7-10.

[189] MOHAN P S. Climate finance to support caribbean small island developing states efforts in achieving their nationally determined contributions in the energy sector[J]. Energy policy,2022,169:113208.

[190] MOHSIN M,KAMRAN H W,NAWAZ M A,et al. Assessing the impact of transition from nonrenewable to renewable energy consumption on economic growth-environmental nexus from developing Asian economies[J]. Journal of environmental management,2021,284:111999.

[191] MOLTHAN-HILL P,ROBINSON Z P,HOPE A,et al. Reducing carbon emissions in business through responsible management education:influence at the micro-,meso-and macro-levels[J]. International journal of management education,2020,18(1):100328.

[192] MOTOSHITA M,SAKAGAMI M,KUDOH Y,et al. Potential impacts of information disclosure designed to motivate Japanese consumers to reduce carbon dioxide emissions on choice of shopping method for daily foods and drinks[J]. Journal of cleaner production,2015,101:205-214.

[193] MOUCHENG L,LUN Y. Spatial pattern of China's agricultural carbon emission performance[J]. Ecological indicators,2021,133.

[194] NAWAZ M A,HUSSAIN M S,KAMRAN H W,et al. Trilemma association of energy consumption,carbon emission,and economic growth of BRICS and OECD regions:quantile regression estimation[J]. Environmental science and pollution research,2021,28(13):16014-16028.

[195] NEMET G F,HOLLOWAY T,MEIER P. Implications of incorporating air-quality co-benefits into climate change policymaking[J]. Environmental research letters,2010,5(1).

[196] OBOBISA E S,CHEN H,MENSAH I A. The impact of green technological innovation and institutional quality on CO_2 emissions in African countries [J]. Technological forecasting and social Change,2022,180.

[197] OKE A E,AIGBAVBOA C O,DLAMINI S A. Carbon emission trading in south african construction industry[J]. Energy procedia,2017,142.

[198] OLABI A G,WILBERFORCE T,ELSAID K,et al. Large scale application of carbon capture to process industries-a review[J]. Journal of cleaner production,2022,362.

[199] OOBA M,HAYASHI K,FUJII M,et al. A long-term assessment of ecological-economic sustainability of woody biomass production in Japan[J]. Journal of cleaner production,2015,88:318-325.

[200] PECH R M. Achieving the innovative edge in technology,engineering design, and entrepreneurship [J]. Journal of innovation and entrepreneurship, 2016,5(1).

[201] PENG H,SHEN N,YING H,et al. Can environmental regulation directly promote green innovation behavior?:based on situation of industrial agglomeration[J]. Journal of Cleaner Production,2021,314.

[202] PENG Y,JI Y. Can informal environmental regulation promote green

innovation?: a quasi-natural experiment based on environmental information disclosure policy[J]. Polish journal of environmental studies,2022,31(3): 2795-2809.

[203] PERLAVICIUTE G,SQUINTANI L. Public participation in climate policy making: toward reconciling public preferences and legal frameworks[J]. One earth,2020,2(4):341-348.

[204] PIEN C-P. Local environmental information disclosure and environmental non-governmental organizations in Chinese prefecture-level cities[J]. Journal of environmental management,2020,275.

[205] POPOVIC E. Advocacy groups in China's environmental policymaking:pathways to influence[J]. Journal of environmental management,2020,261:109928.

[206] PORTER M E,LINDE C V D. Toward a new conception of the environment-competitiveness relationship[J]. The journal of economic perspectives, 1995,9(4):97-118.

[207] PU L,ZHANG S,YANG J,et al. Assessment of high-standard farmland construction effectiveness in liaoning province during 2011—2015[J]. Chinese geographical science,2019,29(4):667-678.

[208] QIU S,WANG Z,LIU S. The policy outcomes of low-carbon city construction on urban green development:evidence from a quasi-natural experiment conducted in China[J]. Sustainable cities and society,2021,66:102699.

[209] RAMOS R. Advances in spatial econometrics. methodology,tools and applications [J]. Investigaciones regionales,2005(6):225-229.

[210] REHMAN A,MA H,AHMAD M,et al. Towards environmental sustainability: devolving the influence of carbon dioxide emission to population growth, climate change, Forestry, livestock and crops production in Pakistan[J]. Ecological indicators,2021,125:107460.

[211] REHMAN E,REHMAN S. Modeling the nexus between carbon emissions, urbanization,population growth,energy consumption,and economic development in Asia:evidence from grey relational analysis[J]. Energy reports,2022,8: 5430-5442.

[212] REN S,LI X,YUAN B,et al. The effects of three types of environmental

regulation on eco-efficiency:a cross-region analysis in China[J]. Journal of cleaner production,2018,173:245-255.

[213] REVANKAR N S. A Class of variable elasticity of substitution production functions[J]. Econometrica,1971,39(1):61-71.

[214] ROMER P M. Increasing returns and long-run growth[J]. Journal of political economy,1986,94(5):1002.

[215] ROY J. The rebound effect:some empirical evidence from India[J]. Energy policy,2000,28(6):433-438.

[216] RUBASHKINA Y,GALEOTTI M,VERDOLINI E. Environmental regulation and competitiveness:empirical evidence on the Porter Hypothesis from European manufacturing sectors[J]. Energy policy,2015,83:288-300.

[217] SAFAR W. Income inequality and CO_2 emissions in france:does income inequality indicator matter? [J]. Journal of cleaner production, 2022, 370:133457.

[218] SAGER L. Estimating the effect of air pollution on road safety using atmospheric temperature inversions[J]. Journal of environmental economics and management, 2019,98(C):102250.

[219] SAUNDERS H D. The khazzoom-brookes postulate and neoclassical growth [J]. the energy journal,1992,13(4):131-148.

[220] SAUNDERS H D. A view from the macro side:rebound, backfire, and Khazzoom-Brookes[J]. Fuel and energy abstracts,2000,28(6):439-449.

[221] SHAHBAZ M,LI J,DONG X,et al. How financial inclusion affects the collaborative reduction of pollutant and carbon emissions:the case of China [J]. Energy economics,2022,107(Suppl C):105847.

[222] SHAN S,GENC S Y,KAMRAN H W,et al. Role of green technology innovation and renewable energy in carbon neutrality:a sustainable investigation from Turkey[J]. Journal of environmental management,2021,294(Suppl C):113004.

[223] SHAN Y,LIU J,LIU Z,et al. New provincial CO_2 emission inventories in China based on apparent energy consumption data and updated emission factors[J]. Applied energy,2016,184:742-750.

[224] SHAO S, HU Z, CAO J, et al. Environmental regulation and enterprise innovation: a review[J]. Business strategy and the environment, 2020, 29 (3): 1465-1478.

[225] SHEN D, XIA M, ZHANG Q, et al. The impact of public appeals on the performance of environmental governance in china: a perspective of provincial panel data[J]. Journal of cleaner production, 2019, 231: 290-296.

[226] SHERAZ M, DEYI X, SINHA A, et al. The dynamic nexus among financial development, renewable energy and carbon emissions: moderating roles of globalization and institutional quality across BRI countries[J]. Journal of cleaner production, 2022, 343: 130995.

[227] SHI D, BU C, XUE H. Deterrence effects of disclosure: the impact of environmental information disclosure on emission reduction of firms[J]. Energy economics, 2021, 104(Suppl C): 105680.

[228] SHI Q, SHI C, GUO F. Political blue sky: evidence from the local annual "two sessions" in China[J]. Resource and energy economics, 2020, 61.

[229] SHI T, SI S, CHAN J, et al. The carbon emission reduction effect of technological innovation on the transportation industry and its spatial heterogeneity: evidence from China[J]. Atmosphere, 2021, 12(9).

[230] SINGH J. Collaborative networks as determinants of knowledge diffusion patterns[J]. Management science, 2005, 51(5): 756-770.

[231] SINHA R K, CHATURVEDI N D. A review on carbon emission reduction in industries and planning emission limits[J]. Renewable & sustainable energy reviews, 2019, 114: 109304.

[232] SLAUGHTER M J. Trade liberalization and per capita income convergence: a difference-in-differences analysis[J]. Journal of international economics, 2001, 55(1): 203-228.

[233] SOLARIN S A, BELLO M O, TIWARI A K. The impact of technological innovation on renewable energy production: accounting for the roles of economic and environmental factors using a method of moments quantile regression [J]. Heliyon, 2022, 8(7).

[234] SONG M, ZHAO X, SHANG Y. The impact of low-carbon city construction on

ecological efficiency:empirical evidence from quasi-natural experiments[J]. Resources conservation and recycling,2020,157:104777.

[235] SONG Y,WEI Y,ZHU J,et al. Environmental regulation and economic growth:a new perspective based on technical level and healthy human capital [J]. Journal of cleaner production,2021,318:128520.

[236] SORRELL S. Jevons' paradox revisited:the evidence for backfire from improved energy efficiency[J]. Energy policy,2009,37(4):1456-1469.

[237] STEEL M F J. Model averaging and its use in economics[J]. Journal of economic literature,2020,58(3):644-719.

[238] STIGLITZ J E D,PARTHA. Industrial structure and the nature of innovative activity[J]. The economic journal,1980,90(358):266-293.

[239] SU Y,ZOU Z,MA X,et al. Understanding the relationships between the development of the construction sector,carbon emissions,and economic growth in china:supply-chain level analysis based on the structural production layer difference approach[J]. Sustainable production and consumption,2022,29: 730-743.

[240] SUAREZ-PERALES I,VALERO-GIL J,LEYVA-DE LA HIZ D I,et al. Educating for the future:how higher education in environmental management affects pro-environmental behaviour[J]. Journal of cleaner production, 2021,321:128972.

[241] SUN B,BAKER M. Multilevel governance framework for low-carbon development in urban China:a case study of Hongqiao Business District,Shanghai[J]. Cities,2021,119(Suppl C):103405.

[242] SUN H. What are the roles of green technology innovation and ICT employment in lowering carbon intensity in China? a city-level analysis of the spatial effects[J]. Resources conservation and recycling,2022,186(Suppl C):106550.

[243] SUN L-Y,MIAO C-L,YANG L. Ecological-economic efficiency evaluation of green technology innovation in strategic emerging industries based on entropy weighted TOPSIS method[J]. Ecological indicators,2017,73:554-558.

[244] SWAIN R B,KAMBHAMPATI U S,KARIMU A. Regulation,governance and the role of the informal sector in influencing environmental quality? [J].

Ecological economics,2020,173.

[245] THOMAS D R,HARISH S P,KENNEDY R,et al. The effects of rural electrification in India:an instrumental variable approach at the household level[J]. Journal of development economics,2020,146:102520.

[246] TIAN Z,TIAN Y,CHEN Y,et al. The economic consequences of environmental regulation in China:from a perspective of the environmental protection admonishing talk policy[J]. Business strategy and the environment,2020, 29(4):1723-1733.

[247] TINGLEY D,YAMAMOTO T,HIROSE K,et al. Mediation:r package for causal mediation analysis[J]. Journal of statistical software,2014,59(5):1-38.

[248] TU Z,CAO Y,KONG J. The impacts of low-carbon city pilot projects on carbon emissions in China[J]. Atmosphere,2022,13(8):1269.

[249] TU Z,HU T,SHEN R. Evaluating public participation impact on environmental protection and ecological efficiency in China:evidence from PITI disclosure [J]. China economic review,2019,55:111-23.

[250] UDEMBA E N,YALCINTAS S. Interacting force of foreign direct invest (FDI),natural resource and economic growth in determining environmental performance:a nonlinear autoregressive distributed lag (NARDL) approach [J]. Resources policy,2021,73(Suppl C):102168.

[251] VITA G D. Natural resources dynamics:exhaustible and renewable resources, and the rate of technical substitution[J]. Resources policy,2006,31(3): 172-182.

[252] WANG G,LIAO M,JIANG J. Research on agricultural carbon emissions and regional carbon emissions reduction strategies in China[J]. Sustainability, 2020,12(7):2627.

[253] WANG H,ZHANG R. Effects of environmental regulation on CO_2 emissions: An empirical analysis of 282 cities in China[J]. Sustainable production and consumption,2022,29:259-272.

[254] WANG L,LONG Y,LI C. Research on the impact mechanism of heterogeneous environmental regulation on enterprise green technology innovation[J].

Journal of environmental management, 2022, 322(Suppl C):116127.

[255] WANG L, WATANABE T. Effects of environmental policy on public risk perceptions of haze in tianjin city: a difference-in-differences analysis[J]. Renewable & sustainable energy reviews, 2019, 109:199-212.

[256] WANG M, LI Y, LI J, et al. Green process innovation, green product innovation and its economic performance improvement paths: a survey and structural model[J]. Journal of environmental management, 2021, 297:113282.

[257] WANG Q, LI L. The effects of population aging, life expectancy, unemployment rate, population density, per capita GDP, urbanization on per capita carbon emissions[J]. Sustainable production and consumption, 2021, 28:760-774.

[258] WANG S, HURLSTONE M J, LEVISTON Z, et al. Climate change from a distance: an analysis of construal level and psychological distance from climate change[J]. Frontiers in psychology, 2019, 10:230.

[259] WANG S, LIU X. China's city-level energy-related CO_2 emissions: Spatiotemporal patterns and driving forces[J]. Applied energy, 2017, 200:204-214.

[260] WEIDLICH W. Physics and social science â the approach of synergetics [J]. Physics Reports, 1991, 204(1):1-163.

[261] WEINA D, GILLI M, MAZZANTI M, et al. Green inventions and greenhouse gas emission dynamics: a close examination of provincial Italian data[J]. Environmental economics and policy studies, 2016, 18(2):247-263.

[262] WILLIAMS R C, III. Growing state-federal conflicts in environmental policy: the role of market-based regulation[J]. Journal of public economics, 2012, 96(11-12):1092-1099.

[263] WU H, LI Y, HAO Y, et al. Environmental decentralization, local government competition, and regional green development: evidence from China[J]. Science of the total environment, 2020, 708:135085.

[264] WU J, WU Y, GUO X, et al. Convergence of carbon dioxide emissions in chinese cities: a continuous dynamic distribution approach[J]. Energy policy, 2016, 91:207-219.

[265] WU L, MA T, BIAN Y, et al. Improvement of regional environmental quality: government environmental governance and public participation[J]. Science

of the total environment,2020,717:137265.

[266] WU L,SUN L,QI P,et al. Energy endowment,industrial structure upgrading, and CO_2 emissions in China:revisiting resource curse in the context of carbon emissions[J]. Resources policy,2021,74:102329.

[267] WU L,YANG M,WANG C. Strategic interaction of environmental regulation and its influencing mechanism:evidence of spatial effects among Chinese cities[J]. Journal of cleaner production,2021,312:127668.

[268] WU W,WANG W,ZHANG L,et al. Does the public haze pollution concern expressed on online platforms promoted pollution control?: evidence from Chinese online platforms[J]. Journal of cleaner production,2021,318:128477.

[269] WU W,WANG W,ZHANG M. Does internet public participation slow down environmental pollution? [J]. Environmental science & policy,2022,137: 22-31.

[270] WU Y,SUN C. A Research on the green technology innovation of the cemetery industry; proceedings of the international seminar on business and information management (ISBIM 2008),Wuhan,PEOPLES R CHINA,F 2009 Dec 19, 2008[C]. 2009.

[271] XIAO J,LI G,ZHU B,et al. Evaluating the impact of carbon emissions trading scheme on Chinese firms' total factor productivity[J]. Journal of cleaner production,2021,306:127104.

[272] XIONG B,WANG R. Effect of environmental regulation on industrial solid waste pollution in China:from the perspective of formal environmental regulation and informal environmental regulation[J]. International journal of environmental research and public health,2020,17(21):E7798.

[273] XU L,DU H,ZHANG X. Driving forces of carbon dioxide emissions in China's cities:an empirical analysis based on the geodetector method[J]. Journal of cleaner production,2021,287:125169.

[274] XU L,FAN M,YANG L,et al. Heterogeneous green innovations and carbon emission performance:evidence at China's city level[J]. Energy economics,2021,99(Suppl C):105269.

[275] XU Y,LIU S,WANG J. Impact of environmental regulation intensity on

green innovation efficiency in the Yellow River Basin,China[J]. Journal of cleaner production,2022,373:133789.

[276] YANG F,CHOI Y,LEE H. Life-cycle data envelopment analysis to measure efficiency and cost-effectiveness of environmental regulation in China's transport sector[J]. Ecological indicators,2021,126(Suppl C):107717.

[277] YANG S-Q,XING J,CHEN W-Y,et al. Rapid Evaluation of the effects of policies corresponding to air quality,carbon emissions and energy consumption: an example from Shenzhen,China[J]. Atmosphere,2021,12(9).

[278] YANG Y. Research on the impact of environmental regulation on China's regional green technology innovation:insights from threshold effect model [J]. Polish Journal of environmental studies,2022,31(2):1427-1439.

[279] YANG Y,DING L,LI Y. Environmental regulation improves the firm performance in the paper industry in china[J]. Singapore economic review, 2021.

[280] YANG Y,YU G. The analysis of social resource mobilization on new media:a case study of Chinese environmental protection documentary Under the Dome[J]. Telematics and informatics,2019,37:128-136.

[281] YANG Y,ZHU Y,WANG X,et al. The perception of environmental information disclosure on rural residents' pro-environmental behavior[J]. International journal of environmental research and public health,2022,19(13).

[282] YAO S,ZHANG S,ZHANG X. Renewable energy,carbon emission and economic growth:a revised environmental kuznets curve perspective[J]. Journal of cleaner production,2019,235:1338-1352.

[283] YOU X,CHEN Z. Interaction and mediation effects of economic growth and innovation performance on carbon emissions:insights from 282 Chinese cities[J]. Science of the total environment,2022,831:154910.

[284] YU C-H,WU X,ZHANG D,et al. Demand for green finance:resolving financing constraints on green innovation in China[J]. Energy policy,2021, 153:112255.

[285] YU W,JIN X. Does environmental information disclosure promote the awakening of public environmental awareness? insights from baidu keyword analysis

[J]. Journal of cleaner production,2022,375:124072.

[286] YU Y,ZHANG N. Low-carbon city pilot and carbon emission efficiency: quasi-experimental evidence from China [J]. Energy economics, 2021, 96:105125.

[287] YUAN B,LI C,YIN H,et al. Green innovation and China's CO_2 emissions: the moderating effect of institutional quality[J]. Journal of environmental planning and management,2022,65(5):877-906.

[288] YUAN Y,DUAN H,TSVETANOV T G. Synergizing China's energy and carbon mitigation goals:general equilibrium modeling and policy assessment[J]. Energy economics,2020,89:104787.

[289] ZAMAN K,KHAN M M,AHMAD M,et al. The relationship between agricultural technologies and carbon emissions in pakistan:peril and promise [J]. Economic modelling,2012,29(5):1632-1639.

[290] ZHANG G, LIU W, DUAN H. Environmental regulation policies,local government enforcement and pollution-intensive industry transfer in China [J]. Computers & industrial engineering,2020,148:106748.

[291] ZHANG H,LI S. Carbon emissions' spatial-temporal heterogeneity and identification from rural energy consumption in China[J]. Journal of environmental management,2022,304(Suppl C):114286.

[292] ZHANG H,LIU Z,ZHANG Y-J. Assessing the economic and environmental effects of environmental regulation in China:the dynamic and spatial perspectives [J]. Journal of cleaner production,2022,334:130256.

[293] ZHANG H,XU T,FENG C. Does public participation promote environmental efficiency? evidence from a quasi-natural experiment of environmental information disclosure in China[J]. Energy economics,2022,108(Suppl C):105871.

[294] ZHANG J,YANG Y. Can environmental disclosure improve price efficiency? the perspective of price delay[J]. Finance research letters,2023,52(Suppl C):103556.

[295] ZHANG L,PANG J,CHEN X,et al. Carbon emissions,energy consumption and economic growth:Evidence from the agricultural sector of China's main grain-producing areas[J]. Science of the total environment, 2019, 665:

1017-1025.

[296] ZHANG S,LI Z,NING X,et al. Gauging the impacts of urbanization on CO_2 emissions from the construction industry:evidence from China[J]. Journal of environmental management,2021,288:112440.

[297] ZHANG W,LI G,UDDIN M K,et al. Environmental regulation,foreign investment behavior,and carbon emissions for 30 provinces in China[J]. Journal of cleaner production,2020,248:119208.

[298] ZHANG Y,LOH C,LOUIE P K K,et al. The roles of scientific research and stakeholder engagement for evidence-based policy formulation on shipping emissions control in Hong Kong[J]. Journal of environmental management, 2018,223:49-56.

[299] ZHAO X,SUN B. The influence of Chinese environmental regulation on corporation innovation and competitiveness[J]. Journal of cleaner production, 2016,112:1528-1536.

[300] ZHENG H,GAO X,SUN Q,et al. The impact of regional industrial structure differences on carbon emission differences in China:an evolutionary perspective [J]. Journal of cleaner production,2020,257:120506.

[301] ZHENG H,ZHANG L,SONG W,et al. Pollution heaven or pollution halo? assessing the role of heterogeneous environmental regulation in the impact of foreign direct investment on green economic efficiency[J]. Environmental science and pollution research,2023,30(8):21619-21637.

[302] ZHONG Q,WEN H,LEE C-C. How does economic growth target affect corporate environmental investment? evidence from heavy-polluting industries in China[J]. Environmental impact assessment review, 2022, 95 (Suppl C):106799.

[303] ZHOU J,CAO X. What is the policy improvement of China's land consolidation? evidence from completed land consolidation projects in Shaanxi Province [J]. Land use policy,2020,99:104847.

[304] ZHU X,ZHU Y,MENG X. Government environmental information disclosure and environmental performance:evidence from China[J]. Sustainability, 2021,13(12):6854.

后　记

自 2007 年"生态文明"被写入党的十七大报告以来,可持续发展得到了社会各界前所未有的重视。特别是党的十八大以来,在习近平生态文明思想的指引下,高质量发展已经成为中华民族的共识,低碳转型也成为实现碳中和、碳达峰目标的必由之路。与此同时,技术进步被认为是经济长期稳定增长的核心动力和促进经济增长方式转变的根本途径,而绿色技术进步是破解能源环境约束下的经济增长困局、实现节能减排与经济增长"双赢"目标的重要手段。

本书从中国重点行业视角出发,对现阶段中国绿色技术创新的减排效果进行了总体评估;从中观、微观视角出发,对现阶段中国绿色技术创新的减排效果进行了异质讨论;从发展政民协作视角出发,对现阶段中国绿色技术创新的减排效果进行了政策分析;从促进技术创新视角出发,对现阶段中国绿色技术创新的减排效果进行了路径升级。

本书的创新点主要体现在 3 个方面:第一,对现阶段中国绿色技术创新的减碳效果进行系统评估,使研究视角更加全面和系统;第二,对现阶段中国绿色技术创新的减排效果的异质性和机制进行深入讨论,拓展了研究边界;第三,对现阶段中国绿色技术创新的减排效果进行治理政策分析,完善了制度经济学和治理理论框架。

本书撰写团队关注理论层面的突破,得出一系列有影响力的学术成果,同时还对接浙江省科技厅、省经信厅、省发展改革委等部门进行深入调研学习并吸取建设性意见,课题成果获得广泛好评:2014 年,《浙江丝绸产业发展对策研究》获时任浙江省委副书记、省长李强重要批示;2018 年,《浙江理工大学时尚产业个性化定制产教融合典型案例》获时任中央政治局委员,国务院副总理、党组成员孙春兰重要批示;2019 年,《温州时尚产业高质量发展的政策建议》获时任浙江省委常委、温州市委书记陈伟俊重要批示;2020 年,《加快打造"全球纺织服装智能制造基地"的若干对策》获时任浙江省委书记、省人大常委会主任袁家军和时任浙江省人民政府副省长、党组成员高兴夫重要批示,《促进我省制造业绿色发展的对策建议》和《关于加快打造我省世界级绿色石化产业集群的对策建议》获时任浙江省人民政府副省长、党组成员高兴夫重要批示;2021年《中小企业融资难融资贵缓解情况及政策建议》获时任中央政治局常委,国务院总理、党组书记李克强的重要批示,同时课题组多份研究成果被浙江省经济和信息化厅和浙江省科技厅等部门采纳,在实际应用中获得良好的社会经济效应。

本书的撰写工作始于2014年,在撰写过程中得到了浙江农林大学沈满洪教授、生态环境部环境规划院王金南院士、复旦大学郭苏建教授和厦门大学林伯强教授的悉心指导。浙江省发展改革委节能处邵振红处长,中国人民大学魏楚教授,上海交通大学耿涌教授、朱庆华教授、魏文栋副教授,浙江工商大学陈宇峰教授、苏新建教授,浙江理工大学朱旭光教授、孙虹教授、马永喜教授、覃琼霞教授、廖中举教授,广东外语外贸大学战明华教授,浙江农林大学李玉文副教授,浙江省建工集团有限责任公司和浙江建投创新科技有限公司的金睿、胡强、柳林中等给予了精准的建议和意见。浙江理工大学王来力教授、杨永亮副教授、杨柠泽博士,宁波大学李一副教授,浙江工商大学刘东升教授、郭飞鹏副教授、祁秀静经济师等参与了部分章节的撰写工作。浙江理工大学学生李鑫平、于丹丹、章鑫等也参与了部分材料的整理和修订工作。在此一并表示感谢。